法学论丛

安徽师范大学国家级一流本科专业（法学）
建设点系列成果

案例法学研究

2023年秋季卷（总第3辑）

周振杰 ◎ 主编

中国法制出版社
CHINA LEGAL PUBLISHING HOUSE

编委会

法学名家讲坛

基础理论研究

典型案例评析

域外判例评析

域外司法文书

法学教育专题

青年法学园地

法学名家讲坛

从立体刑法学到关系刑法学

刘仁文[*]

一、立体刑法学的回顾

立体刑法学的贡献在何处？在改革开放后，法治建设和法学研究恢复重建的时候，主要任务是建设各个学科的专业槽。论文写作要有学术规范，发表论文要经过专业的学术训练。而如今的任务是逐步打破专业槽，从系统论来建设完善高效的法律体系。中国政法大学的雷磊教授就提出，法学研究要重回法的一般理论，为所有的法的二级学科塑造适当的总论部分，破除各个部门法之间的壁垒和隔阂。部门法要抽象到一般理论，一般理论要深入部门法的研究。现如今各个部门法的交叉研究为立体刑法学的研究提供了一个视角，从平面到立体，从静态到动态，从一维到多维，这是立体刑法学的一点微薄贡献。立体刑法学符合储槐植先生关于一个命题要得到广泛传播的要求：内涵丰富、表述简明。具体而言，立体刑法学包括"前瞻后望"，前瞻犯罪学，后望行刑学；"左看右盼"，左看刑事诉讼法，右盼民法、行政法等其他部门法；"上下兼顾"，上要兼顾宪法和国际公约，下要兼顾治安拘留和其他限制自由的措施；"内外结合"，对内要加强对刑法的解释，对外要重视刑法的运行环境。

---

* 刘仁文，中国社会科学院法学研究所刑法研究室主任、二级研究员、博士生导师，中国社会科学院大学法学院教授，中国刑法学研究会副会长，中国犯罪学学会副会长，研究方向为刑法学、刑事政策法学。本文系根据刘仁文教授2022年10月22日在安徽师范大学法学学科创立九十五周年暨法学院建院十周年的讲座整理而成。

立体刑法学在储槐植老师的刑事一体化理论上有所拓展。储槐植老师在文章中也说道："我很高兴看到立体刑法学更加突出了刑法学的主体地位。"储槐植老师的刑事一体化主要是强调犯罪学、刑法学、刑事执行法学的刑事一体化。立体刑法学将其拓展至宪法、国际公约和相关的部门法。刑事一体化强调一体化建设，而立体刑法学则强调刑法的主体地位，始终以刑法为核心去展开思考。

立体刑法学最重要的是强调在刑法之内、刑法之外、刑法之上、刑法之下，刑法与一切环境，包括内部与外部环境的关系，从而打造关系刑法学的理论。关系刑法学一词的思想渊源发源于储槐植老师的一篇文章，在此基础上我进一步分析了这门学科的研究对象、研究范畴以及学术体系等。

2003年年初，《法商研究》的刑法编辑田国宝先生准备就进入21世纪后"中国刑法学向何处去"组织一期笔谈向我约稿。我当时受到储槐植教授的"刑事一体化"思想的启发，深感我国刑法要真正实现现代化，必须使宪法对刑法的制约具有可操作性。同时，我对当时司法实践中频繁发生的刑民交叉案件，到底是该"先刑后民"，还是"先民后刑"，还是要分情况而论也颇为困惑。以此为基础，我尝试着从不同角度来看刑法，最后撰写了一篇题目为"提倡'立体刑法学'"的笔谈稿。

该笔谈稿提出了立体刑法学的基本框架，即刑法学研究要"瞻前望后"，前瞻犯罪学，后望行刑学；"左看右盼"，左看刑事诉讼法，右盼民法、行政法等部门法；"上下兼顾"，上对宪法和国际公约，下对治安处罚；"内外结合"对内加强对刑法的解释，对外给刑法的解释设立必要的边界。立体刑法学的核心是不能孤立地研究刑法，而要把刑法置于整个法律体系中进行研究，从而拓展刑法学研究的视野。针对立体刑法学的基本框架，陈兴良教授曾指出："立体刑法学的核心是不能孤立地研究刑法，而要把刑法置于整个法律体系中进行研究，从而拓展刑法学研究的视野。"

立体刑法学之所以具有生命力，可能有以下四个原因：

第一，立体刑法学符合马克思主义的世界观、方法论和认识论。立体刑法观的哲学基础是唯物辩证法的普遍联系、相互作用的原理和系统论，它揭示了刑法不能孤立地存在，势必要和民法、刑事诉讼法等相联系，如此方能更好地研究刑法。各法律也不能孤立存在，而是需要相辅相成，互相依靠，这样才能更好地发挥中国法治的系统治理效能。

第二，立体刑法学回应了中国刑法发展的时代要求。在我于2003年提出立体刑法学这一命题时，中国刑法发展进入了逐步规范化、专业化的时期，但学术研究"碎片化"现象在当时越来越严重，这是我国刑法发展积累过程中不可避免会出现的问题。但如今进入新时代后，我们在刑法上的研究也要更加趋于系统化，打破学科壁垒，这是新时代的要求。而立体刑法学的"瞻前望后""左看右盼""上下兼顾""内外结合"正是刑法和法治系统化的体现。我们必须要更加注意国外相关经验的本土化，以此来提升中国自己的刑法理论，而不是只满足于做国外理论的"搬运者"。

第三，立体刑法学反映了刑法运行的实际状况。我曾提出一个例子，比如，同样实施容留卖淫行为的甲和乙，因为实施犯罪的地点不同，导致甲被判有期徒刑五年，而乙仅仅是根据治安管理处罚法被判处15日拘留、5000元罚款。由于容留卖淫行为在刑法与治安管理处罚法中均有相关规定，所以在实务过程中，对个案的处理很难达到执法的协调。这样同案不同判的司法实践容易给当事人带来不公，对法秩序造成损害。此时需要对刑法与治安管理处罚法如何无缝对接进行研究。又如，交通事故的行政责任认定与交通肇事罪的刑事责任认定之间究竟是什么关系，其所涉及的刑事责任与行政责任在目的、功能、归责方法等一系列问题上兼具关联性和复杂性。

第四，立体刑法学是打造中国特色刑法学话语体系的一个重要抓手。立体刑法学具有极强的本土化性质，从解决中国实际问题出发，是向世界发出中国刑法学声音的好途径。中国惩罚危害行为采取了行政罚和刑事罚的二元体系，与此相对应，司法机关出台了大量的"立案标准"以及其他司法解释，为刑事司法提供具体而详细的标准，以便区分违法和犯罪，这使得刑法与治安管理处罚法（以及之前的劳动教养）、刑事司法与行政执法的区分与衔接成为一个重要的现实问题，对这些问题的深入研究和妥当处理，不仅对中国的法治有直接意义，而且是在国际上发出中国刑法学声音的好素材。

虽然目前立体刑法学取得了部分学术上的进展和成绩，但是立体刑法学面临的瓶颈性问题依旧存在。我认为立体刑法学需要着重解决的问题，主要表现在以下几个方面：

第一，如何更加突出刑法的主体地位。在借助其他学科和知识来研究刑法的过程中，不能忘记刑法学的发展主要靠刑法学人自身来完成，一定要使刑法发挥主体作用。这要求刑法学者有立体刑法学的视野和自觉。

第二，要区分实然和应然。立体刑法学在以下两个层面展开，一是实然层面，这主要是针对法律适用而言；二是应然层面，这主要针对立法和司法完善而言。在实然和应然之间，还存在一些法规范不明朗的灰色地带，需要理论研究去填补，此时学说见解本身就可成为办案的参考和依据。

第三，要解决关于刑事政策在立体刑法学体系中的地位归属。有学者曾指出，在现有的立体刑法学体系中，虽然在某些具体论述时也曾提及刑事政策，但在理论构造的层级上没有明确刑事政策的地位，这使刑事政策的地位矮化，刑事政策的地位似乎隐而不彰，由此留下了一个应予弥补的缺憾。

第四，确定关于立体刑法学的远期目标和阶段性目标。远期目标，即明确立体刑法学的学术使命，强调立体刑法学不是要把传统的刑法学知识推倒重来，而是要在方法论上对传统刑法学知识进行整合和改造，以转化成良好的机制。阶段性目标，即当下应该以刑法为内核，与其他部门法配合，把刑法知识放在中国特色社会主义法治体系内来理解，以更好地发挥刑法在社会治理中的作用。此外我认为，应当还有制度上的目标，如刑法合宪性审查机制的建立等，也都是立体刑法学相关维度所追求的制度层面的重要目标。

二、从立体刑法学到关系刑法学

（一）关系刑法学的内容

1.关系刑法学的研究对象

特定的研究对象决定了学科的性质、研究内容与范围，而且决定着学科体系的理论构建。关系刑法学的研究对象就是刑法与其相关领域的关系。一般认为刑法学的研究对象是刑法及其规定的犯罪、刑事责任和刑罚，不包括刑法及其相关领域的关系。因此，关系刑法学将刑法及其相关领域的关系作为独特的研究对象。所谓"关系"，是指"事物之间相互作用、相互影响的状态"。由于影响分为促进和制约两个方面，所以刑法及其相关领域的关系就是指刑法与相关领域相互促进、相互制约的状态。

"相关领域"具体指的是哪些领域，这个问题具有一定的开放性，不同的学者也给出了不同的观点。储槐植老师在《刑法存活关系中——关系刑法论纲》中提出了15组关系，包括刑法与社会经济、政权结构、意识形态、犯罪和行刑等。张明楷教授曾先后提出刑法学研究中的十大关系。我在《立体刑法学》中也提出过几组关系，包括刑法学与犯罪学的关系，刑法学与行刑学的关系，刑法与刑事诉讼法的关系，刑法与民法、行政法、经济法、商法等其他部门法的关系，刑法与宪法和国际公约的关系，刑法与治安管理处罚法的关系，以及刑法的内部解释与外部环境的关系。后来在一些会议和讲座中我还补充了几组关系，如刑法与刑事政策的关系、涉外刑法与国内刑法的关系、网络世界刑法与物理世界刑法的关系等。

无论对"关系"范围作何理解，"关系"的范围是宽是窄，都不能否认关系刑法学的特定研究对象就是以刑法为主体，研究它与相关领域相互作用、相互促进与相互制约的状态，从而强化彼此的衔接与耦合，使刑法运行与治理获得最佳效果与效益。

2.关系对刑法的意义

关系对刑法而言具有重要的意义，就像储槐植老师说过的："刑法存活于关系中，关系是刑法的本体，关系是刑法的生命。"澳门大学的刘建宏教授认为，亚洲犯罪学跟西方犯罪学理论有不一致的地方，那就是前者更看重关系。比如，亚洲的"社群"跟西方的"个人主义"，在犯罪防控、犯罪治理等方面存有较大的差异。所以"关系"一词不只在刑法学，也可以在犯罪学等不同领域去使用。刘建宏教授还基于关系主义是亚洲社会普遍具有的基本范式，构建了"关系主义刑事司法理论"，该理论对推动亚洲犯罪学的发展具有启发意义。关系能够影响刑法的解释，它的变动促进了刑法的立改废，还影响了犯罪论体系的取舍。因此，对刑法与相关领域的关系开展研究是具有重要意义的。

首先，关系影响刑法解释。刑法解释是刑法适用中最重要、最核心的环节。刑法解释与其周围的外部环境具有紧密的联系。这里说的外部环境包括对法益的理解、刑事政策、社会生活事实、犯罪现象等要素。这些外部环境要素与刑法解释相互作用、相互影响，两者之间的相互作用影响刑法的解释。举个例子，刑事政策影响刑法的解释，如果对某类犯罪的刑事政策向严厉的方向转变，那么该罪的构成要件规范内容往往会作扩大适用的解释；相反，如果对某类刑事犯罪的刑事政策向宽的方向转变，那么该罪的构成要件规范的内容往往会作限缩适用的解释。再举个例子，如果某一个犯罪的法益内容发生了变化，那么必然影响到该犯罪构成要件的解释，这就是法益内容对刑法解释的影响。

其次，关系的改变推动刑法的立改废。就像储槐植老师在《刑事一体化论要》中说的"犯罪在关系中存在和变化"，刑法也在关系中存在和变化。这是因为刑法与其存在的外部环境要素形成相互影响、相互制约的关系。刑法外部环境的变化导致先前的平衡关系被打破，促使刑法通过立改废获得一种新的平衡。比如，随着经济水平的提高，汽车的保有量也随之增加，因为危险驾驶导致的交通事故经常发生，特别是醉酒驾驶引起了社会的广泛关注。这些外部环境的变化使得危害公共安全刑事立法先前存在的平衡关系被打破了，使得《刑法修正案（八）》增设危险驾驶罪来实现新的平衡。又如，部分专家学者提出职务侵占罪应当和贪污罪实行同罪同罚，这就是基于市场经济的发展和人民对平等保护非公有制经济观念的增强，这些外部环境的变化刺激了职务侵占罪刑事立法的变化，最终推动了《刑法修正案（九）》对职务侵占罪进行修改，提高了职务侵占罪的法定刑，并增设了并处罚金的规定。

最后，关系还影响到犯罪论体系的取舍。澳门大学的一个犯罪学专业博士生对犯罪客体的解读，就完全不同于我们传统四要件体系中的犯罪客体。我们传统学说中犯罪客体是犯罪所侵犯的社会利益、社会关系。后来有学者作了一些限缩和改良，包括人与自然的关系，社会权益说或者利益说，总之还是一种关系说。这个博士就百思不得其解：他认为研究客体一般都是指对象，为什么大陆刑法的客体和对象不一样呢？实际上我们把犯罪客体和犯罪对象区别开是因为我国刑法中的犯罪客体理论来源于马克思《关于林木盗窃法的辩论》，说盗窃林木或者盗窃森林，这种犯罪行为并非侵害了林木，而是侵害了林木后面所保护的社会关系。从关系刑法学的角度来看，中国刑法学犯罪论体系的未来发展也会受到环境的影响，即废除四要件能否得到学界和理论界的支持。如果四要件所处的环境发生了变化，原有的平衡关系被打破，就需要对四要件进行调整以适应新环境的变化。当然，也有可能在大家的努力下，探索出具有中国特色和智慧的犯罪论体系。

（二）关系刑法学的关键词

我们现在说要打造中国特色社会主义法学体系或者话语体系或者学科体系或者学术体系。概念和范畴是刑法学的根基，谁发明了概念，谁就拥有话语权。所以我觉得关系刑法学里的"关系"非常重要。在刑法学中关系可谓是万千重。这个"关系"肯定跟刚才刘建宏教授犯罪学里的关系不一样，他们的关系是相当于集体主义，是跟西方的个人主义相对比的。那我们这里的"关系"怎么理解？我觉得在关系刑法学中有以下几个关键词。

1. 多维

我们前面说了，关系万千重，关系是多种多样、错综复杂的。正是因为多种多样，关系才是如此复杂。我之前在中国政法大学的讲座中提到应不应该把刑法教义学和社科刑法对立起来，这样做是否合适？如果我们要把刑法教义学从最广义的意义上理解为罗克辛教授推导出来的刑法科学的一切知识的总和，那毫无疑问就不应当把狭义的刑法教义学和社科刑法学做人为对立。弗莱堡大学有一位中国女教授，叫卜元石。卜元石教授说如果用德国的这套刑法教义学去看美国，那会发现美国的刑法或者美国的法学就没有教义学。"二战"以后，德国虽然不承认，但实际上德语跟英语比起来是没有竞争力的。所以说，我觉得要多维度来看问题，至少是要把德日刑法的偏重刑法教义学和英美刑法中的社科刑法兼收并蓄。我们经常说功能主义，只有多维地兼容并蓄，才能展现真实的刑法的面貌，这才是刑法的现实的样子，才能让刑法有效地实现功能，而不是闭门造车、自说自话。

2.系统

刚才我们谈到的是"多维"，立体刑法学至少是四维。所以，我们接下来要谈的便是"系统"，对于整个治理社会的知识体系而言，法学知识只是其中的一小部分。而在法学里面，刑法更是靠后，只是这里面更小的一部分。这反映了目前法治建设的一个现状。在1958年中国社会科学院法学所最初只有3个组，刑法就是1组，后面发展为4个组，刑法仍是1个组。刑法当时是最大的1个组，有二十几个研究人员，包括刑法、刑事诉讼法、犯罪学等，那时的民法规模是没法和我们刑法相比的，但是后来随着市场经济的发展，民商法学科就迅速壮大。现在我们刑法研究室只有6个人，民法研究室则分出了商法室、经济法室、知识产权法室、生态法室、社会法室等。通过社科院法学所这样一个国家级法学研究机构的内设机构的变迁，就可以反映出法学各个二级学科在不同的历史阶段所处的不同角色。

但是大家看《南方周末》每年的十大案件评比，大多数还是刑事案件，每年"两高"报告的典型案件大多数还是刑事案件。这是因为刑法太重要了，从国家安全、公共安全、经济秩序到公民个人的人身权利、财产权利都是刑法在保护的利益和调整的对象。由于刑法主要规定的是犯罪及其法律后果，刑法的强制力度较其他法律的强制力度要严厉得多，刑罚制裁的方法包括剥夺生命、自由、财产、资格等重要的权益，所以它不能冲到社会的前线去，要保持二次法或者说补充法的地位，要保持刑法的谦抑性，只有当其他部门法不能充分保护某种社会关系（利益）时，才用刑法调整，以作为保护社会的"最后手段"。法律确实能够发挥作用，但是立法不能朝令夕改，社会问题也得找出口解决。以北京的汽车礼让行人为例，当大家慢慢习惯汽车礼让行人的时候，也就说明法律在塑造人的行为规范方面确实发挥了重要作用。但是对于高空抛物、危险驾驶等一些行为要不要都动用刑法呢？特别是在刑法相关规定比较严厉的情况下，我们更要注意这应该是一个系统工程，不能头痛医头、脚痛医脚，更应注意系统的重要性。

3.沟通

在20世纪有关机器人的话题非常热门，但那个时候有关机器人方面的法律研究却始终发展不起来。为什么呢？因为社会的进步、社会的发展还没到那个阶段。近几年，计算机、网络、机器人、人工智能，包括弱人工智能、强人工智能、区块链等，让人眼花缭乱。而现在，又发展到了数字社会、数字经济、数字法治等。但当时为什么没有？主要还是因为社会还没有发展到一定的阶段。所以，系统论里最重要的是沟通，它不是封闭的。包括在自然科学系统里强调发展社会科学系统，强调与社会科学系统进行沟通，反之亦然。沟通实际上给犯罪构成、刑事立法、刑事司法带来了很多的启发。我们为什么强调以审判为中心？为什么不能简单地仅把犯罪人当作客体来看待？为什么要将犯罪人作为一个重要的诉讼参与主体来对待？这是因为犯罪人不是一个简单的客体，他是一个主体，他要参与整个系统的沟通，是参与沟通的有效一方，只有这样，才能更有利于刑法正义的实现，更符合刑法正义属性。尽管很多被告人会出于人性的自然反应有不诚实的一面，但是如果放弃跟他沟通，甚至完全不听他的申辩，这是不利于我们防止冤假错案的。

4.耦合

刑法与其所处的大小环境、内外环境的这种刺激和反刺激，实际上是互相配合、相辅相成的。还是以危险驾驶罪为例，当时就有很多人提出问题，是因为处罚不力吗？还是关于醉酒驾驶的行政处罚没有落实？还是说一定要列入刑法？如果本来可以靠行业治理，靠其他的各种规章制度来治理社会问题，刑法贸然越位，这就突破了社会治理的一般规律，造成了巨大的社会成本。现在醉酒驾驶还有高空抛物导致这么多人受到损害，我们也要反思。所以，我曾经说高空抛物的问题，要靠刑法去树立起很多人的行为规范，否则大家都随意地往下扔一些东西太危险。但是，前提还是要把它放进危害公共安全罪里面。所以说，现在我们这个高空抛物罪，所谓客体或者所谓的法益也没有规定到危害公共安全罪里面去，而是放在妨害社会管理秩序罪里面去办。在社会治理中，这种耦合的作用是特别重要的。

5.互动

互动不仅是一个双向的问题，而且是多向的，因为刚才我讲到多维，多维既是指多维的关系，也是指多维的互动。由于它不像自然科学那样在一个实验室，实验的结果是可控制的。法学是一门社会科学（还是一门人文科学），社会科学跟自然科学的区别在于，它不可能在不受干扰中去运行，它时刻需要接受环境对它的刺激，然后对这种刺激要做出反应和回应。这个回应如果满意了，法律就能实现其所设定的功能，实现好的效果；如果回应不满意，那该回应就会引起更大的刺激和反应。这里面大家看到很多典型案件：于欢案、内蒙古的王力军卖玉米案、天津大妈气枪案等，包括在更早之前的许霆案。为什么这种案件一审出来以后，好多人都说于欢案在过去绝大多数法院就是这么判，没什么了不起的，没听说有意见，因为那个时候的环境不像现在自媒体和网络这么发达，瞬息之间信息就能传达到千家万户。现在真是人人都是媒体人，所以在这种社会，我觉得特别需要与时俱进，确确实实认识到社会结构在发生一个巨大的变化。

信息社会的传播，过去说沉默的是大多数，现在就不一样了，大多数的不沉默。所以，在这样一种环境中，新时代人民对法治的诉求也不一样，现在人民要求更高。陈忠林教授提出的"三常"（常识、常理、常情）刑法观很有意义，过去老百姓是沉默的大多数，我们没有机会听他们的意见，他们也没有机会表达。现在不一样了，为什么浙江杭州快递案件自诉转公诉？因为在顷刻之间，这个案件的关注度呈几何级数增长。在案件初期，关注度一增长并引起当地重视，公安机关遂对案件当事人处以治安拘留。后随着事件的不断发酵，案件先行转变为自诉案件而后又改为公诉案件。我们希望通过这个案子来在网络信息社会里给人们的行为提供规范，希望有关办案机关考虑到这个案子的特殊情况，我觉得应当在法律从宽范围内给予当事人尽可能地从宽处理。从行为的定性上否定它，是对社会一种行为规范、一种导引、一种指引，但是在刑法与后果相接的过程中，对案件当事人尽可能的从宽。所以，刑法关系中的互动是来自多个维度，这种情况决定了刑法实现正义的艰难，也决定了刑法学必须从多维度、多视角来研究这个问题，只有这样才能够适应这个社会对于刑事法治的良法善治的需要和诉求。

三、关系刑法学的主要面向

（一）刑法与刑事政策的关系

有人问我，在立体刑法学中好像没有刑法和刑事政策的关系。我觉得刑法应该内外结合，对内容易理解，对外要回应环境的需要。我们刚才说的这些案子，为什么一审以后，随着社会的回应，二审依法改判。二审是通过一种更科学的解释，使二审的结果更加符合普通老百姓的天理、国法、人情相统一这样一种认知，这里面实际包含了刑事政策。尽管如此，在关系刑法学中，确实需要单独研究刑法与刑事政策的关系。要打通刑法和刑事政策的关系，而且要融会贯通。所以，二者的关系实际上包括两个命题，第一个是刑法的刑事政策化；第二个是刑事政策的刑法化。尽管身处不同的法系、文化背景，对刑法与刑事政策的关系也持有不同的态度和见解，但中外学者还是在事实层面达成了共识，那就是无论是刑事立法、刑事司法还是刑法解释，都会受到刑事政策的影响。而刑法的刑事政策化和刑事政策的刑法化这两个命题，就可以被视为当今刑法与刑事政策互动关系的一个缩影。

什么叫刑法的刑事政策化？大家看得出来，现在不管积极刑法观也好，检讨我们以往的刑法修正案也好，一个重大的特点就是：刑法的政策化倾向越来越明显。退赔退赃、认罪认罚，这些不就是典型的刑事政策吗？最高人民检察院推动刑事合规，下一步要推动刑法、刑事诉讼法修改，要于法有据。就像废除劳动教养制度以后，各种轻罪入刑，我们刑法上好多条款都是刑事政策起的作用。在讨论刑法的刑事政策化和刑事政策的刑法化之前，我们有必要先厘清这两个概念的内涵及它们的关系。目前学界大体上有两种观点——相同论和不同论。相同论认为这两个概念只是表述不同，实质上二者为一个问题，如有学者就认为刑法的刑事政策化，也称为刑事政策的刑法化。刑法的刑事政策化与刑事政策的刑法化，其实是一个问题、两种表述，只是视角稍有不同而已。①而不同论虽然认可两者有密切的关系，但认为二者指向的内容并不相同，如有学者在论文中提到："刑事政策的刑法化与刑法的刑事政策化是两个相互对应的范畴。"②

我是赞同不同论的，因为刑法的刑事政策化和刑事政策的刑法化这两种表述存在重大区别：一是二者的概念不同。刑法的刑事政策化是指刑事立法受刑事政策的驱动，在立法中体现出刑事政策的色彩；而刑事政策的刑法化是指借助立法程序将刑事政策的内容或精神固化到刑法条文中，使之成为刑法的内容。二是二者的侧重点不同。刑法的刑事政策化旨在强调刑事政策对刑事立法的指导功能，即刑法的立改废应当贯彻刑事政策的价值诉求；而刑事政策的刑法化旨在强调刑法对刑事政策的制约或"过滤"功能，是把刑事政策关进刑法的笼子，让刑事政策只能在刑法的笼子内活动。

所以，从根本上讲，虽然刑法和刑事政策在目标上具有一致性——预防犯罪、维护社会秩序、保护法益。但二者的特征又各有不同，刑法具有稳定性，刑事政策具有灵活性。稳定性虽然有利于保障人权和自由，却难以有效应对变动不居的犯罪态势，而刑事政策的灵活性使其能够及时调整策略，增强刑法的适应性。因此，为了实现优势互补，学界便提出了刑法的刑事政策化这一命题。

德国刑法学者李斯特提出了"整体刑法学"，以"犯罪态势—刑事政策—刑罚"为基本结构，在广义上界定了"刑事政策"，在这样的构想中，刑事政策具有贯穿前后的灵魂导引作用，成为联结犯罪态势、刑罚执行以应对犯罪的精神机枢。到了储槐植教授的"刑事一体化"，由于其仍然强调刑事学科群的融会贯通，刑事政策仍然可以占据一个核心位置。

在"立体刑法学"中，不能说刑事政策就完全缺席，它至少隐身在一些角落：一是在前瞻犯罪学中，只有把犯罪的原因弄清楚了，才能把准脉，确

---

① 陈兴良：《刑法的刑事政策化及其限度》，载《华东政法大学学报》2013年第4期，第4页。
② 劳东燕：《刑事政策刑法化的宪法意涵》，载《中国法律评论》2019年第1期，第36页。

立科学的刑事立法政策。二是在后望行刑学中。我们同样强调对罪犯改造和回归要有科学的刑事政策，否则刑罚的效果将不会彰显，甚至会前功尽弃。三是在上对宪法和国际公约上。这其实是对一个国家刑事政策的制定和调整有重要影响的一个视角。我国每一次的宪法修改、每加入一个重要的涉及刑事方面的国际公约，都会牵动刑事政策的定位与反思。四是在对内加强对刑法的解释上。我们特别强调过刑法解释的第三只眼——刑事政策，即在所谓的形式解释和实质解释之间，在此问题上，我主张用刑事政策来指导刑法解释。

刑事政策对刑法的影响处处可见，如刑事政策直接导致刑法的立改废。在刑法典、刑法修正案、单行刑法或者附属刑法之外，国家还陆续颁布了反有组织犯罪法、反恐怖主义法等。这里有些方面跟刑法密切相关，如三年扫黑除恶结束以后，国家推动依法惩治有组织犯罪，反有组织犯罪法的好多条款都跟刑法有关，可以说是扫黑除恶常态化的刑事政策，催生了《反有组织犯罪法》。被认定为有组织犯罪以后，或者是刑罚更重了，或者是一些资格受到限制了。还有很多其他的例子。比如，在"保留死刑，严格控制和慎用死刑"等死刑政策影响下，《刑法修正案（八）》取消了13个非暴力犯罪的死刑罪名，《刑法修正案（九）》又再次成批量地取消了9个死刑罪名。又如，近几年严惩电信诈骗犯罪的刑事政策催生了《反电信网络诈骗法》。中外刑事法律演变的历史都能够证明，有什么样的刑事政策就会有什么样的刑法，而不是有什么样的刑法才有什么样的刑事政策。这时候不是刑事政策的刑法化，所以，这些问题特别是在现代，为了应对这种不确定性因素，政策的灵活性越来越集中，但是我们是个法治国家，政策要通过法治发挥作用。

现在我们的刑法越来越像刑事政策法，包括刚才我们说的一些程序性因素，成为犯罪构成的决定性因素。比如，第一次给予行政处罚后第二次才作为犯罪的处理；在提起公诉之前，如若犯罪嫌疑人退赔退赃或者认罪认罚，可以不起诉；又或是在提起公诉前，支付了劳动者劳动报酬后，可以不起诉。因为这些是追随立法的规范保护目的的。退赔退赃等一系列行为后，达到了立法目的，实现了刑事政策的效果，毕竟惩罚也不是刑法的目的。这作为大体思路是对的，贯彻宽严相济刑事政策。

灵活性、动态性、开放性是刑事政策具有的特征，它追求的是如何更合理、更有效、最大化、最优化地对犯罪作出反应。那么相应的，刑事政策的上述特征也让它具有突破罪刑法定原则的冲动，如果不加以必要的限制，就很可能会以效率、功利、合理、有效的名义处罚刑法上没有规定但具有严重危害性的行为。为了减少这种风险，需要对刑事政策进行有效的制约，使其在法治的范围内运作。正是在这种语境下，刑事政策的刑法化应运而生。刑法可以在多方面形成对刑事政策的制约，如只有被刑法条文体现、确认或者包容的刑事政策，才能进入刑法的运作过程；与法益保护目的和预防目的无关或相悖的刑事政策以及与刑法价值相冲突的刑事政策不能进入刑法规范；比如，区分敌我矛盾的刑事政策违背了刑法面前人人平等原则，连坐的刑事政策违背了罪责自负原则，因此不能将此类刑事政策刑法化。

过去学界经常批评中国的立法朝令夕改，说德国、日本的刑法几百年不变，好像把这作为一种优点，说它们的法律怎么稳定。但现在大家说德国的刑法修改实际上比中国的频率还高，这说明什么？说明法律制度也好，法律理念也好，都要适应社会的发展，都要随着社会的变迁而做调整。

（二）虚拟世界的刑法与现实世界的刑法的关系

虚拟世界的刑法和现实世界的刑法的关系也是一组重要的刑法关系。虚拟世界包括互联网、人工智能、区块链，还有所谓的数字化、虚拟化都是区别于现实世界的。三年新冠疫情防控带来的线上的工作方式，对我们生活、学习、工作方式的改变是很大的。现在我们已经慢慢适应了线上开会所带来的这种便捷和环保，减少开车污染环境，也节省了我们很多时间，国际线上会议还免得倒时差等。这也是个互动的关系，不仅是虚拟世界对现实世界的一种冲击，也不仅是现实世界简单去适应虚拟世界，而是一种互动的关系。

回到立法司法领域中，虚拟世界的刑法和现实世界的刑法也是一种互动关系。一方面，虚拟世界是现实世界的映射和延伸，现实社会的种种问题，如盗窃、诈骗、性骚扰等，都可能在虚拟世界中发生。例如，我们现在越来越普及的VR①头显、AR②眼镜以及其他数字化穿戴设备，给我们带来了更好更沉浸的体验，但其实也意味着更加隐蔽深入的个人信息数据的收集活动，甚至可以说它可能就在监控着我们的一举一动。换句话说，它可以凭借这些用户数据进行数据分析和计算，从而推断出用户的日常行为模式和喜好。那么，这就对个人信息安全和隐私保护等基本权利提出了新的挑战，要求我们为了应对此类问题提出新的规则和秩序。再举个例子，现在很多人都很喜欢玩网络游戏，那里面有许多的虚拟人物、"金币"、装备等，有些贵的价格在上万元，甚至几十万元、上百万元。随着网络游戏的发展，涉及虚拟物品的犯罪也越来越多了。之前这类案件是疑难案件，因为需要认定虚拟物品是否有价值，如骗取网络游戏装备、皮肤等虚拟物品的行为表面上是侵害了被害人对虚拟物品的所有权，本质上是侵害了被害人为购买上述物品所付出的实体财物。所以说，网络并非法外之地，它也受现实世界法律的规范和影响，当然，这也提出了建构虚拟世界刑法的新规则、新秩序的要求。

另一方面，现实世界的刑法在虚拟世界中无疑会受限。以性犯罪为例，国外一女子公开指控其数字化身被数位男子的数据化身虚拟轮奸并遭拍照。这个问题其实是很有意思的。就是说，如果虚拟世界中的虚拟化身遭受了性侵犯，那其现实世界中的用户是否是受害者呢？这种性犯罪是否应被刑法追究刑事责任呢？我们都知道法无明文规定不为罪，法无明文规定不处罚。如果说相关的犯罪概念未能在虚拟世界中成功定义，那么现实世界的刑法在处理此类问题时也就无从运用了。如果按照我们刚才说的，概念对于一个国家的刑法学的话语权或者国际刑法交流起一个奠基性的作用，谁发明的概念，谁就垄断了这个领域的话语权。那么，我们就要积极地思考前沿的法律议题，去创造我们的概念。

---

① VR：Virtual Reality，即虚拟现实。
② AR：Augmented Reality，即增强现实。

四、刑法学研究方法的反思

最后，谈一下我对刑法学研究方法的理解。

第一，刑法要高度关注哲学和科学，注重基础理论与对策研究、理论与实务的双重并进。在人工智能、数字社会到来的时代，我觉得刑法还是要高度关注科学和哲学，因为哲学是受科学的影响的。在科学发展史上，哲学深受科学的影响，如果不懂科学，可能哲学也是会落后的。所以，我们从立体刑法学到关系刑法学，要以更广阔的视野关注科学和哲学，要理实交融。特别是要关注神经科学、精神科学、人工智能等对于刑事责任能力有根源性影响的学科。

第二，刑法是一种在个人私权与社会公益之间寻求平衡的社会正义法，其根本目的在于维护社会秩序。对于刑法的这种功能主义的理解，说明刑法只是社会的一部分，解决社会问题必须要依靠其他各种知识来支持和分担。刑法的任务其实不是取决于自身，而是取决于它所处的外界环境给予它的刺激，以及给予它肩膀上担子的轻重。对于功能主义刑法观，我认为，所谓"功能"就是要完成社会赋予刑法的功能。这种功能取决于刑法秩序，取决于社会方方面面所给予刑法的负担以及它们的分担。

第三，从立体刑法学到关系刑法学，其实是一种刑法学研究的主体性自觉，每个人都应当有自己的主体性，当然，也要融入学术共同体，在共同体中感受到力量，并为共同体的知识与价值构建奉献自己的微薄之力。从我个人思路上来说，从立体刑法学到关系刑法学是刑法学研究的主体性的自觉，是我愿意在研究中保持自己的主体性思考的结果。除了在刑法学术共同体中感受到力量、感受鼓舞之外，也应当有自己的主体性思考，这样才能够反馈学术共同体鼓励和对我的培养，为共同体的智识和价值贡献我的微薄之力。

合法性问题的法哲学探讨

——以哈贝马斯的法哲学为例

孔明安[*]

一、合法性问题的前提及其简单考察

法哲学作为一个分支学科非常宏大，是法学科目里边思辨性最强，比较晦涩难懂的学科。主要有以下两个理由：第一个理由是它是理论性最强的，而且它历史也是源远流长，最关键的是跟政治学、哲学、伦理学、社会学等都连接在一起。众所周知，法理学、法哲学、法社会学等，它们都是密切相关的。第二个理由是合法性问题是法哲学的一个核心问题，其实质就是人的自由和权利的基础问题，甚至也可以说是对人性问题的不同回答。从格劳秀斯、霍布斯、洛克、到康德、黑格尔，直到20世纪的德国学者哈贝马斯，他们都在思考和探讨权利的来源问题，也即合法性问题。我们这次主要以哈贝马斯的法哲学为例。

那么，哈贝马斯的合法性问题来自哪里呢？这要追溯至20世纪70年代初一个很重要的伦理学家、政治哲学家约翰·罗尔斯。罗尔斯的《正义论》出版之后，在当时引起了全球范围内的争论，包括自由主义和社群主义的争论，

* 孔明安，南开大学马克思主义学院教授、博士生导师，全国当代国外马克思主义研究会副会长，研究方向为西方哲学史科学技术与社会（STS），国外马克思主义。本文系根据孔明安教授2022年10月31日在安徽师范大学法学院的讲座整理而成。

等等。其中的代表有罗尔斯与诺齐克的争论，也包括罗尔斯与德沃金的争论。哈贝马斯到了20世纪80年代才开始介入这场争论。实际上，在他1976年出版的《重建历史唯物主义》这本书中，已经有了法哲学的萌芽，其中谈到了有关于规范和合法性的问题，不过相对简单。在20世纪80年代初，哈贝马斯写了著名的《交往行为理论》。20世纪90年代初，哈贝马斯出版了《在事实与规范之间》，标志着其法哲学思想的正式形成。需要提及的是，哈贝马斯为了其法哲学的登场，准备了至少5—10年的时间，他与德国法学家定期聚会，讨论法哲学问题，组织了读书小组，举办了多次讨论会。从20世纪70年代初开始，他把德国的一批著名法学家凝聚在周围，包括霍耐特——他的同行兼助手及法学家贡特尔等人，他们每周聚会、讨论，然后哈贝马斯才于90年代初写下了这本巨著。

《在事实与规范之间》一书大概有700多页，这本书是哈贝马斯晚期最重要的一本法哲学著作。哈贝马斯在该书中回答了罗尔斯的一个重要问题，即所谓的正义究竟从何而来？正义的基础是什么等问题。众所周知，罗尔斯在《正义论》中提出了自由主义的两个基本原则，同时提出了与这个原则相关联的一个核心概念，即所谓"无知之幕"的问题。"无知之幕"的提出招致了很多批评和反驳，后来他用反思平衡等概念来回答这些批评。《在事实与规范之间》这本书的第二章，就是哈贝马斯回答他与罗尔斯的争论的问题。哈贝马斯认为，罗尔斯关于正义问题的回答虽然深刻，但不尽完美，或者换句话说，罗尔斯的正义问题就是我们今天讲的合法性问题。哈贝马斯认为罗尔斯的回答属于软约束和弱规范，它缺乏一个法律维度的约束和规范，或者说缺乏一个规范性的、强规范的约束性，因此，他要从强规范，即法的规范和法哲学角度来反驳罗尔斯的正义问题。

罗尔斯提到了自由主义的原则及其假设，即"无知之幕"等概念，也注意到了20世纪战后西方兴起的福利社会等社会现实，包括之后他提到的反思平衡，但它缺乏一个重要维度——规范的维度。这里有个非常重要的概念——规范，这是一个非常模糊，或者非常难解释的概念。哈贝马斯认为，他所做的工作就是要补充罗尔斯所缺乏的规范性维度。他用交往行动理论作为一个方法论的原则，然后用程序性的、交互性的商谈的方法，或者用商谈的程序正义，交往行动或者交往来补充罗尔斯，也即他所谓的商谈的合法性。概言之，哈贝马斯用商谈的合法性来补充罗尔斯的分配正义的合法性难题。

通过交往，或者用一个更通俗的词叫"对话"，来实现正义的时候，实现合法性的问题的规范就需要出场了。规范在这里主要是指法律规范。哈贝马斯在本书谈论的主要是法律规范，这本书中第一章到第九章谈论的基本上都是法律规范。但规范也不仅仅是法律规范，还包括道德规范，所以他在附录里专门谈到了道德规范，以及法律规范与道德规范之间的关系。因此，该书中在附录里专门有一个标题——法律与道德。所以，这本书是可以称作关于规范，甚至说关于法律规范的著作，也可以说是关于法哲学或法理学的著作。

二、《在事实与规范之间》与近代西方法学史

读这本书有一个前提，即需要了解西方近现代法学历史。众所周知，法学历史源远流长，有人类以来就开始有法的问题，规范的问题，甚至是强规范、弱规范的问题。人类社会经历了多个形态，如从原始社会到奴隶社会，封建社会、资本主义社会和社会主义社会。但就法学而言要追溯到古希腊、罗马的自然法的传承。

目前世界上的两种法系，一种是以罗马法为主的大陆法系，主要盛行于欧洲大陆及其国家，另一种是英美的判例法系。判例法是英美法系法律的一个重要渊源，根据这一制度，某一判决中的法律规则不仅适用于该案，而且往往作为一种先例而适用于以后该法院或下级法院所管辖的案件。只要案件的基本事实相同或相似，就必须以判例所定规则处理，这是所谓"遵循先例"原则。

西方近代法学起始于霍布斯、洛克、格劳秀斯，然后经孟德斯鸠、卢梭、康德、黑格尔等法学家发展，直至现代法学体系。与此同时，欧洲的自然科学与社会科学、法学、文学、哲学同时走向繁荣。霍布斯认为，在原始状态下，人与人之间的关系是狼的关系，并由此产生自然法学说。霍布斯的国家

理论是一种假想的自然状态，是国家产生之前的自然状态，人以自然法享有各种天赋的权利。在自然状态下，每个人都是利己主义者，而且人与人之间的关系都像狼一样，为了个人或者某个群体与对方厮杀。因此，自然法的第一条原则就是：用一切手段（包含战争）来寻求和平与自卫。从第一条原则可以推出第二条原则：为了和平与自卫，人们宁愿主动放弃一切事物的权利，并将权利让渡给君王，就造成了人与人之间如同狼一般的关系。为了避免混乱残忍和血腥的关系，人们就必须在自然状态下签订契约，并将权利转让给君王。当人们将权利转让给君王后，君王可以拥有无限的权利，而且这些权利是无法收回的，但君王只要订立契约就也要受到限制。霍布斯的学说强调君权，否定神权，以"君权民授"来代替反对"君权神授"，冲击了当时欧洲的君权神授的观点。

洛克的自然法与霍布斯一样都强调权利是上天赋予的，是上帝给予的，但是洛克的自然法与霍布斯的自然法不同。霍布斯所说的自然是指的上天，而洛克所说的自然是带有社会性质的。洛克认为，人是一种自然的社会动物，因而他反对霍布斯的自然观，并由自然自由走向了政治自由，即社会自由。因为他认为人不仅是像狼一样为了争食而相互残忍厮杀。因此，霍布斯的自然法是天然自然法；洛克的自然法则是财产自然法。其中的关键在于劳动，洛克认为劳动是对自然的否定。因此，洛克提出一句名言：财产必须私有，权力必须公有。

卢梭的天赋人权与洛克不同，洛克是自由主义者，而卢梭则是共和主义者。卢梭的天赋人权也可以称之为人民主权，而洛克提出的是个人主权。卢梭的天赋人权虽然非常强调人的"天赋"权利，却很容易导致现代专制，法国大革命就是一个典型的例证。近代西方法哲学观念，从霍布斯到洛克、格劳秀斯，以及随后的康德、黑格尔都是带有自由主义色彩的个人权利的法学家。法哲学的另一派则是起源于卢梭的共和思想，也包括康德、马克思的法学思想。卢梭的思想对康德影响很大，因此，哈贝马斯在《在事实与规范之间》中将两人进行了比较。康德的法权学说是建立在道德普遍性和"绝对命令"的基础上的，它是道德的延伸和附属物。因此，康德法哲学是将法权置于道德之下的法哲学，其核心对象是主体的意志，包括私法、公法、国际法，等等。他在《道德形而上学》中集中论述了其法哲学思想。康德之后的黑格尔法哲学集中体现在其《法哲学原理》中，它基于自由主义的基础，以自由意志为对象，把法哲学作为哲学的一个分支。黑格尔指出，法是自由意志的定在。他有一句名言：国家是行走在地上的神，国家是伦理实体。黑格尔的法哲学包括了抽象法—道德法—伦理法三个部分，国家是伦理的最高阶段。所以，他提出，"现实的就是理性的，理性的就是现实的"这样的名言。马克思反对黑格尔所推崇的国家的法哲学观，他在《〈黑格尔法哲学批判〉导言》中批判了黑格尔的国家观，即伦理实体的唯心主义观，然后，以市民社会为基础，重新建构了国家理论。

康德之后的一个很重要的哲学家萨维尼，是德国自然法和历史法学派的奠基者和代表人物。萨维尼认为要重视并继承罗马法的历史传统，罗马法已足够完备，只需在罗马法的基础上发展展开。他强调自然法的对象是民族历史与民族精神，民族精神构成了一个国家大法的基础。从霍布斯的自然个体到洛克的个人自由的财富主体，到卢梭的人民主权，包括康德、黑格尔，再到德国法学家萨维尼的民族精神，法学的研究对象也是在变化的。那么，以萨维尼为代表的法学为什么叫历史法学派呢？主要原因就在于它重视古罗马以来自然法的历史传统，强调罗马自然法的重要性。他认为，每一个民族都是有历史的；与此同时，萨维尼继承了康德哲学的唯心主义传统，强调精神性的东西，特别是"民族精神"。民族精神与德国古典哲学，包括康德、费希特和黑格尔哲学都有关系。民族精神作为一种道德，也可以作为一种规范（或者说法律规范的基础）体现在法的规则和原则中，而这个规则和原则就构成了法的根本。

以萨维尼为代表的历史法学派影响了德国19世纪将近几十年，从历史法学派的创始人萨维尼，一直过渡到法律实证主义的凯尔森。萨维尼的学生普希塔认为，法律的本质是权利，即个人的权利，主体的权利。法律是对作为意志性的主体所平等拥有的自由权利的规范，所以主观权利是保护个人行动的消极权利。那什么是消极权利？这与洛克的抽象自由是一致的，都认为法律保护的是个人的合法权利，未经许可不得干预他人自由、生命和财产权。

历史法学派的第二个代表人物是文德夏特。他从自由主义的法学，所谓主观权利、主体权利稍微偏了一点点。他认为权利还是主体的，但是权利是要给人用的，因此他开始强调法的功利性，强调法的用途和法律的结果。所以，文德夏特认为权利是由法律秩序所提供的一种全能或者意志支配。但是，法律的权利是有一定的目的的。

紧接着文德夏特的历史法学派的代表人物是耶林。耶林已经带有强烈的功利主义色彩了。他认为，法律是要强调权利，但权利是功能而非意志。这是一个重大的转折点。文德夏特还在强调法律的对象是权能或者意志，但是，耶林开始强调法律关注的是权利的功能。也就是说，权利的本质不是所谓的抽象权利，而是其功能；不是康德、黑格尔的自由意志，而是具体的功能和效用。从目的上说，法是满足人们利益的工具和手段。这就与康德的学说，包括萨维尼的观点相去甚远了，在康德看来人是目的，工具要密切服务于人这个目的，但在耶林那里，他在法学上已经开始走向功利主义。这个转向必须引起我们的注意。把功利主义发扬光大，走向极端的则是德国法学家凯尔森及其实证法学。他认为，法律不在个人意志，也不在主观的或者主体的权能，而是实证的"规则"。

至此，前面我讲了两条线索：一条线索是近代法学历史和传统，从自由主义法学到以卢梭为代表的共和主义的法学。这两个流派都在强调主体，但对主体的理解却是不同的。一个是以个人自由为对象的法律主体的权利，另一个是以带有集合色彩的人民主权论为核心的法律权利学说。另一条线索是以萨维尼为代表的历史法学派，它强调民族精神。德国的历史法学派构成哈贝马斯的德国法哲学背景。从萨维尼到普希塔、文德夏特、耶林，从强调个人权利，强调以自由意志为对象的法学，以个人权利为目的，以自由意志为研究对象的自由主义的法学，逐渐演化到功利主义和实证主义的法学。

那么，实证主义的法学关键是什么呢？其中的典型表达就是"恶法亦法"。法律不是所谓的个人意志或民族精神，不是抽象的原则或精神，包括康德、黑格尔和萨维尼讲的精神，康德讲道德的普遍性等东西，法律的核心的不是那些看不见摸不着的精神、原则或灵魂，而是那些具体的条条框框，是规则，当然，最极端的就是恶法也是法。

三、合法性的危机与合法性问题的出场

我们在哲学上把哈贝马斯定位成法兰克福的第二代。第一代是以阿多诺、马尔库塞、霍克海默为代表的，以反思现代性、反对理性为主要观点。第二代就是哈贝马斯。哈贝马斯一辈子写了几十本书，前些年还有一本书《后形而上学》出版了。然后法兰克福第三代，即哈贝马斯的学生辈霍耐特，也可以说是法理学家或者法哲学家。霍耐特提出了承认理论，探讨的也是关于合法性和主体间的承认问题。现在还有一个第四代叫福斯特，哈贝马斯的博士。所以我们把哈贝马斯定位在这个地方。

合法性的探讨是在《合法性危机》中就提了出来，哈贝马斯在这里提到了一个非常重要的概念，就是合法律性与合法性。我们可以把合法性译为正当性或正义，当然，目前学界还有人将其翻译成正当、正义、合法性，这些都是一个词。那么，合法律性和合法性的区别究竟在哪里呢？合法律性的关键是什么？合法律性就是符合现有的法律和道德规范，而合法性是不以它们为对象，与之不同。注意，提到合法律性，以8小时工作制为例，如果某人违反了，立马就会被处罚。但是，如果8小时之外，如假期可以加班，加班付双倍工资，这是合法律性，但是它不具有合法性。所以一定要区分这两个概念。当时为什么哈贝马斯会提出这个问题呢？区分合法性与合法律性有一个重要原因，而这个原因与罗尔斯在《正义论》中提出的几乎是一样的，即福利社会的到来与福利社会的困境。罗尔斯在《正义论》中提到自由的两个原则，他没有专门论述福利社会的问题，但实际上他提到了自由的第一个原则是自由平等原则。也就是说，第一条就是机会平等，而第二条则是差异原则。何为差异原则呢？在机会平等的前提下，注意要优先照顾谁呢？当然优先照顾弱者。一个白人大学生和一个黑人大学生同时去应聘工作，这个工作机会应该给谁呢？给黑人。一个女大学生和一个男大学生，同时本科毕业，去应

聘秘书工作，给谁呢？女性。为什么？因为要照顾弱者。请问一个失业的人和已经工作的人现在去应聘工作给谁？要优先考虑失业者。这就是关于福利社会困境的选择问题。在"二战"后50—60年代，照顾弱势群体和福利社会的提法在美国社会已经出现了，甚至很流行了。

但是，福利社会也带来一些问题。例如，在德国的公园里可以看到一些不工作、喝醉酒的福利享受者，或者如果多生几个孩子，从政府那里得到福利金，人们就可以不工作了。哈贝马斯在这个时候，感觉到福利社会的问题已经很大了。所以，这就促成了哈贝马斯的合法性与合法律性、福利社会及其困境问题的研究，继而，合法性危机的问题就被提了出来。哈贝马斯引申出了许多概念，如生活世界和交往理性的问题，或者交往行动理论。但在这个时候还仅是刚刚提出，他用了几乎20年的时间在完善这个理论。之后，哈贝马斯重建马克思历史唯物主义，用交往行动理论来替换马克思的生产力生产关系理论。哈贝马斯认为，所有这些出现并不意味着马克思主义过时了，也不意味着资本主义比社会主义好。资本主义社会存在合法性的危机，这种危机主要体现在三个系统中，即经济系统、政治系统和文化系统。哈贝马斯用两个概念来表示这个矛盾，即所谓系统与生活世界的对立。在系统与生活世界的对立中，生活世界是人类自由的生活状态，系统表现为经济系统、政治系统和文化系统。他认为这种系统危机是全面性的，对应的是技术理性，而生活世界对应的是交往理性。合法性危机的出现是因为在资本主义社会中，取得胜利的不是交往理性和生活世界，而是工具理性和技术理性。

四、交往行动的类型与合法性或正当性问题

哈贝马斯在《交往行动理论》中提出了交往理性或者交往行动的四种类型。其中第一种为工具理性，就是前面提到的合法性问题。四种类型具体如下：

第一种行动是目的性的行动，即工具性的行动，也就是说它是以目标为取向，在比较权衡利弊之后，选择一种最理想的达到目的的手段。第二种行动是规范调节的行动。它是一个群体受规范，或者受各种规范所约束的行动，包

括法律的规范和道德的规范，严格来说，它严格遵守那些由个体组织和其他的群体所具有的价值期望。第三种行动是游戏行动。这个是哈贝马斯从维特根斯坦语言游戏学说引申过来的——它是行动者在观众和社会面前有意展现的行动，这种行动重在自我表现，通过自我表达吸引观众、达到表演的目的。行动者在观众面前以一定的方式进行自我表现，以显示自己。比如，上台讲演比赛就属于这一类。第四种行动是交往行动。合法性只有通过真正的交往行动才能得到，这种交往行动，是行动者个人之间以语言为媒介，使用语言符号作为理解各自的相互状态，达到交往共识的行动。所以主体间性、主体间的相互理解，构成交往行动的核心。与第四种交往行动相对应的领域是生活世界，它是与系统相对应的另一个世界，因此，这种交往行动就是一种对话和商谈的行动。

相比于罗尔斯，哈贝马斯是相对现实的；但就其交往行动而言，也是具有乌托邦色彩的。他认为通过交往、对话、商谈，通过争论（argument）和辩论（debate），就能实现交往共识。但是，哈贝马斯的商谈理论是理想状态的交往和对话。举个反例，夫妻之间在有些事情上协商不了，经常吵架，因此，双方的交往行动是有困境的。所谓交往行动的困境，是指交往行动的程序性与交往行动目标之间是有鸿沟的，目标是乌托邦方向。交往行动的重点在于对话及其程序性，通过程序性的商谈来达到其目的，也就是通过"交往共识"达到一致。所以，哈贝马斯的商谈理论的程序性是很强的，但是他所达到的目标，其理想状态是具有乌托邦色彩的，这是我们需要强调的。大家想一想这种程序性和目标的乌托邦色彩之间的鸿沟就可以了。法学中很多何尝不是如此呢？

下面，我们谈一下事实与规范之间的关系问题。哈贝马斯所谓的事实是法律事实，也就是说法律意义上具有法律效果的"事实"。比如，在新冠疫情期间，某位同学因疫情感染住院了，大家可能会为他提供打饭等帮助，但当他从医院回来后，谁愿意主动与他同住一个宿舍呢？估计不多。为什么？大家都怕被传染呀！这里就存在规范性问题。按照规范，无论是法律规范还是道德规范，大家都应该平等地对待这位同学，但事实上呢，大家都"自觉地"

躲避他，这就是事实与规范之间的裂缝。按照法律规范，大家是一样的，但按照道德规范，约束性就比较"弱"了，我可以远离这位同学。所以，除了事实与规范之间的鸿沟以外，还有法律规范与道德规范之间的差异。也就是说，一个社会，除了法律规范，还必须有道德规范。再如，老人摔倒要不要扶的问题。自南京彭宇案被判赔偿摔倒了的老太太之后，全国各地出现了很多无赖老人讹诈帮助者，结果造成有的老人没有人救，活活冻死的情况。法律的事实性与规范之间，既是矛盾的，也是内在相关的。因此，事实是（老人摔倒）是一回事，但是对这个事实的判决却是另一回事，它有诸多的维度，有道德层面还有法律层面。因而，哈贝马斯所讲的规范，不仅是法律规范，也包括道德规范。

总的来说，合法性问题首先要区分合法律性和正当性，要注意区分事实与规范之间的鸿沟。为了论证事实与规范及合法性问题，哈贝马斯提出了很多原则。包括民主原则、道德原则和商谈原则。这些原则都是服务于商谈的，或者说为了论证正义或合法性问题。另外，哈贝马斯还谈到了商谈的条件，即商谈是主体间性的，商谈主体必须是平等、真诚的，问题是真实的，等等。换句话说，商谈是发生在主体间的，是一个人对一个人，几个人对几个人，一个群体对另一个群体的商谈。从实际来说，这个商谈所要求的平等和真诚的主体在现实生活中是很难做到的，所以，哈贝马斯通过程序的合法性看起来很完美，但操作起来很难，主要是受制于各个主体不同的利益，也受制于人们的"恐惧"心理，不敢参与到所谓的"平等"的商谈和对话中。这涉及社会环境、现实利益和意识形态的问题。哈贝马斯为了实现合法性，借鉴了康德、黑格尔的理论，以及现代符号学、社会心理学来建构其商谈理论。哈贝马斯的理想是希望法不仅仅是抽象法，也包括道德法和伦理法，即道德的普遍性。道德的普遍性和理想性要远远高于抽象法的规范性和强制性，这就是他的"民主法治国"的理想。

概言之，哈贝马斯所谓的合法性问题，也就是正义问题，不同于合法律性的问题。他通过程序正义，即程序性商谈，来达到所谓的正义。哈贝马斯的思想是在实现交往共识基础上的法哲学或当代自由主义的学说。但从马克思的观点来评价，其乌托邦的色彩是非常重的，需要进行很多修补和批评。需要注意的是，我们不能把它同建立在马克思主义的基础上的法哲学或者法律学相混淆，两者有很大差别。而是需要用马克思主义的法学或者法理学，甚至是道德哲学，来进行分析和批判。

基础理论研究

检察官统一调用制度的实践反思

何　兵　周海洋[*]

摘　要： 检察一体原则的本土化应符合我国检察制度的特殊性，契合我国刑事司法程序。检察官任免制度是检察权合法运行的前提和基础，保障并限制检察官的统一调用。检察院之间的职能协助关系，首先要坚持各负其责的原则，不要直接代替执法，不能证立检察官统一调用。无限制的检察官调用实践，引发立法原意与刑诉规则、检察一体与检察官任免制度等方面的巨大冲突，容易导致检察权的行使偏离我国检察制度的基础，进而缺乏合法性与正当性。

关键词： 人民检察院组织法；检察一体；检察官任免制度

检察官统一调用制度，是指上级检察院调用辖区内的检察人员，代表本院办理案件，或者将被调用的检察人员指派到辖区内的下级检察院，代表该院办理案件的办案方式。这一办案方式，起始并集中于检察机关职务犯罪侦查领域，并随着职务犯罪侦查制度的改革和检察机关自侦部门的转隶，近年被广泛应用于审查起诉工作。虽然这种办案方式涉及不同行政辖区、不同级别的检察院和检察人员，但由于侦查工作具有封闭性，且侦查终结后多会按照管辖的规定，由具有管辖权的检察院审查起诉，故在职务犯罪侦查中该办案方式没有引起多少关注和争议。但在审查起诉工作中这一办案方式引发了

---

* 何兵，中国政法大学法学院教授、博士生导师，研究方向为行政法、行政诉讼法、宪法等。
周海洋，中国政法大学法学院博士研究生，研究方向为行政法。

极大的争议。支持者认为这一办案方式符合我国检察制度的传统，符合我国司法制度改革的方向及我国政治体制的运行逻辑，从根本上是基于新形势下的办案需要，是检察一体原则的体现和必然，符合我国司法体制改革的方向。[①]认为这种调用制度与律师异地办案有共同之处，属于检方一方人员配置的范畴，有利于提高检方的办案水平。[②]反对者则认为其与检察官任免制度、管辖和回避诉讼制度明显冲突，不具有合法性与正当性。针对上述争议，有必要立足立法原意和我国检察制度的特殊性，对这一办案方式进行规范分析与客观评价。

一、立法原意与刑诉规则的冲突

检察官统一调用制度虽然长期存在，但在2019年《中华人民共和国人民检察院组织法》（以下简称《检察院组织法》）施行前没有法律依据，只是被论证为检察一体原则的必然。2019年1月1日施行的《检察院组织法》第24条第1款第4项首次明确规定，上级检察院可以统一调用辖区内的检察人员办理案件；同年12月30日施行的《人民检察院刑事诉讼规则》（以下简称《刑诉规则》）第9条第2款重申并细化了这一规定。上述立法和司法解释，虽被视为为了解决检察人员异地办案的客观需要和合法性问题，[③]但没有消除争议。相反，随着海南黄鸿发案、包头王永明案[④]、芜湖谢留卿案[⑤]等的披露，争议日益激烈，有必要首先从规范角度分析这一办案方式。

[①] 龙宗智：《论"检察一体"与检察官调用制度之完善》，载《中外法学》2022年第2期，第415页。

[②] 张建伟：《异地异级调用检察官制度的法理分析》，载《政治与法律》2021年第9期，第28页。

[③] 童建明、万春主编：《〈人民检察院刑事诉讼规则〉条文释义》，中国检察出版社2020年版，第12页。

[④] 公诉机关为乌海市乌达区人民检察院，但出庭支持的18名检察人员中，只有一位公诉人为该院检察官，其余17人为内蒙古自治区人民检察院从全省三级检察院调派的检察人员。

[⑤] 支持抗诉机关为芜湖市检察院，但出庭支持抗诉的11名检察官中，有8名检察官是安徽省人民检察院从铜陵市人民检察院、合肥市瑶海区人民检察院、芜湖市镜湖区人民检察院等市、区检察院调派的。

（一）立法原意的探讨

对《检察院组织法》规定的上级检察院"可以统一调用辖区的检察人员办理案件"，全国人大的立法释义书进行了详细的解释。"我国检察机关是领导与被领导的关系，因此，对于案情重大、疑难、复杂的案件或者其他特殊情况，上级人民检察院可以统一调用辖区的检察人员办理案件。虽然被调用的检察人员来自下级人民检察院，但其作出的行为是以上级人民检察院的名义。需要注意的是，上级人民检察院行使上述职权时，需要以书面形式作出决定，而不能以口头形式作出。这主要是为了保证上级人民检察院行使职权的规范性。"[1]这就是检察官统一调用制度的立法原意。

因此，《检察院组织法》规定的检察官统一调用，是指上级检察院调用辖区内的检察人员为己所用，办理本院承办的案件；承办案件的是调用检察人员的上级检察院，辖区是该上级检察院的辖区，被调用的检察人员以该上级检察院的名义履职。这一立法原意，符合《检察院组织法》第24条的法条文义和法条不同款项之间，以及该法第24条、第25条之间的逻辑。

（二）《刑诉规则》的规定及其体现

《刑诉规则》第9条第2款首先重申了《检察院组织法》的规定，最高人民检察院在解释该款规定时，不但明确检察院组织法的规定解决了检察人员异地办案的客观需要和合法性问题，而且强调"既包括调用本院的检察人员到辖区的下级人民检察院办理案件，也包括调用辖区的下级人民检察院的检察人员到本院或辖区的其他下级人民检察院办理案件"[2]。按照该解释，上级检察院统一调用辖区内的检察人员办理案件时，上级检察院可以不是承办案件的检察院，被调用的检察人员可不以该上级检察院的名义履行检察职能，可

---

① 郑淑娜主编：《〈中华人民共和国人民检察院组织法〉释义》，中国民主法制出版社2019年版，第91—92页。

② 童建明、万春主编：《〈人民检察院刑事诉讼规则〉条文释义》，中国检察出版社2020年版，第12页。

被指派到辖区内的任一检察院办理案件，没有地域、级别的限制。

该解释与检察实践相一致。实践中，除上级检察院调用辖区内的检察人员为己所用外，这一办案方式主要表现为上级检察院调用辖区内的检察人员，然后指派到下级检察院办理案件，多涉及不同级别的检察院和检察人员。比如，海南黄鸿发案，海南省检察院从全省三级检察院调取78名检察精英组成办案专班，代表海南省检察院第一分院办理案件①。包头王永明案，内蒙古自治区检察院从全省三级检察院调用检察人员，代表乌海市乌达区检察院办理案件。

将这一解释与立法原意相对比，就会发现最高人民检察院的解释背离了立法原意的要求，除"上级检察院调用辖区的下级检察院的检察人员到本院办理案件"符合《检察院组织法》规定定义外，《刑诉规则》对其他情形的解释和检察实践均不符合立法原意。

二、检察一体与检察官任免制度的冲突

检察一体原则是检察官统一调用制度的理论依据，但域外检察一体原则及其实践是与其检察官任免制度相契合的。我国检察官的任免制度明显不同于域外，检察一体原则的本土化不能脱离中国检察制度的特殊性。

（一）检察官身份的合法性是检察一体的前提

每个检察官在处理检察事务时，都会被视为各自独立的国家机关，以自己的名义行使权力并自负其责。"为了防止这些单个的检察权在行使时出现失误，让他们正确统一地反映国家意志，使全体的检察职能更有效地发挥出来"②，在尊重独立性的前提下，有必要强调检察官的组织性，以实现对检察官的适当监督。这时，就需要强调检察权的上命下从的运行方式，以使检察机

---

① 金昌波、王佳艺：《海南率先探索调用检察官办案机制》，https://www.hainan.gov.cn/hainan/tingju/202101/623c5503030e44a393e2d8feae901b35.shtml，最后访问时间：2022年5月3日。

② 徐尉：《日本检察制度概述》，中国政法大学出版社2011年版，第67页。

关更具有组织体制上的行政性[①]。

故检察一体"是指各级检察机关、检察官依法构成统一整体，各级检察机关、检察官在履行职权、职务中根据上级检察机关、检察官的指示和命令进行工作和活动"。[②]日本学者伊藤荣树说："检察官一体原则意味着由于检事总长以下对指挥监督权及事务承继移转权的行使，使检察官全体在任何时候都有可以作为一个整体进行活动的可能性，而不是现实中经常说的：A检察官的意思即B检察官的意思，这种形式就叫作全体检察官是一体的。"[③]

实践中，检察一体表现为上级检察官的指挥监督权、事务调取及事务转移权。作为检察首长发出的行政指令，对具体案件办理的指挥监督、调取与转移，都可能涉及检察官的统一调用。比如，检察首长将下级检察官正在办理的事务转交给其他检察官办理的事务转移权。在德国，驻高等州法院和驻州法院的首席官员有权将其辖区内的一个检察官的事务交由另一个有管辖权的检察官负责，他也可以委托其他的检察官履行职务[④]。日本"对于检察首长可以统一调用指挥监督的下属检察官，包括跨区调用，在日本学者中基本没有异议。日本《检察厅法》的规定也比较明确，理解比较一致"[⑤]。可见，域外检察官的统一调用，要求承接办案的检察人员是检察官；检察官身份的合法性，是检察一体的前提。

（二）不同检察官任免制度对检察官统一调用的保障、限制

法国检察官由总统任命，韩国"检察系统垂直领导，任免权属于检察总长，因此调派检察官在法律规定上没有问题"。[⑥]"日本检察官的任命分为两种：检事总长、次长检事、检事长由内阁任命，并由天皇作出认证；各级检

① 参见何家弘主编：《检察制度比较研究》，中国检察出版社2008年版，第448页。
② 张穹：《人民检察院刑事诉讼理论与实务》，法律出版社1997年版，第18页。
③ ［日］伊藤荣树著：《日本检察厅法逐条解释》，徐益初等译，中国检察出版社1990年版，第56页。
④ 魏武：《法德检察制度》，中国检察出版社2008年版，第170页。
⑤ 龙宗智：《论"检察一体"与检察官调用制度之完善》，载《中外法学》2022年第2期，第416页。
⑥ 龙宗智：《论"检察一体"与检察官调用制度之完善》，载《中外法学》2022年第2期，第416页。

察厅的检事、副检事，则由法务大臣任命。"①法务大臣是日本法务省的最高长官，法务省作为日本内阁的组成机构，是日本最高的司法行政部门。综上可见，这些国家的检察官任命是中央事权，脱离了地方权力主体的影响，任命效力及于全国，从而为检察官统一调用提供了法律支持与保障。

我国检察官由其所属检察院的本级人大常委会任免。其中最高人民检察院的检察员由全国人大常委会任免，其检察官身份限于组织关系所隶属的最高人民检察院。地方各级检察院的检察员由本级人大常委会任免（省、自治区、直辖市检察院分院的检察员，由省、自治区、直辖市检察院的本级人大常委会任免），其检察官身份限于组织关系所隶属的地方检察院。因此，我国检察官的任免客观上存在中央事权和地方事权，不同级别、不同地域检察院检察官任命的权力主体不同，特别是地方检察官的任命受制于不同级别的地方权力主体，检察官身份具有地域依附性，具体表现为某地某检察院的检察官，也仅是某地某检察院的检察官。检察官任命效力的地域性，决定了我国的检察官统一调用应受到严格限制。

（三）检察官等级制度对检察官统一调用的限制

广义上，检察官任免制度还包括检察官等级的评定，即检察官的层级性。该层次级限制检察官的统一调用，特别是下级检察官对上级检察官的援助。比如，日本检察官包括检事和副检事，其中检事分为一级和二级，具体又细分为20个层级，配置在最高检察厅、高等检察厅及地方检察厅；副检事为二级，具体又细分为16个层级，配置在区检察厅。由于不同地区、不同级别的检察厅对检察官能力要求的差别，"虽说被签发事务处理命令后，检察官也可以援助上级检察厅的上诉，但是，上诉书上必须签署上级（高等检察厅）检察官的名字，因此上诉案件中援助检察官的参与并不常见。甚至几乎不会出现由下级检察官援助上级检察官的上诉案件的情况"②。可见，虽然日本检察官

---

① 段明学：《比较检察制度研究》，中国检察出版社2017年版，第239页。
② 龙宗智：《论"检察一体"与检察官调用制度之完善》，载《中外法学》2022年第2期，第418页。

任命的是中央事权，但检察官的层级会限制检察官的统一调用。

我国检察官也有层级性，根据《中华人民共和国检察官法》（以下简称《检察官法》）第27条的规定，我国检察官等级分为十二级。区别于域外检察官的层级性以检察官身份的获得为前提，我国检察官的层级性首先影响检察官的任职资格和检察官身份的获得，进而限制检察官的统一调用。

我国不同级别检察院的检察官初任等级不同，下级检察院检察官并不当然具有上级检察院检察官的任职资格。例如，直辖市检察院及其分院检察官的初任等级为四级高级检察官，直辖市所辖区检察院检察官的初任等级一般是一级甚至是二级检察官。非直辖市不同级别检察院的检察官初任等级，差别更大。因此，被调用的下级检察院检察官并不当然具有承办案件的上级检察院检察官的任职资格。比如，芜湖谢留卿案、海南黄鸿发案等，都存在这个问题。特别是海南黄鸿发案，被调用的基层检察院的检察官等级最高一般也只是一级检察官，即便得到了全国和省人大常委会的特别授权，被调用的基层院检察人员一般也达不到省级检察院分院检察官的初任资格。

我国检察官任免制度的特殊性，决定了不能照搬域外检察一体理论与实践。认为"在我国政法制度背景下，检察官统一调用制度具有法理上的正当性"[1]，"人民检察院组织法第24条第1款第4项的规定，赋予上级检察机关调用权的时候，并未设置同级人大常委会任命或批准的前置程序"[2]的观点，存在逻辑颠倒，不仅否定了检察官身份合法性是其行使检察权的前提和基础的基本法治原则，而且否定了长期以来办案单位将被调用的检察人员任命为本院检察官的客观事实。

三、亲历性检察事务专属性与检察官身份地域依附性的冲突

当下检察实践改变了以往的做法，不再要求作为代表的被调用检察人员

---

[1] 龙宗智：《论"检察一体"与检察官调用制度之完善》，载《中外法学》2022年第2期，第418页。

[2] 龙宗智：《论"检察一体"与检察官调用制度之完善》，载《中外法学》2022年第2期，第418页。

具有承办单位的检察官身份，虽然修订后的《刑诉规则》对此也没有要求，但关于被调用检察人员身份合法性的争议，却日益激烈。该争议的背后，就隐藏着亲历性检察事务专属性与检察官身份地域依附性冲突。

（一）亲历性检察事务专属性

出庭支持公诉只是办理案件的一个环节、部分工作。有些工作，如宣读起诉书、质证、答辩、发表法庭意见等均是检察官专属的亲历性事务，有些工作如送达、草拟案件审查报告、协助进行多媒体展示等均是可以由检察官助理协助的检察辅助事务。2015年9月发布的《关于完善人民检察院司法责任制的若干意见》的第17条、第18条，最先明确规定了检察官、检察官助理的职责。此后，2019年10月1日施行的《检察官法》第7条、第68条，也明确规定了对刑事案件进行审查起诉，代表国家进行公诉是检察官的职责，检察官助理在检察官指导下负责审查案件材料、草拟法律文书等检察辅助事务。

亲历性检察事务与检察辅助事务的区分，说明检察人员因身份不同而有不同的岗位职责和权限，其中出庭支持公诉等亲历性检察事务具有专属性，只能由检察官行使相关职权。因此，检察官身份是检察人员行使亲历性检察职权的前提。

（二）检察官身份的地域依附性

我国检察官任免制度，曾是人大常委会任免制、检察长任免制并行。检察长任免制适用于员额制改革以前，当时检察官包括检察员和助理检察员，办案单位通过本院检察长将被调用的检察人员任命为本院助理检察员的方式，使其成为本院检察官。这不仅灵活、便捷地解决了被调用检察人员的身份合法性问题，且因不受地方权力机关的约束而不具有地域依附性。

随着员额制改革的推进和《检察官法》的修改，助理检察员在法律上不复存在，只有检察员才是检察官。与之相伴，检察长任免制不再有适用的空间，人大常委会的任命成为获得检察官身份的唯一途径。检察官由其所属检察院本级人大常委会任免，导致地方检察官的身份具有鲜明的地域依据性；

甲县人大常委会任命的甲县检察院的检察官，该检察官身份及随附的检察职权仅限于甲县。

这种鲜明的地域依附性，与每个检察院各自独立的职责、机构、人员等组织管理特征是一致的。这种组织管理下的检察官也不是抽象的、一般的概念，而是隶属于具体检察院的具象个体。有论者认为，我国的检察官在法庭上被称为"国家公诉人"，其代表国家提起公诉的特性十分清楚，检察官行使的检察权力属性是"国家事权"的性质。检察官由地方人民代表大会及其常委会任命，一旦被任命为司法官以后，该司法官即具有国家官员的性质，因此虽由地方任命，但司法官属于国家官员而非地方官员。①然而，国家公诉人的称谓和国家事权的公权属性，改变不了检察官个体的组织隶属性，改变不了地方检察官的任免是地方事权，检察官身份和相应的检察职权具有地域依附性的事实。上述观点以偷换概念的方式，否定各级人大、各级检察院的组织独立性，否定检察官个体的组织隶属性。

（三）被调用检察人员的身份合法性是异地履职的前提

以往的检察实践认为，被调用检察人员异地履职时，要具有办案单位的检察官身份。例如，2006年12月1日，湖北省人民检察院出台的《关于在全省检察机关实行检察工作一体化机制的指导意见》第25条第6款规定："加强检察官代行履职的法律职务保障。对于受上级检察院指派跨层级、跨区域履行职责的检察官，由其履职所在地检察院检察长依法任命法律职务，履职结束后予以解除。"

关于被调用检察人员身份合法性问题，2020年12月4日最高人民检察院12309检察服务中心曾复函干卫东律师："上级人民检察院调用下级人民检察院检察人员办案时，可以由承办案件的人民检察院同级人大常委会对调用人员临时任命为检察员。但实践中往往难以满足办案需要，有时还会延误办案时机，导致案件超出办案期限等问题。为解决这一问题，有的地方由承办检

---

① 张建伟：《异地异级调用检察官制度的法理分析》，载《政治与法律》2021年第9期，第36页。

察院的检察长将被调用人员任命为助理检察员。"该复函不仅表明了以往实践的通常做法，而且表明了被调用检察人员异地履职时，应当具有办案单位的检察官身份；在检察长任免制不再适用的当下，应当由办案单位的检察长提请本级人大常委会将被调用检察人员任命为本院检察员。

对此，海南黄鸿发案是恰当的例证。2019年8月，海南省检察院从全省三级检察机关调用检察人员代表该院第一分院办理该案时，为解决调用检察人员的身份合法性，海南省检察院"以'报请会商'方式获取授权，通过请示汇报得到全国人大常委会、最高检、省人大常委会的支持，并提请省委政法委主持召开庭前协调会议，就调用人员出庭公诉身份问题达成共识"[1]。即通过"报请会商"的方式，海南省检察院获得了省和全国人大常委会的特别授权，解决了被调用检察人员的身份合法性。虽然这是一种变通的方式，但足以证明2019年1月1日《检察院组织法》施行后，被调用检察人员的身份合法性仍是其异地履职的前提。

四、异地异级履职与刑事诉讼程序的冲突

有论者认为"异地异级调用检察官符合检察机关的体制特性。检察机关实行一体化原则，在组织特性上，检察人员具有不可分性，因此在上命下从的领导或者指挥监督体制内，在必要时进行人员调用"[2]。但现实恰恰相反，我国检察机关上命下从的领导体制，是以每个检察院、检察人员的组织可分性为前提和基础的，每个检察院、检察人员检察权的行使都有其效力范围，且须符合刑事诉讼程序的要求。认为检察一体下检察人员具有组织不可分性的观点，是将检察一体与行政一体、检察权的依法独立行使与检察机关领导体制混为一谈。

---

[1] 金昌波、王佳艺：《海南省检察机关：集中精干力量　攻坚大案要案》，载《海南日报》2021年1月25日，第A10版。

[2] 张建伟：《异地异级调用检察官制度的法理分析》，载《政治与法律》2021年第9期，第36页。

（一）涉嫌违反地域管辖的规定

《刑事诉讼法》第25条规定，刑事案件由犯罪地人民法院管辖，也可以由被告人居住地人民法院管辖。检察院办理刑事案件也应严格遵守该地规定，由犯罪地或被告人居住地检察院行使管辖权，办案单位的检察人员因组织隶属关系而代表该院行使检察权，检察院、检察人员均基于法定权限而履职。基于权力法定，被调用检察人员因与办案单位没有组织隶属关系，依法无权办理该院管辖的案件。

检察官统一调用制度下，被调用检察人员虽有上级检察机关的授权，但该授权不能使其获得办案单位的检察官身份并进而享有该院的法定职权，导致该异地履职违反了地域管辖的规定。比如，芜湖谢留卿案，铜陵市检察院、合肥市瑶海区检察院等都没有管辖权，被调用检察官因不具有芜湖市检察院检察官身份也没有管辖权。

（二）涉嫌违反级别管辖的相关规定

2011年印发的《关于调配优秀公诉人办理重大公诉案件的规定（试行）》明确规定，上级检察院可以在辖区内调配优秀公诉人办理四类案件：特别重大、复杂的案件；在本地区具有特别重大影响的案件；社会舆论高度关注的重大、敏感案件；其他需要调配优秀公诉人办理的案件。将这一规定与《刑事诉讼法》第21条、第22条关于中级人民法院、高级人民法院管辖的第一审刑事案件的规定对比，会发现需要上级检察机关调用辖区检察人员支援的案件，通常是属于中级甚至省级人民法院管辖的案件，承办案件检察院应是地级市或省级检察院。比如，包头王永明案，作为内蒙古自治区有重大影响的涉黑犯罪大要案，不仅涉嫌罪行的法定刑包括无期徒刑，案件的审查意见、认定标准由自治区检察院审定、把关，而且公诉团队也以该院检察官为主导。将这样的大要案指定基层检察院办理，涉嫌违反了级别管辖的规定。

级别管辖还意味着控审级别对等，如基层法院对应基层检察院。当基层法院审理案件时，公诉人是市级检察院甚至是省级检察院检察官，公诉人级别甚至高于基层法院院长，显然有违级别管辖的应有之义。

（三）影响回避制度的执行

刑事诉讼中，检察人员的回避由其所在检察院的检察长决定。该所在检察院是指承办案件检察院，因检察人员与该院具有组织隶属关系，代表该院行使检察权，所以该院检察长有权决定其是否回避。

但检察官统一调用制度下，被调用检察人员与办案单位没有组织隶属关系，其职权来自上级检察院的授权，是否继续参与案件办理的决定权在于上级检察院。因此，当被调用检察人员被申请回避时，按照检察机关上命下从的领导体制，办案单位只能执行上级检察院的调用决定，无权决定其是否回避。虽然上级检察院作出了调用决定，被调用检察人员组织关系隶属的检察院对其具有组织管理责任，但二者都不是办案单位，均无权决定是否回避。这就出现了三方检察院均无权处理回避事项的僵局。

（四）导致两审终审制出现漏洞

人民法院审判刑事案件实行两审终审制，与之相对应的是两级检察院对同一案件的层级审查与监督。但检察官统一调用常使两级检察院的上下监督不复存在，两审终审制形同虚设。典型的如大连市检察院承办的张某杰等65人涉嫌集资诈骗、非法吸收公众存款案。

作为公安部督办的重大案件，该案由大连市检察院审查起诉。审查后，大连市检察院将该案一分为三，将张某杰等四人作为一案仍由该院提起公诉，将李某、王某笑等22人移送该市甘井子区检察院提起公诉，将孙某爽、宋某文等39人移送该市西岗区检察院提起公诉。其中，张某杰等四人案和孙某爽、宋某文等39人案的公诉人，都是大连市检察院检察官宋某，其既代表大连市检察院在市法院出庭支持公诉，又代表西岗区检察院在区法院出庭支持公诉。就这两个案子而言，这样调用检察官可能会导致两级检察院的上下监督不复存在，两审合一。

由甘井子区检察院提起公诉的李某、王某笑等22人案的公诉人孙某媛，也是大连市检察院的检察官，据悉其参与了分案之前全案65人的审查办理。孙某媛名义上代表甘井子区检察院，但其公诉意见实际却是大连市检察院的审查意见。而且，孙某媛代表甘井子区检察院出庭支持公诉时，没有大连市检察院出具的调用函，且当庭明确表示其是大连市检察院检察官。因此，其实质是代表大连市检察院出庭支持公诉。故该案检察官的调用，客观上也导致了两审合一。

（五）申诉救济权的行使受到质疑

当事人及其法定代表人、近亲属，对已经发生法律效力的判决、裁定，可以向法院或检察院提出申诉。但当下级检察院办理的案件，是由上级检察院调用辖区内检察人员按照该院意见办理时，法定的申诉救济权利客观上就消亡了。比如，芜湖谢留卿案，面对由安徽省检察院指派的抗诉团队，上诉人表示对合议庭能否依法公正裁判没有信心，对未来的申诉没有信心。

五、办案需要的反思与检察权的规范运行

（一）办案需要的反思

检察一体原则的强调，上级检察机关对辖区内检察人员的统一调用，是为了应对办理重大、疑难、复杂案件的需要，诸多文件对此都有明确表述。比如，2005年《关于进一步加强公诉工作强化法律监督的意见》载明："加快公诉一体化机制建设。……上级人民检察院根据办案需要，可以选调优秀公诉人或者业务骨干办理重大、复杂案件。"2010年《最高人民检察院关于加强公诉人建设的决定》载明："上级检察机关要加强对出庭工作的指导、协调，充分发挥检察一体化优势，凡在什么范围有影响的案件，就要在什么范围调配优秀公诉人审查案件并出庭支持公诉，确保出庭指控犯罪效果。"2011年《关于调配优秀公诉人办理重大公诉案件的规定（试行）》在强调形成合力满足办案需要的同时，明确规定了上级检察院可以在辖区内调配优秀公诉人办

理的四类案件。

上述意见和规定看似明确了可以调用检察人员支援的具体情形和案件范围，但实践中多表现为上级检察院的主观随意认定，甚至是指令权的滥用。比如，周口市检察院承办周某等人涉嫌诈骗案时，调用西华县检察院检察官出庭支持公诉。但该案原本就是由西华县检察院该检察官审查起诉，后该案被移送周口市检察院。该案调用下级检察院原公诉人出庭支持公诉，难逃偷懒之嫌。又如，芜湖谢留卿案，一审开庭前已是全省甚至全国有重大影响的案件，但安徽省检察院没有认为芜湖市繁昌区检察院的检力资源与办案能力不足，没有从全省调用检察官支援；但当该案进入二审程序由芜湖市检察院承办时，却从全省调用检察官支援。这一事实说明不是芜湖市检察院的检力资源与办案能力不足，而是安徽省检察院认为需要支援。但被调用检察官又非专职办理该案，至少有3名检察官在调用期间仍在原单位办理案件，故该案二审实际不存在从全省调派检察官支援的客观需要。

（二）检察权的规范运行

办案需要与依法解决被调用检察人员的身份合法性并不冲突，只是随着司法改革推进和法律修改，检察长任命制不复存在，无法如往常那样灵活、便捷地解决被调用检察人员的身份合法性，该问题才凸显出来。但这一问题并非无解，根据法律规定和司法实践经验，以下四种方式不失为解决问题的有效途径。

一是让被调用检察人员承担非显名检察事务。办理案件的工作，既有出庭支持公诉等检察官专属的显名事务，更有审查案件材料、草拟法律文书等繁多的、可以由他人协助的非显名事务，后者往往才是真正紧急的、大量的、亟须协助和支援的。且长期以来，我国检察机关落实检察一体原则时，注重和强调的也多是相互间的职能协助义务。虽然在上命下从的领导体制下，全国各级检察院是执行检察职能的统一整体，但每个检察院都具有明确的管辖范围，各负其责应是检察院横向协作的重要保障，原则上应当采取协助的方式，尽量避免显名直接代为执行。参与办理案件的检察人员可以有很多，但出庭支持公诉的检察人员是有限的。因此，让被调用检察人员承担并做好非显名工作，为出庭检察人员做好业务保障，即可满足办理案件的需要，没有必要非让其代表办案单位履行出庭支持公诉等显名事务职权。

二是上级检察院行使事务调取权，将下级检察院承办的案件调取为自己承办。就自侦案件而言，上级检察院可直接立案侦查下级检察院管辖的重大、复杂案件。就审查起诉而言，如涉黑和重大涉恶案件一般都是各省有重大影响的重大刑事案件，根据《刑事诉讼法》第22条的规定，应由省级法院管辖的第一审刑事案件，均应由省级检察院审查起诉。2019年3月《关于建立健全省级检察院对涉黑和重大涉恶案件统一严格把关制度的通知》，也明确要求"各省级检察院检察长、分管副检察长要亲自抓部署、抓落实，亲自指导，要选配抽调各相关部门专业化检察官办案组或资深检察官，组建把关指导团队，必要时成立全省（自治区、直辖市）的专家队伍，对所有的涉黑和重大涉恶案件实行全面统一严格把关。……认定标准由省级检察院统一把握，审查意见由省级检院统一把关，诉讼各环节法律监督统一要求。"根据该通知，各省级检察院为辖区内涉黑和重大涉恶案件的实际承办单位，下级检察院出庭支持公诉，只是在法庭上传达省级检察院的公诉意见。比如，王永明案，不仅公诉团队以自治区检察院检察官为主导，而且2021年4月13日最高人民检察院《关于表扬全国检察机关扫黑除恶专项斗争优秀集体和优秀个人的通报》，表扬的也是"内蒙古自治区人民检察院王永明案专案组"。因此，与其将案件办理人为压低到办案能力不足的基层检察院，然后从全省调用检察人员支援，不如由省级检察院依法直接承办。

三是上级检察院行使事务转移权时，将案件指定到检力资源充足、办案能力较强的下级检察院。典型的仍如王永明案，该案原由包头市稀土高新区检察院管辖，后被指定到乌海市乌达区人民检察院管辖。内蒙古自治区检察院指定乌达区检察院管辖时，又从全自治区调用检察人员支援的事实，说明其指定管辖时已经认识到该院不具有与办理该案相匹配的检力资源、办案能力。既然如此，就应当将该案指定到检力资源充足、办案能力强的其他基层检察院，或者直接指定包头市或呼和浩特市等地级市检察院承办。

四是严格按照案件管辖的规定，增加地市级检察院直接承办重大、复杂一审刑事案件的数量。上级检察院调用辖区内检察人员支援的案件，一般都是符合中级人民法院管辖的一审案件。比如，芜湖谢留卿案，被指控的涉嫌诈骗金额为1700多万元，法定量刑幅度为10年以上有期徒刑或无期徒刑，根据《刑事诉讼法》第21条规定，属于中级人民法院管辖的一审案件，应由芜湖市检察院管辖。审查起诉期间该问题被多次提出，但未被繁昌区检察院采纳。如果当初该案依法由芜湖市检察院管辖，二审办案单位即为安徽省检察院，该院肯定不会认为自己存在检力资源和办案能力不足的情况。再如，前述的大连市甘井子区检察院提起公诉的李某、王某笑等22人案，本是大连市检察办理的案件，但因被人为分案，降格为基层检察院承办，才导致调用该市检察院检察官出庭支持公诉。

六、结语

主张可以照搬域外检察官统一调用的实践，强调绝对的检察一体原则的观点，一般也都认为我国检察机关过于受制于地方权力机关，主张建立不受地方权力机关制约的垂直领导体制，至少省级以下检察机构实行垂直领导，①并提出培育司法官的非属地化意识，不以地方人民代表大会及其常委会任免制度为限，从而有利于消除地方主义的影响。②但检察制度作为上层建筑的组成部分，其组织与运行方式由一国政治制度决定。人民代表大会制度是我国的根本政治制度，这决定了我国检察机关由人民代表大会产生，对它负责，受它监督，各级、各地检察院检察官必须由相应的人大常委会任免，受制并依附于该人大常委会的权力空间。

因此，借鉴域外检察一体原则理论与实践时，应认识到我国检察制度的特殊性，认识到"检察一体化仅指检察事务方面的原则，而非检察行政事务

---

① 何家弘主编：《检察制度比较研究》，中国检察出版社2008年版，第371页。

② 张建伟：《异地异级调用检察官制度的法理分析》，载《政治与法律》2021年第9期，第35页。

方面的原则"，①认识到检察行政事务是检察事务的前提和基础，明确不同的检察官任免制度对检察官统一调用、检察权行使的影响与限制。虽然全国各级检察院是执行检察职能的统一整体，检察院之间具有职能协助的义务，但这种职能协助首先要坚持各负其责的原则，尊重并保证各个检察院、检察官的相对独立性与法定职权。过于强调办案需要、打击犯罪合力的功利导向，容易导致检察权的行使偏离我国检察制度的基础，进而缺乏合法性与正当性。认为"检察机关这种调用制度，与律师异地办案有共同之处"②"人民检察院调用精兵强将组成公诉团队承担控诉职能，与辩护方优选国内能言善辩的律师组成辩护团队一样，属于一方人员配置的范畴"③的观点，混淆了法律对不同群体、公权与私权的不同要求。每位被告人依法可以聘请两位律师，法庭上辩护律师的人数多于检察官是常态。但有理不在人多，"在包头审理王永明案件时，辩护方具有人数上的优势，辩护律师利用这种群体优势，让人数明显不如自己的公诉人难以招架，在人数较多的辩护人争先发言中，形单影只的公诉人应对不暇"④的观点，是简单将出庭检察官人数等同于检察官的业务能力和水平，不符合司法实践的基本逻辑和经验。

---

① 段明学：《比较检察制度研究》，中国检察出版社2017年版，第132页。
② 张建伟：《异地异级调用检察官制度的法理分析》，载《政治与法律》2021年第9期，第37页。
③ 张建伟：《异地异级调用检察官制度的法理分析》，载《政治与法律》2021年第9期，第37页。
④ 张建伟：《异地异级调用检察官制度的法理分析》，载《政治与法律》2021年第9期，第37页。

组织、实施代孕行为犯罪化构想

雍自元　郑　丽*

摘　要：组织、实施代孕行为是指自然人、法人或其他组织，以非法牟利为目的，通过招募、雇用、引诱、欺骗等手段控制多人从事代孕活动，实施代孕技术的行为。组织、实施代孕行为具有严重的社会危害性，但是现有法律规定层级较低，规制对象仅限于医疗机构和医务人员，根据现有罪名无法规制组织实施代孕行为。为了有效地规制代孕机构非法进行代孕活动，我国可以考虑在妨害社会管理秩序罪中增设组织、实施代孕罪。

关键词：代孕；组织、实施代孕行为；代孕机构；犯罪化

繁衍后代是人类的本能，人类因生育行为而延续。近年来，由于环境污染、不良生活方式、经济增速放缓等原因，我国不孕不育患者逐年增加，[①]众多不孕不育患者治疗未果后将目光投向了代孕。除此之外，一些同性伴侣及为了规避妊娠痛苦、害怕生育对身体有影响等群体也纷纷加入代孕队伍。2021年1月，某知名女星代孕疑似弃养事件的发酵，将代孕问题推到了风口浪尖。实际上，我国部门规章明确禁止代孕，但是规制力度有限，违法成本过低，导致第三方代孕中介机构的激增，代孕费用也随着需求不断增长。如今，代孕已经逐渐衍生出庞大的黑色产业链。

---

* 雍自元，安徽师范大学法学院副教授、法学博士，研究方向为刑法学。

郑丽，安徽师范大学法学院硕士研究生，研究方向为刑法学。

[①]《中国人口进入零增长区间，专家分析四因素致出生人口快速下降》，https://www.cpaw.org.cn/article/?id=1404，最后访问时间：2023年11月22日。

一、问题的提出

代孕是指借助人类辅助生殖技术将精子或人工授精培育成功的受精卵或胚胎移植入代孕母亲的体内怀孕。本文所称组织、实施代孕行为是指以招募、雇用、引诱、欺骗等手段控制多人从事代孕，实施代孕技术的行为。代孕改变了人类传统生殖规律，自诞生之初就饱受争议。

（一）基本案情

某代孕机构在国外以招工或代孕为名招募女性，再通过高薪引诱偷渡过来的女性从事代孕。在非正规医疗场所实施胚胎移植手术后，这些外籍女子分别被安置在小区公寓里居住，其间，陈某通过扣押证件、言语威胁等方式限制其人身自由直至生育小孩。该机构从中牟取暴利。2020年12月，法院以非法拘禁罪判处陈某有期徒刑一年，缓刑一年六个月。①

（二）引发的思考：组织、实施代孕行为是否应当犯罪化

本案被告人陈某仅以非法拘禁罪论处，该机构以及陈某组织他人实施代孕的行为因未受到规制引发争议，学界存在肯定论与否定论两种观点。前者认为该机构及陈某组织女性实施代孕行为应纳入刑法规制，因为组织实施代孕过程中引诱、胁迫、拘禁代孕女性以及安排非正规医疗手术等行为的危害程度远超非法拘禁，该行为如果不加以控制会引发代孕行为商业化以及侵犯女性权益的后果；后者则表示被害人从事代孕系自愿行为，且刑法尚未规制该行为，法院以非法拘禁罪判处并无不当。本文认为，可以考虑将组织、实施代孕行为犯罪化。理由如下：首先，在法益侵害上，以非法拘禁罪判处无法完整评价该机构行为，非法拘禁罪侵害的法益是他人的身体自由权，但是该机构胁迫、控制他人代孕，在非正规医疗场所安排手术的行为侵犯了他人

---

① （2020）湘0405刑初222号刑事判决书。

的健康权。其次，在行为性质上，该机构招募代孕母亲，对其进行集中控制，并为代孕活动提供居住场所的行为构成"组织"，具有社会危害性。再次，在行为目的上，组织多人进行代孕本质上是以牟利为目的，扰乱了社会公共秩序。最后，在主观恶性上，女性代孕是迫于生计，但是该机构招募、胁迫、控制女性从事代孕交易，其主观恶性已突破代孕行为本身。

二、组织、实施代孕行为应当独立入罪

面对现实中存在的问题，组织、实施代孕行为是否应当犯罪化以及如何予以刑事惩治，引发了广泛探讨，此类问题亟待法律层面的有效解决。

（一）组织、实施代孕行为应当入罪

刑法通过严厉的刑罚手段限制个人权利从而调整社会关系，保护各种法益，维护社会秩序，对严重危害社会的行为纳入刑法规制[1]。具体而言，组织、实施代孕行为的社会危害性在于以下方面。

1.组织、实施代孕行为具有社会危害性

（1）扰乱社会管理秩序

社会管理秩序是一种有序的、稳定的与连续的社会运行模式[2]。组织、实施代孕行为过程中因受精卵的来源不同，代孕形式也变得复杂多样，容易导致隐性传染病和诱发近亲结婚的可能；将代孕女性的生育功能作为牟利的手段，依据代孕母亲的相貌、身高、学历不同进行明码标价[3]，侵害了女性的人格尊严；非医学需要进行性别选择和人工制造多胞胎，导致社会人伦和法律关系的混乱[4]；

---

① 张远煌：《犯罪学》，中国人民大学出版社2020年版，第12页。

② 张明楷：《刑法学》，法律出版社2021年版，第1349页。

③ 《只要花钱，可定制代孕妈妈和胎儿性别》，https://www.thepaper.cn/channel_26916，最后访问时间：2022年5月20日。

④ 徐明、高晟：《论代孕行为的刑事治理策略》，载《中南民族大学学报》（人文社会科学版）2021年第4期，第112页。

代孕机构作为居间方，以经济利诱的方式，招聘经济实力较弱的妇女为经济实力较强的需求者进行代孕，可能会导致对代孕母亲的变相压迫和剥削，加剧社会的不公平现象；代孕市场需求旺盛，利润可观但缺乏监管容易造成社会秩序的无序、混乱状态。组织、实施代孕行为具有严重的社会危害性，不仅侵犯了人权，也扰乱了正常的人类辅助生殖技术管理秩序。

（2）行为人非法牟取经济利益

完整的代孕流程涉及代孕机构、代孕委托方、代孕母亲和掌握代孕技术的人员四方主体。代孕机构作为代孕产业的枢纽，通过网站发布代孕广告，多重代孕套餐吸引代孕委托方，高薪招聘代孕母亲以及供卵者，为其代孕活动提供场所，同时与实施代孕技术的医生合作，组织开展代孕活动，俨然发展成为多方有力协调的产业脉络。代孕机构牢牢抓住代孕委托方迫切需要孩子的心理，承诺"包成功包性别"吸引客户，并收取高额代孕费用；同时利用代孕母亲、供卵者急需用钱的心理，承诺"高收益零风险"招聘代孕妈妈、高薪买卵或者借卵；各种代孕机构网站显示为客户提供专业咨询、签证协议、完成助孕、包办婴儿出生证明等"一条龙"服务；为客户提供多重选择，如包成功零风险套餐、介绍医疗包成功套餐等；甚至还有一些价格相对低廉的代孕公司开展外包活动，没有实验室和孕母，跟其他代孕中介合作，进行二次承包。代孕组织者为牟取经济利益，在代孕网站大肆宣传代孕成功率和交易率，却避而不谈代孕背后的风险，其危害性显而易见。据报道，记者曾暗访湖北省某代孕村，发现众多中介以高额报酬引诱乡村妇女外出代孕，其中不乏大龄母亲以及生育多胎的妇女。代孕中介一年介绍二十几个人，介绍费高达十余万元，而代孕母亲每笔交易可获十五万元至二十五万元不等的报酬[①]。

（3）侵犯供卵者和代孕母亲健康权

我国代孕机构未获批开展人类辅助生殖技术，医疗环境和医疗设施难以保证实施代孕活动的安全性。截至2020年12月31日，我国卫健委仅批准27

① 《记者暗访湖北"代孕村"，揭秘整个代孕行业的运作流程》，https://www.sohu.com/a/446265282_99991909，最后访问时间：2022年5月20日。

家医疗机构设置人类精子库。[①]然而，我国却没有获批准设置的卵子库，对卵子的需求也催生了买卖卵子的黑色产业链。为了保障卵子的来源和质量，代孕机构偏向于选择年轻女性，随处可见的小广告上，打着"时间自由，钱到账快，绝对真实"的旗号，吸引了众多急需用钱的女性，捐卵者中不乏大量的女大学生甚至未成年人，[②]他们对取卵手术的操作流程以及危害性一无所知。由于缺乏诊疗资质，组织代孕者通常只会宣传捐卵所带来的报酬，而隐瞒代孕捐卵的手术风险，取卵前大剂量打促排卵针，取卵手术需要使用约35公分的取卵针刺破卵巢，在卵巢上留下创口，轻则造成二次感染和伤害，重则切除卵巢、摘除子宫等。[③]为了保证胚胎能够顺利植入母体，代孕母亲在备孕期间要不间断地打针吃药，孕期需要打75针黄体酮保胎，甚至需要多次进行人工受孕才能成功。若胎儿存在缺陷，因代孕委托方与代孕婴儿之间缺少"十月怀胎"的情感联系，选择弃婴也轻而易举。比如，在3岁"黑户代孕女童"案中，因代孕母亲妊娠期间感染梅毒，遭委托方退单，代孕母亲独自生下女童却无法上户口。[④]在代孕过程中，为了保证安全生育婴儿，大部分代孕机构会限制代孕母亲的活动自由，在北京最大的非法代孕机构案中，有代孕协议规定在代孕母亲怀孕过程中，代孕妇女未经过甲方同意不得与任何人见面，在外出散步时必须按照甲方指定的路线，并且安排专人陪同。

（4）诱发侵犯法益的其他危害行为

代孕中介机构在高额利润的驱使下，在组织、实施代孕的过程中还可能滋生其他违法犯罪活动，诱发买卖国家机关证件罪等、组织他人偷越国（边）境罪；引发代孕合同效力问题、抚养权纠纷、虚假广告宣传等问题，如表1所示。

---

① 《经批准开展人类辅助生殖技术和设置人类精子库的医疗机构名单》，https://:www.nhc.gov.cn/wjw/fzszjg/list.shtml，最后访问时间：2022年5月20日。

② 徐蕾诗媛、江剑平：《未成年人非法代孕的成因分析及预防对策》，载《保健医学研究与实践》2021年第6期，第170页。

③ 李芬静：《代孕相关行为的刑法规制研究》，载《医学与哲学》2021年第2期，第54页。

④ 《代孕女童无法上户口，生物学父亲：因代妈染梅毒弃胎》，https://m.thepaper.cn/baijiahao_10771521，最后访问时间：2022年5月20日。

表1 组织、实施代孕行为诱发其他纠纷的相关案件

案　　　号	基本案情	法院裁判
（2014）管刑初字第556号	2011年年底，代孕中介张某为解决代孕婴儿户口问题，购买出生医学证明，向全国各地进行销售，牟利数万元	被告人张某买卖国家机关证件，其行为已构成买卖国家机关证件罪
（2020）粤0114刑初429号	2019年6月底开始，被告人石勇伙同同案人以成功代孕可获得高额报酬为由，招揽、安排8名越南女子到中国境内从事非法代孕活动	被告人石勇伙同同案人非法组织他人偷越国境，其行为已构成组织他人偷越国境罪
（2015）沪一中少民终字第56号	陈某罗某夫妇通过购买他人卵子，委托他人代孕，生下两个孩子。后罗某因病经抢救无效死亡，两个孩子随陈某生活。2014年，孩子的祖父母提起本案监护权之诉	以儿童最大利益为原则认定陈某取得监护权，且法院否认对非法代孕行为予以认可
（2019）粤0191民初2187号	2019年1月，陈女士与代孕公司签订合同，后陈女士受精卵移植代孕母体失败，遂起诉要求公司全额退还费用38万元	法院认定代孕合同因违背公序良俗、损害社会公共利益，认定为无效
（2019）鄂0103行审101号	2016年至2018年，梁某以健康咨询公司名义在互联网站上大肆发布代孕广告，宣称其公司提供专业医疗服务，但该公司实际并非宣传所称正规合法医院	法院以其所宣传的代孕服务内容属于国家法律法规规定禁止提供的服务，裁定当事人吊销营业执照并处罚款100万元整

2.其他法规不足以防控组织、实施代孕行为

刑法的谦抑性理论表明刑法是其他法律的补充法、保障法，[①]只有在前置法已经无法规制的情况下，才能通过刑法介入达到惩罚和预防犯罪的目的。

（1）部门规章规制力度不足

目前我国针对代孕的法律规定是原卫生部2001年出台的部门规章，仅仅规定给予有关责任人警告和三万元以下罚款，条款除了约束医疗机构和医

---

① 张明楷：《刑法学》法律出版社2021年版，第23页。

务人员以外，对于从事代孕的中介机构以及掌握代孕技术的非医务人员鞭长莫及，使得众多代孕中介人员产生侥幸心理，将法律漏洞作为从业的"保护伞"。2022年1月，国家卫健委在《关于禁止地下"商业买卖卵子"的提案》答复函中明确要求建立合法捐卵、合法储卵的途径，这一举措无疑表明了代孕相关行为已经引起我国法律重视，并需要纳入国家治理体系中。

（2）民事法律缺位

从民事法律的角度看，我国现行立法缺乏代孕相关的法律规定。从2014年中国首例人体冷冻胚胎监管、处置权纠纷案，到2015年全国首例代孕子监护权纠纷案，代孕背后映射出亲子关系的认定、代孕协议的效力、代孕子女继承等民事问题。一方面，前置法规定的缺失，使刑法难以通过参照前置法的相关规定解决代孕纠纷；另一方面，代孕委托方与中介机构签订的合同，一旦代孕机构违约，实务中法院通常判定为代孕协议因违背公序良俗而无效，导致代孕方和代孕子女的权益往往难以得到保障。目前，我国《民法典》中已经明确从事人体胚胎有关的活动应以保障人体健康、遵守伦理道德和法律、维护公共利益为前提。该条文虽然没有明确表明代孕协议的效力问题，但是代孕过程中涉及人体胚胎相关活动操作，从侧面表明了我国《民法典》禁止代孕的基本立场。

3.组织、实施代孕行为入罪有利于法秩序的统一

法秩序统一性要求各部门法之间的法律目的一致，不能出现互相矛盾的状况，[①]代孕作为一种尖端医疗技术，法律应确保其发展的底线，在不得危害社会的前提下安全、有效和健康发展。我国在《人类辅助生殖技术管理办法》中限制医疗机构和医务人员开展代孕活动，表明了对代孕行为的否定态度。与此同时，在《人类辅助生殖技术和人类精子库的伦理原则》中规定禁止多胎和商业化供卵为目的的促排卵，在《人类精子库管理办法》中同样规定不得向不具有人类辅助生殖技术批准证书的机构提供精子。2015年全国人大常委会在《人口计划生育法修正案（草案）》中也曾提出增设"禁止代孕"的条款。但在刑法条文中，关于打击非法代孕以及打击违规供精供卵的规定却无

---

① 周光权：《法秩序统一性原理的实践展开》，载《法治社会》2021年第4期，第1页。

迹可寻，这表明即使代孕组织者、从业者实施了危害社会的行为，也依旧无法通过现有刑法对组织代孕行为追究责任，或者只能依据其他法律来对犯罪行为进行处罚，导致司法漏洞。前置法与刑法的脱节使得众多代孕组织者以刑法不会追责从业者和委托方为由大肆开展代孕业务，高额的利润以及宽松的处罚促使代孕机构甘愿铤而走险，不仅挑战了司法权威，还割裂了各部门法之间统一的规范秩序。若刑法与部门规章对严重危害社会的商业代孕行为保持一致打击态度，对代孕组织者、从业者处以刑事处罚，不但能够真正震慑代孕机构以及从业者，有效遏制非法代孕行为，更有利于法秩序的统一。

4.刑法中有组织型犯罪的立法例

纵览我国刑法条文，有众多组织型犯罪的立法例。以我国妨害社会管理秩序罪中的卖淫类犯罪为例，个人卖淫仅由行政法予以处罚，但是组织卖淫行为则应受到刑罚处罚，个人卖淫行为构成对自身身体权益的承诺，刑法无权介入，但是组织卖淫行为所危害的不仅是行为人甚至是社会公众的权益，只能通过刑罚的方式予以规制；同样，在组织出卖人体器官罪中，为了保护他人身体健康权和国家的医疗卫生管理秩序，我国法律禁止器官买卖行为，打击的对象限于组织出卖者，被组织者是否构成犯罪并不影响本罪的成立，且允许通过合法途径进行器官捐赠。综上所述，刑法中已有的组织型犯罪的立法例反映了我国主流观点对组织类犯罪的态度，虽然与代孕行为不尽相同，但都涉及社会伦理、人身健康等问题，对组织代孕行为犯罪化具有一定的参考意义，如表2所示。

表2 组织型犯罪的立法例

罪　　名	行　　为	犯罪客体	定罪主体
组织卖淫罪	卖淫行为无罪	社会治安管理秩序、他人人身权利和社会道德风尚	组织者
组织淫秽表演罪	淫秽表演行为无罪	社会治安管理秩序和社会道德风尚	组织者
非法组织卖血罪	卖血行为无罪	国家血液管理制度和公共卫生安全	组织者
组织出卖人体器官罪	捐献器官行为无罪	国家器官移植管理秩序和他人身体健康权	组织者

（二）刑法现有罪名无法规制组织、实施代孕行为

我国禁止代孕的规范层次偏低，规制力度不足，难以有效打击具有严重社会危害性的组织、实施代孕行为，直接适用现行刑法罪名予以规制又会出现规制不足的情形，导致大量漏洞被不法分子利用，其可能涉及的罪名主要包括组织出卖人体器官罪、非法经营罪、非法行医罪。

1.组织出卖人体器官罪无法规制组织代孕行为

有学者认为，组织代孕行为与组织出卖人体器官行为均属于人体器官犯罪，都侵害了医疗卫生管理秩序和身体健康权。因此，可以将组织出卖人体器官罪扩大解释为包括组织代孕行为，将精子、卵子解释为"人体器官"，实现组织代孕行为的入罪，笔者不赞成这种观点。首先，在组织代孕过程中，代孕行为的实质是女性代为他人生育，自愿将子宫的使用权出租给对方，并不转移其所有权，但是组织出卖人体器官强调他人获得器官所有权的转让，并损害他人身体健康完整权，"出租"和"出借"两者具有实质性的差别，不能进行类推解释。其次，精子、卵子不能被视为"人体器官"。在《人体器官移植条例》中明确规定从事人体细胞的人体组织移植不属于器官移植，且卵子与精子不能作为商品进行市场交易。女性子宫虽然属于器官的一部分，但是代孕行为并不转移其所有权，仅仅出让其使用权部分。简言之，组织出卖人体器官罪不应通过类推解释实现组织代孕行为的入罪。

2.非法经营罪无法规制组织机构开展代孕活动

非法经营罪保护的法益是市场经济秩序。首先，组织、实施代孕行为不仅提供了代孕服务的经营行为，还涉及代孕婴儿与代孕母亲的人身权益，其危害的并非市场秩序，而是违背人伦道德与公序良俗，侵犯国家对人类辅助生殖技术的管理秩序。其次，非法经营罪打击的是未经许可经营的物品，代孕所涉及的精卵细胞、胚胎具有人身专属性，不应将其物化，将代孕经营活动纳入市场管理秩序中，不符合非法经营罪法律规定的立法精神。

3.非法行医罪无法规制医务人员实施代孕行为

非法行医罪的主体是未取得医生执业资格的人员，其强调的是行医主体

的非法性，但是代孕行为涉及专业性极强的诊疗活动，[①]取卵和胚胎移植等技术的实施需要掌握医疗技术的人员，事实上，实施代孕技术的人员包括具有医生执业资格的医务人员。据某代孕网站负责人交代，为了保障代孕活动的顺利进行，代孕机构私下会与医生合作，并向其支付可观的报酬。由于医务人员不具备构成非法行医罪的主体要件，因此无法追究医生的刑事责任，不能按非法行医罪处罚，当医务人员实施代孕行为无罪时，对于组织医务人员进行代孕活动的代孕中介机构亦难以定罪[②]。

三、组织、实施代孕行为犯罪化构想

由于组织、实施代孕行为具有严重的社会危害性，为弥补现有刑法罪名无法规制组织、实施代孕行为的漏洞，确保医疗技术的发展和社会秩序的稳定，可以考虑将组织、实施代孕行为犯罪化。

（一）设立组织、实施代孕罪

2021年两会期间，全国人大代表朱列玉和蒋胜男均提出当前代孕市场乱象频发，导致代孕母亲和供卵者权益受损，而我国在代孕方面仍存在法律空白，因此建议将代孕组织者、中介者以及代孕机构入刑。各国针对组织、实施代孕行为较多持否定态度，禁止将代孕行为商业化，我国香港立法会早在2000年发布《人类生殖科技条例》，明确对代孕中介处以2.5万元（港币）罚款以及6个月监禁。[③]各国家和地区对于组织代孕行为的禁止态度，为我国刑事立法提供了启示和建议，因此，本文建议可以考虑增设组织、实施代孕罪。

---

① 田宏杰：《代孕治理的时代之问与应然选择》，载《中国应用法学》2021年第6期，第98页。
② 贺文：《试论组织代孕行为的刑法规制》，载《锦州医科大学学报》2021年第6期，第9—10页。
③ 余提：《各国代孕法律之比较研究》，中国政法大学出版社2016年版，第86页。

（二）组织、实施代孕罪纳入妨害社会管理秩序罪

本罪的客体具有双重性，组织他人代孕的行为，既侵犯了他人身体健康权，也危害了人类辅助生殖技术的管理秩序。有学者提出，组织、实施代孕行为危害到行为主体的身体健康权，同属于生命科技犯罪的器官移植犯罪，应纳入第四章侵犯公民人身权利、民主权利罪中。本文认为，组织、实施代孕行为与组织出卖人体器官行为存在差别，后者侵犯的法益是人的身体健康权和器官移植管理制度，但是组织、实施代孕行为虽然侵害了女性身体健康，但造成此类伤害并非出于中介机构本意，若造成被害人重伤、死亡结果，可以作为想象竞合的情形处理。对代孕技术的滥用，组织代孕者将女性的卵子、子宫商品化，引入了代孕市场大量不特定的精卵，容易造成人伦关系混乱，有诱发近亲结婚的可能性，其侵害的法益主要是国家有关人类辅助生殖技术的医疗管理秩序，应当考虑将其纳入扰乱公共秩序罪中。

（三）组织、实施代孕罪的罪状设计

本文认为组织、实施代孕罪可以表述为自然人、法人或其他组织以非法牟利为目的，通过招募、雇用、引诱、欺骗等手段，控制多人从事代孕活动的行为。组织、实施代孕行为侵犯的客体是人类辅助生殖技术的管理秩序和身体健康权，在客观方面表现为非法组织他人进行代孕的行为以及非法实施代孕技术的行为；犯罪主体为一般主体，可以是自然人、法人或其他组织，具体包括代孕中介机构以及实施代孕技术的人员；主观方面为故意，即行为人明知道不能从事代孕行为而实施招募、雇用、引诱、欺骗等手段，组织他人进行代孕活动。本罪的加重情节可以包括以下情形：第一，组织代孕人员达十人以上的；第二，组织不满十八周岁的女性进行代孕的；第三，组织境外人员在境内代孕或者组织境内人员在境外代孕的；第四，非法获利人民币一百万元以上的；第五，其他情节严重的情形。

（四）合理配置组织、实施代孕罪的法定刑

我国刑法现有条文中组织类犯罪均可能被判处三年以上有期徒刑，属于重罪。[①]代孕机构以牟取经济利益为目的招聘代孕母亲，涉及未成年人则危害性更大。招聘的人员越多，获利越大，同时侵害代孕母亲身体健康的风险越大；受限于国内医疗环境和代孕技术，组织代孕的业务已经逐步在跨国发展[②]；故本罪以"组织人数""组织未成年女性""境外人员""所获金额"作为加重情节，同时科以罚金刑，提高犯罪成本，增强刑法的威慑力。综上，本文建议增设组织、实施代孕罪，法条拟设为：自然人、法人或其他组织以非法牟利为目的，通过招募、雇用、引诱、欺骗等手段，控制多人从事代孕活动，实施代孕技术的，处三年以上七年以下有期徒刑，并处罚金；在组织、实施代孕的过程中，情节严重的，处七年以上十年以下有期徒刑，并处罚金。

四、结语

代孕技术诞生的初衷是为了造福不孕不育患者，然而代孕机构却公然将生育行为商业化，引发了一系列道德与法律问题，组织、实施代孕行为扰乱了国家辅助生殖技术管理秩序，非法牟取经济利益，危害代孕母亲和供卵者的生命健康，引发代孕婴儿抚养权纠纷、代孕合同纠纷等问题，具有严重的社会危害性。道德和伦理无法约束商业化代孕行为，其他法规不足以防控代孕机构组织、实施代孕行为，现有刑法罪名也无法规制组织、实施代孕行为。因此，本文建议可以考虑将此类行为规定为犯罪，打击代孕机构以牟利为目的组织、实施代孕的行为。也许未来国家会适当开放有资质的医院帮助不孕不育患者、大龄失独家庭圆生子梦，但是可以考虑将备受诟病的组织、实施代孕行为纳入刑法规制范围，以确保代孕技术合法有序发展，真正造福于人类。

---

① 李芬静：《代孕相关行为的刑法规制研究》，载《医学与哲学》2021年第2期，第55页。
② 田宏杰：《代孕治理的时代之问与应然选择》，载《中国应用法学》2021年第6期，第91页。

论帮助信息网络犯罪活动罪的性质与界限

徐进忠　陆昊业[*]

摘　要： 帮助信息网络犯罪活动罪的设立改变了帮助信息网络犯罪活动犯与受其帮助的实行犯之间的关系，赋予了帮助信息网络犯罪活动犯相对的独立性，该项罪名的设立实质上是将帮助犯正犯化。在设立该项罪名之前，在具体的司法实践中对于帮助信息网络犯罪活动行为的处罚范围已有扩张的趋势，该项罪名的设立从《刑法》的层面确认了对于帮助信息网络犯罪活动行为处罚范围的扩张。此外，对于面向大量不特定用户的网络服务提供者而言，设立该项罪名既没有加重其原先所承担的义务也没有对其科以新的义务。

关键词： 帮助信息网络犯罪活动罪；实质共犯论；中立帮助行为

引　言

在网络犯罪的领域，技术帮助行为往往是突破网络犯罪技术屏障的关键因素，相较于受其帮助的实行行为，技术帮助行为往往对网络安全构成更大的危险。[①]《刑法修正案（九）》中帮助信息网络犯罪活动罪的设立，明确将网络犯罪中的中立帮助行为分列出来作为刑法所惩治的对象，这将有助于实现对网络犯罪关键步骤的精确打击。但是，自2018年设立帮助信息网络犯

---

[*]　徐进忠，江苏开衡律师事务所律师。

　　陆昊业，南京师范大学法学院、中国法治现代化研究院助理研究员。

[①]　张成东：《中立帮助行为可罚性研究》，中南财经政法大学2023年博士学位论文，第210页。

活动罪以来，被检察机关指控犯有帮助信息网络犯罪活动罪的人数相对较多且呈逐年上升趋势，客观上存在滥用帮助信息网络犯罪活动罪的风险，有必要引入相应的解释规范罪名适用。[①] 此外，一些学者认为帮助信息网络犯罪活动罪的设立是法益保护日益前置化、严苛化的表现，该项罪名的设立混淆了可罚与不可罚之间的界限，从而导致不具有可罚性的行为可能会被认定为犯罪。[②]诚然，"法律不是嘲笑的对象"[③]，否定立法的态度并不可取，但是帮助信息网络犯罪活动罪确实在其性质、界限等诸多方面尚不明确，还有待商榷。

为明确帮助信息网络犯罪活动罪的界限，需要明晰以下几个问题：第一，《刑法》中规定帮助信息网络犯罪活动罪的第287条之二第1款究竟为何种性质，是所谓的"帮助犯的量刑规则"[④]，抑或帮助犯的正犯化？第二，如果第287条之二第1款的规定属于帮助犯的正犯化，那么帮助信息网络犯罪活动犯与受其帮助的"主犯"间的关系较先前是否发生了改变？第三，如果帮助信息网络犯罪活动犯与受其帮助的"主犯"间的关系已经发生了改变，那么对于帮助信息网络犯罪活动行为的处罚范围是否扩张？第四，如果对于帮助信息网络犯罪活动行为的处罚范围有所扩张，那么拥有海量用户的大型网络服务提供者是否较先前需要承担更多的义务？

一、帮助犯正犯化之肯定

对于第287条之二第1款为何种性质，张明楷教授认为，设立帮助信息网络犯罪活动罪本质上属于对量刑规则的确定。他将刑法分则中与帮助行为相关的独立罪名细分为帮助犯的绝对正犯化、相对正犯化和量刑规则三种情形，并认为帮助信息网络犯罪活动罪不是帮助犯的正犯化，而是帮助犯的量刑规则，意即该帮助犯没有被提升为正犯，该帮助犯依然属于从犯中的一种，只是因为刑

---

① 郑智：《今年1月至9月起诉帮信罪9.2万余人》，载《检察日报》2022年10月30日，第1版。
② 刘艳红：《网络犯罪帮助行为正犯化之批判》，载《法商研究》2016年第3期，第18页。
③ 皮勇：《论新型网络犯罪立法及其适用》，载《中国社会科学》2018年第10期，第127页。
④ 张明楷：《论帮助信息网络犯罪活动罪》，载《政治与法律》2016年第2期，第5页。

法分则条文对其规定了独立的法定刑，而不再适用刑法总则中关于帮助犯的处罚规定的情形。[①]上述观点否定了帮助信息网络犯罪活动罪的独立性，并且只有当被帮助犯着手实行犯罪，使法益受到具体的、紧迫的危险时，才处罚帮助犯。

针对上述观点存在一定争议：第一，刑法总则中对从犯、帮助犯等已有较为明确的刑罚适用规定，将第287条之二第1款定性为所谓的"量刑规则"是对刑法总则中一般原理的架空；第二，区分三类帮助犯的标准过于牵强，如其中强行区分相对正犯化与绝对正犯化的做法与共同犯罪基本理论相悖，且缺乏理论支撑，这种区分方法是不可取的；第三，对于帮助信息网络犯罪活动犯正犯化的否定与当下的司法实践相悖。例如，"两高"在2010年发布的关于网络赌博犯罪的司法解释中便指出即便受帮助的开设线上赌场的主犯尚未到案，也不影响对已经到案的从犯的犯罪事实进行认定，并可以依法对已经到案的从犯定罪处罚。[②]张明楷教授对于帮助犯正犯化的否定实际上与当下司法实践中的做法是相悖的。

认为帮助信息网络犯罪活动罪的设立实质上是帮助行为正犯化的体现，仍然是大多数学者的观点。其一，行为人在明知他人利用信息网络实施犯罪的前提下，仍然为其犯罪活动提供技术支持、广告推广等帮助的行为，本来应该与受其帮助的实行行为构成共同犯罪，并在分工和作用上被评价为从犯而应当从轻、减轻处罚或者免除处罚，然而在《刑法修正案（九）》实施后，对于上述行为则可以按帮助信息网络犯罪活动罪定罪处罚；[③]其二，如前所述，早在《刑法修正案（九）》实施之前，为实现对于网络犯罪的有效打击司法实践中便已经存在帮助行为正犯化的做法，如果帮助信息网络犯罪活动罪只是传统共犯体系下所谓的"量刑标准"而非帮助犯的正犯化，那么帮助信息网络犯罪活动罪的设立既是与司法实践中的尝试相背离，亦是对传统共犯理论毫无新意的重复表述；其三，从刑罚上来看，对帮助信息网络犯罪活动罪的

---

① 张明楷：《论帮助信息网络犯罪活动罪》，载《政治与法律》2016年第2期，第5页。

② 参见《关于办理网络赌博犯罪案件适用法律若干问题的意见》。

③ 袁博：《从刑法修正案看侵犯著作权的"防卫线"前推》，载《中国知识产权报》2015年12月25日，第9版。

量刑从形式上独立于对受帮助的实行行为的量刑，帮助信息网络犯罪活动罪已有属于自身独立的法定刑，具备了正犯化的形式要件。因此，帮助信息网络犯罪活动罪的设立本质上是帮助犯正犯化的体现。

二、帮助犯独立性之肯定

《刑法修正案（九）》实施之前对于帮助信息网络犯罪活动的行为只能按受帮助的网络犯罪的从犯来定罪量刑，在可罚性的问题上实行行为与帮助行为间的关系是决定与被决定的关系，帮助行为并不具有独立的可罚性，这种做法本质上是传统共犯理论在网络犯罪领域的直接适用。在帮助信息网络犯罪活动罪设立后，依然有观点认为帮助信息网络犯罪活动行为从属于受帮助的网络犯罪实行行为，并否定了其中帮助犯的实质独立性，[1]这种观点实质上是传统共犯理论在网络犯罪领域中的机械适用。

（一）帮助犯从属性之批判

在帮助犯的处理上，传统共犯理论最大的特征即在于强调帮助犯受帮助的实行犯间的联系应当是符合形式要件的，这种形式上的联系主要表现为帮助犯在主观认识上趋同于实行犯，在社会危害性上轻于实行犯，在可罚性上取决于实行犯。

具体来说，首先，这种形式上的联系体现在主观方面。传统共犯理论要求共同犯罪人在主观上对犯罪有明确的意思联络，而由于网络犯罪具有高度分工化、产业化的特征，其中的共同犯罪人之间往往缺乏对于犯罪明确的意思联络，这就导致对网络共犯行为直接适用传统共犯理论难以对犯罪行为进行有效的评价。[2]例如，帮助行为人利用出售信用卡等方式为信息网络犯罪活

---

① 张明楷：《论帮助信息网络犯罪活动罪》，载《政治与法律》2016年第2期，第6页。

② 王昭武：《共犯处罚根据论的反思与修正：新混合惹起说的提出》，载《中国法学》2020年第2期，第240页。

动提供支付结算，这种帮助行为的对象既可以是开设赌场的实行犯，亦可以是电子诈骗的实行犯。开设赌场罪与诈骗罪在侵犯法益、入罪门槛等多个构成要件上存在显著差异，而帮助行为人在提供支付结算时既不需要也不一定认识其所帮助的具体对象，帮助行为人与实行行为人之间往往缺乏对于故意犯罪具体明确的意思联络，在网络犯罪领域直接适用传统共犯理论存在一定障碍。

其次，这种形式上的联系体现在行为的社会危害性上。刑法总则规定对于帮助犯等从犯应当从轻、减轻处罚或者免除处罚，由此可以推断，一般而言受帮助的实行行为相较于帮助行为对于社会的危害性更大。然而，传统共犯理论对于帮助犯社会危害性程度的预设过于绝对，在网络犯罪领域存在难以适用的情形。第一，在网络犯罪领域，技术帮助行为往往是突破网络犯罪技术阻碍的关键步骤，后续的实行行为在操作难度上远逊于前者；第二，技术帮助行为往往具有可复制性，一旦突破技术阻碍，复制相关技术方法的成本极低，相关技术方法可能迅速蔓延，构成极为严重的社会危害性。[①]因此，在网络犯罪领域，帮助犯的社会危害程性完全有可能远高于实行犯，然而根据传统共犯理论对于帮助犯的惩罚应当轻于完成实行行为的主犯，这不利于对网络犯罪活动实现精准有效的打击。

最后，这种形式上的联系表现在可罚性上。传统共犯理论要求只有当受帮助的实行行为具有了可罚性后，帮助行为才可能具有可罚性。然而，如前所述，在网络犯罪中技术手段、作案方法易于复制和传播，研发、提供技术手段、作案方法的帮助行为人往往面向数个实行行为人，而各个单一实行行为人的行为可能无法达到构成犯罪的入罪标准，从而可能导致受帮助的实行行为人都尚不构成犯罪。[②]根据传统共犯理论，由于受帮助的实行行为尚不构成犯罪，帮助行为自然亦不构成犯罪。事实上，面向多个实行犯的帮助犯可能具有极为严重的社会危害性，一味地套用传统共犯理论会导致对于技术帮助行为缺乏有效的规制手段，进而造成技术帮助行为的进一步泛滥，这不符

---

① 张成东：《中立帮助行为可罚性研究》，中南财经政法大学2023年博士学位论文，第210页。

② 皮勇：《论新型网络犯罪立法及其适用》，载《中国社会科学》2018年第10期，第130页。

合维护网络安全的初衷。

因此，在网络犯罪领域中机械地适用传统共犯理论既不符合网络犯罪现实，也难以满足有效惩治网络犯罪、维护网络安全的要求，有必要在网络犯罪领域中重新审视帮助犯与实行犯间的关系。

（二）帮助犯独立性之构建

既然传统共犯理论中帮助行为与受帮助的实行行为间形式上的联系在网络犯罪领域难以直接适用，那么便有必要在设立帮助信息网络犯罪活动罪后重新界定帮助信息网络犯罪活动行为与受帮助的信息网络犯罪行为间的关系以明确帮助信息网络犯罪活动罪的界限。

首先，必须予以承认的是帮助信息网络犯罪活动行为与受帮助的信息网络犯罪行为间必然存在客观上的联系，即帮助信息网络犯罪活动行为客观上促进了实行行为人实施信息网络犯罪行为，如果帮助行为在客观上并未对实行行为产生促进作用，便不应认定该帮助行为构成犯罪，这是不言而喻的。

其次，在网络犯罪领域中应适当降低对帮助行为人主观方面的要求，不再以与实行行为人拥有共同的犯罪故意作为共同犯罪的主观要件，而以"明知他人利用信息网络实施犯罪"作为构成帮助信息网络犯罪活动罪的主观方面，在主观认识层面赋予帮助犯以一定的独立性，这一点已在立法原文中得到了明确。这意味着，帮助犯无须认识到帮助对象是诈骗犯，还是开设赌场犯，帮助犯只需认识到帮助对象具有刑事违法性即可。

再次，在社会危害性的认定上，信息网络犯罪活动的帮助犯应完全独立于受其帮助的实行犯，在网络犯罪领域中应杜绝对于帮助犯社会危害性的预设，帮助犯的社会危害性不一定轻于实行犯的社会危害性。因此，帮助信息网络犯罪活动犯应具有独立的量刑规则，这也是此次刑事立法明确的。

最后，帮助信息网络犯罪活动罪相对独立于受帮助的信息网络犯罪行为，这主要表现在可罚性上，即便受帮助的信息网络犯罪行为尚未达到构成犯罪所要求的入罪标准，但帮助网络犯罪活动的行为已经达到构成犯罪的入罪标准（诸如收取的服务费数额、投放的广告条数等），那么帮助信息网络犯罪活动的行为亦将成立帮助信息网络犯罪活动罪，这一点其实早在2010年"两高"发布的关于淫秽电子信息刑事案件、网络赌博犯罪案件的司法解释中便已得到落实，①帮助信息网络犯罪活动罪的设立更是进一步明确了帮助信息网络犯罪活动的行为具有相对独立的可罚性。

综上所述，帮助犯的正犯化改变了网络犯罪领域中帮助行为与被帮助行为间的关系。总体而言，正犯化削弱了传统共犯理论对于帮助犯与实行犯间联系的形式要求，而更加强调二者之间联系的客观化与实质化，并在可罚性上赋予了帮助信息网络犯罪活动行为一定程度的独立性。

（三）帮助犯独立性之辩护

陈子平教授认为，共犯独立说的根基是主观主义刑法思想，其着重惩罚的是行为人的"恶性"，并将社会中的伦理道德作为"恶性"大小的衡量标准，这会导致法与伦理道德的混同，从而超越刑法保护法益的功能，违背了刑法的谦抑性原则。②诚然，帮助信息网络犯罪活动罪的立法原文采用了主观说，亦即对于已经知道正犯具有犯罪的故意仍予以援助的行为原则上成立帮助犯，③但不应忽视的是相关司法解释对于主观说的补充以及网络犯罪相较于一般犯罪的特殊之处。

首先，帮助信息网络犯罪活动罪的法条原文虽然采纳了主观说的表述形式，但在该项罪名的入罪标准上设置有诸多客观条件，如投放的广告条数、收取的服务费数额等，这些客观条件一方面将有助于进一步证明中立帮助行为人确实地认识到正犯具有犯罪的故意；另一方面以量化的标准衡量了中立帮助行为所造成的危险程度，避免了主观主义的滥觞。因此，帮助信息网络

---

① 《关于办理利用互联网、移动通讯终端、声讯台制作、复制、出版、贩卖、传播淫秽电子信息刑事案件具体应用法律若干问题的解释（二）》《关于办理网络赌博犯罪案件适用法律若干问题的意见》。

② 陈子平:《论教唆犯、从犯规定之独立性与从属性》，载蔡墩铭主编:《刑法争议问题研究》，五南图书出版公司1999年版，第314页。

③ 陈洪兵:《论中立帮助行为的处罚边界》，载《中国法学》2017年第1期，第192页。

犯罪活动罪的设立并不完全是主观主义刑法思想的产物，其中主观主义的成分亦通过客观要件的叠加得到了有效的抑制。

其次，帮助信息网络犯罪活动罪的设立很难说是伦理道德促成的结果。在网络犯罪领域行为人的主观恶性一向不是刑法关注的重点，这是因为信息网络犯罪行为高度客观化、技术化，行为人在实施信息网络犯罪行为时受主观方面的影响较小，其所能留存的主观方面的痕迹也较少。对于信息网络犯罪行为的规制更多的是基于其客观上所具有的社会危害性，而非主观上的恶性。此外，网络空间中伦理道德的影响力微乎其微，将帮助信息网络犯罪活动犯的独立化视为法与伦理道德的混同亦难以令人信服。

最后，将网络犯罪领域中共犯独立说视作过度关心社会防卫或过度强调伦理主义的产物的观点，实质上都是对网络犯罪相较于一般犯罪特殊之处的忽视，这种观点实质上是传统共犯理论的产物，其所秉持的事实基础是"实行行为相较于帮助行为拥有更大的社会危害性"，而正如前文所述，在网络犯罪领域突破网络犯罪技术阻碍的关键步骤往往是技术帮助行为，并且相较于后续受帮助的实行行为，帮助行为往往对于法益具有更大的危害性，刑法赋予帮助信息网络犯罪活动的行为相对独立性并不是出于主观主义的考量，相反，正是因为帮助信息网络犯罪活动的行为客观上具有更大的社会危害性。

三、处罚范围扩大化之确认

帮助信息网络犯罪活动罪设立后，在判定帮助信息网络犯罪活动的行为是否具有可罚性时，对于网络犯罪领域中帮助行为和受帮助行为间联系强度的要求有所降低，从要求二者间具有符合形式要件的联系降低为仅要求二者间具有客观上的实质联系，其本质上赋予了帮助信息网络犯罪活动犯一定的独立性。较之于传统共犯理论，无论是降低对于二者间联系的要求，抑或赋予帮助犯一定的独立性，都从刑法的层面一定程度上扩大了帮助犯的处罚范围。然而，对于帮助信息网络犯罪活动罪的设立，一些学者仍然秉持着传统共犯理论的观点，认为其并没有从刑法的层面上扩大帮助犯的处罚范围[①]。

（一）形式处罚范围扩大化之确认

首先，必须明确何为中立帮助行为。张明楷教授认为，目的非法的业务行为并不属于中立帮助行为，因为该业务行为追求的目的不具有合法性，[②]这种观点事实上混淆了中立帮助行为是否成立与中立帮助行为是否具有可罚性这两个截然不同的问题，成立中立帮助行为与否取决于行为的客观方面，其并不因行为人的主观目的适法与否而发生变化。[③]例如，无论刀匠是否知悉买刀者意欲谋杀，合法售卖刀具的行为都构成中立帮助行为，刀匠的主观意图并不影响中立帮助行为的成立，其影响的是中立帮助行为的可罚性。中立帮助行为是否具有可罚性也并不全然由行为人的主观方面所决定，正如上文所述，帮助信息网络犯罪活动罪的立法原文虽然采取了主观说的观点，但在具体的入罪门槛上仍然设有硬性的客观标准，对中立帮助行为可罚性的判定应同时满足主客观两个方面的标准。

其次，正是因为对中立帮助行为是否具有可罚性的判定标准有所变动，对于中立帮助行为的处罚范围才相应地发生了变化。在设立帮助信息网络犯罪活动罪之前，由于中立帮助行为本身并不造成对法益直接的侵害，如果受帮助的行为亦未对法益造成需要追究刑事责任的侵害，那么该中立帮助行为便不具备可罚性。但在设立帮助信息网络犯罪活动罪后，在客观方面对中立帮助行为的处罚毋须以受帮助行为成立犯罪为前提，对中立帮助行为可罚性的判定标准在客观方面发生了下调，帮助犯的处罚范围实际上发生了扩张。一些学者之所以会认为帮助犯的处罚范围并未扩张，究其根本是因为未明晰中立帮助行为的外延，且对中立帮助行为可罚性标准的认识局限于主观方面。在这些观点看来，设立帮助信息网络犯罪活动罪前后，明知他人利用信息网

---

① 张明楷：《论帮助信息网络犯罪活动罪》，载《政治与科学》2016年第2期，第11页。

② 张明楷：《论帮助信息网络犯罪活动罪》，载《政治与科学》2016年第2期，第11页。

③ 陈洪兵：《论中立帮助行为的处罚边界》，载《中国法学》2017年第1期，第190页。

络实施犯罪而提供帮助的行为都因其目的非法而具有可罚性，殊不知目的非法并非判定中立帮助行为具有可罚性的唯一标准。

（二）实际处罚范围扩大化之商榷

在司法实践中，对帮助信息网络犯罪活动行为的处罚范围其实早已通过司法解释等方法被扩大，但是仅仅通过司法解释对处罚范围进行扩张有僭越罪刑法定原则的风险，而帮助信息网络犯罪活动罪的设立为帮助犯处罚范围的扩大提供了完备的适法依据。2005年"两高"发布的关于网络赌博犯罪案件的司法解释中将明知是赌博犯罪活动而提供帮助的人按赌博罪的共犯论处，此时"两高"仍然对帮助犯适用了传统共犯理论，即如果受帮助的赌博犯罪行为未达到入罪标准，那么根据传统共犯理论对帮助行为亦毋须追究刑事责任。而在2010年"两高"发布的关于网络赌博犯罪案件的司法解释中明确指出即便受帮助的开设线上赌场的主犯尚未到案，也不影响对已经到案的从犯的犯罪事实进行认定，并可以依法对已经到案的从犯定罪处罚。[①]根据前款内容可以推定此处的共同犯罪人包括帮助犯，虽然根据传统共犯理论主犯尚未到案时对从犯可以根据现有证据定罪量刑，但需要注意的是，如果从犯实施的共同犯罪行为属于中立帮助行为，那么其行为本身不具有可罚性，其行为的可罚性完全依附于受帮助行为的可罚性而存在，如果对受帮助的犯罪行为毋须追究刑事责任，那么对中立帮助行为亦不应追究刑事责任。而在之后发布的司法解释中对帮助犯的处罚突破了传统共犯理论，即便受帮助的赌博犯罪行为可能并未达到入罪标准，但如果中立帮助行为本身达到了构成犯罪的标准，那么也可以对中立帮助行为追究刑事责任，这较先前实质上是扩大了帮助犯的处罚范围。诸如此类突破传统共犯理论的司法解释在《刑法修正案（九）》颁布前还有很多[②]，这些司法解释实质上是对于传统共犯理论的超越，

---

① 参见《关于办理网络赌博犯罪案件适用法律若干问题的意见》。
② 例如，《关于办理利用互联网、移动通讯终端、声讯台制作、复制、出版、贩卖、传播淫秽电子信息刑事案件具体应用法律若干问题的解释（二）》。

而我国《刑法》通则部分对共同犯罪采取的正是传统共犯理论，可以说在增设帮助信息网络犯罪活动罪之前，这一类的司法解释是与通则中的部分规定是相悖的，但这也从一个侧面体现出司法实践部门先前对于网络犯罪中中立帮助行为缺乏刑法上的处罚依据。帮助信息网络犯罪活动罪的设立为具有类型性的侵害法益抽象危险性的行为配置了独立的构成要件与法定刑，使司法实践部门摆脱了对下游犯罪成罪与否及刑罚轻重的依赖，并为之提供了充足的适法依据。[①]此外，公诉机关也无须再在主犯尚未到案的情形下以主犯罪名下的从犯起诉帮助犯而有违背传统共犯理论之嫌，在设立帮助信息网络犯罪行为罪后，公诉机关能够直接以该项罪名起诉。

四、特殊主体义务加重之否定

由于对帮助信息网络犯罪活动犯的处罚范围扩大，有学者担忧面对大量不特定用户的大型网络服务提供者将不得不为其用户的行为负责，而因此承担较为繁重的审查义务，最终对互联网产业的发展造成负面影响。[②]这种担忧不无道理，帮助犯被赋予了相对独立性后，被帮助的实行行为毋须构成犯罪帮助行为即可能具有可罚性，大型网络服务提供者面向大量不特定的用户，用户容易借助其所提供的网络服务完成并不构成犯罪的实行行为，当大量不特定用户的实行行为逐渐累积达到一定程度时，网络服务提供者将可能因此承担刑事责任。

（一）特殊主体义务范围之明确

首先，网络服务提供者应对于其所服务的用户所实施的行为在一定的限度内承担责任。在全国人大常委会《关于加强网络信息保护的决定》中第5条

---

① 陈洪兵：《帮助信息网络犯罪活动罪的"口袋化"纠偏》，载《湖南大学学报（社会科学版）》2022年第2期，第128页。

② 刘艳红：《网络犯罪帮助行为正犯化之批判》，载《法商研究》2016年第3期，第22页。

对网络服务提供者施加了管理用户信息的义务，第6条对网络服务提供者施加了核查用户真实身份信息的义务，并规定对违反上述义务构成犯罪的应当追究刑事责任。对于面向大量不特定的大型网络服务提供者科以诸如审查、管理等义务，并在其违反上述义务构成犯罪时追究刑事责任，这在世界范围内都是相当普遍的做法。[①]这意味着，如果网络服务提供者遵守了上述义务，不论用户所实施的行为是否构成犯罪，情节严重与否，网络服务提供者都不会因为用户的行为承担刑事责任。其次，在确认网络服务提供者是否构成帮助信息网络犯罪活动罪时，应当将网络服务提供者的特殊身份纳入考量。网络服务提供者面对的用户群体是不特定的，即便在获得了用户的真实身份信息后，其也很难判断该用户是否会借助其所提供的网络服务实施信息网络犯罪活动。此外，在内容审查方面，要求网络服务提供者对海量的数据实施全面实时的监控是不经济、不现实的。因而在认定网络服务提供者的中立帮助行为是否构成犯罪时，不应仅以客观、量化的入罪标准为依据。在认定网络服务提供者的中立帮助行为是否构成犯罪时，除恪守诸如非法所得等客观量化的入罪标准外，还应当将网络服务提供者的主观方面作为认定其是否构成犯罪的重要衡量标准。

帮助信息网络犯罪活动罪的法条原文将对于他人利用信息网络实施犯罪的明知作为认定行为人是否构成犯罪的重要标准，对于网络服务提供者而言判断其是否"明知他人利用信息网络实施犯罪"的标准应异于一般自然人。在著作权保护领域，通常以"红旗规则"作为判定网络服务提供者对用户侵犯他人著作权是否有故意或者重大过失的主要标准。所谓"红旗规则"，指当用户利用其网络服务侵犯著作权的事实像飘扬的红旗一样显眼时，网络服务提供者商便不能以对侵权行为不知情作为免责事由。[②]但"红旗规则"不应该适用于刑事责任的领域，尤其是在认定是否构成帮助信息网络犯罪活动罪

---

① 李源粒：《网络安全与平台服务商的刑事责任》，载《中国法学》2014年第6期，第25页。

② 梅夏英、刘明：《网络侵权归责的现实制约及价值考量——以〈侵权责任法〉第36条为切入点》，载《法律科学（西北政法大学学报）》2013年第2期，第86页。

方面。①"红旗规则"实质上是对网络服务提供者施加了一定的内容审查义务，且对于这种义务的履行应是自发、主动的，即对于显而易见的侵权行为应采取一定措施，当网络服务提供者违反"红旗规则"时，其既有可能对于侵权行为持有希望或者放任的心理状态，亦有可能持有疏忽大意的心理状态。当网络服务提供者对侵权行为乃至信息网络犯罪活动持有疏忽大意或过于自信的心理状态时，其可能因此将承担一定的民事责任或行政责任，但其不一定为此承担刑事责任。就主观说的观点而言，中立帮助行为之所以具有可罚性是因为帮助者确实地认识到了正犯的犯罪计划，②帮助信息网络犯罪活动罪的法条文本也强调行为人对于他人利用信息网络实施犯罪的事实是明知的，而疏忽大意或过于自信的心理状态不完全等同于"确定的故意"或者"明知"。疏忽大意的网络服务提供者事实上并没有认识到用户利用其所提供的服务实施犯罪，自然也就谈不上明知；而过于自信的网络服务提供者虽然能够认识到存在用户利用相关服务实施犯罪的可能，但相较于明知的网络服务提供者，过于自信的网络服务提供者对于相关情况的认识程度要低很多。③由此可见，帮助信息网络犯罪活动罪在主观方面的要求与"红旗规则"有很大差别，因而将"红旗规则"直接运用于认定网络服务提供者的中立帮助行为是否构成犯罪是对网络服务提供者义务的不合理加重，应予以否定。

（二）特殊主体义务加重之否定

对于网络服务提供者而言，帮助信息网络犯罪活动罪的设立并没有加重其义务。在设立该项罪名之前，网络服务提供者在明知他人利用其所提供的网络服务实施犯罪活动仍然提供服务的，也应认定为实行犯下的帮助犯。唯一的区别在于按照传统共犯理论，只有当实行行为构成犯罪时，中立帮助行

---

① 刘艳红：《无罪的快播与有罪的思维——"快播案"有罪论之反思与批判》，载《政治与法律》2016年第12期，第107页。

② 车浩：《谁应为互联网时代的中立行为买单？》，载《中国法律评论》2015年第1期，第48页。

③ 王新：《我国刑法中"明知"的含义和认定——基于刑事立法和司法解释的分析》，载《法制与社会发展》2013年第1期，第73页。

为才有构成犯罪的可能，而帮助信息网络犯罪活动罪的设立使得在受帮助的实行行为人尚未被追究刑事责任的情形下，对于帮助信息网络犯罪活动行为人可以依法追究刑事责任。但这并不是对于网络服务提供者义务的增加，当网络服务提供者明知他人利用其所提供的网络服务实施犯罪活动时，网络服务提供者有停止提供服务的义务，无论有无帮助信息网络犯罪活动罪，对于网络服务提供者该义务始终存在，该项罪名的设立仅仅是进一步明确了该项义务。如果帮助信息网络犯罪活动罪的确增加了网络服务提供者的义务，那么这是否意味着在该项罪名设立之前，网络服务提供者可以在明知的前提下向尚不构成犯罪的实行行为提供服务并以此牟利？答案是显而易见的。

（三）责任性质转变之反思

尽管帮助信息网络犯罪活动罪的设立并没有加重网络服务提供者原先所承担的义务，但该罪名的设立确实在形式上扩大了刑事责任的适用范围。在设立帮助信息网络犯罪之前，网络服务提供者在明知的前提下向尚不构成犯罪的实行行为提供服务并以此牟利的行为不构成犯罪，网络服务提供者应当承担行政责任。而在设立帮助信息网络犯罪活动罪之后，前述行为在达到入罪门槛后将构成犯罪，网络服务提供者在该情形下应当承担刑事责任。虽然帮助信息网络犯罪活动罪的设立并未加重网络服务提供者的义务，但法律责任性质的变化同样发人深思。面对互联网企业因帮助信息网络犯罪活动罪的设立而承担刑事责任的情形，如何有效转变互联网企业犯罪责任承担模式，激励互联网企业主动实施合规计划同样值得深入研究。

结　语

机械适用传统共犯理论无法对网络犯罪中的关键环节实现有效打击，也不便于司法实践部门对帮助信息网络犯罪活动的行为定罪量刑。基于网络犯罪特殊的现实情况，帮助信息网络犯罪活动罪的设立突破了传统共犯理论，该项罪名的设立是我国刑法体系面对网络犯罪新形势的合理调整。对于网络犯罪领域内中立帮助行为的研究也应当把握新时代社会对于信息网络安全的需求，紧贴网络犯罪的社会现实因地制宜，而不应仅在传统共犯理论下踟蹰不前。

典型案例评析

许某丽诉李某梅诬告陷害案

——自诉案件的证据审查及审查后的处理

多甜甜　刘　玲*

摘　要:《最高人民法院关于适用〈中华人民共和国刑事诉讼法〉的解释》第321条规定的是自诉案件证据的庭前审查及其处理方式,主要审查自诉人是否提交了足以证明其指控事实的证据,而非对证据的合法性、客观性、关联性作实质审查,更不是审查被告人的行为是否构成犯罪。第333条则规定了自诉案件开庭审理后的处理,即对于自诉案件开庭审理后,应当参照公诉案件进行处理,对于证据不足,不能认定被告人有罪的,应当作出证据不足,指控的犯罪不能成立的无罪判决,而不能作出驳回起诉的裁定。

关键词: 自诉案件;证据审查;驳回起诉;宣告无罪

一、基本案情

2010年5月1日,自诉人许某丽因南边邻居张某勋家建房发生纠纷,许某丽等二人将张某勋家五楼刚垒的北面墙头推倒,与被告人李某梅(张某勋母亲)发生争执,张某勋报警后,上蔡县公安局原南街派出所当日受理。2010年5月3日,被告人李某梅向该派出所递交《申诉书》,述称:2010年5月1日

---

* 多甜甜,河南省高级人民法院副庭长、法学硕士。

　刘玲,驻马店市中级人民法院四级法官助理。

下午，许某丽及其婆妹几人将刚砌好的北山墙推倒，后又将李某梅其打倒在地。张某勋报警后110到现场，又拨打120前往医院治疗。经诊断，李某梅头部受伤，请求依法追究许某丽故意伤害罪的法律责任。

2010年5月17日，上蔡县公安局作出《法医学人体损伤程度鉴定书》，分析认为：根据上蔡县人民医院住院病历记载、中国人民解放军一五九医院、驻马店市中心医院耳镜检查及检查情况，说明李某梅受外力作用致左侧鼓膜紧张部外伤性穿孔，依据两部两院《人体轻伤鉴定标准》第11条第2项之规定，其损伤程度为轻伤，其损伤时间及损伤机制由办案单位调查核实。2010年5月18日，上蔡县公安局决定对许某丽故意伤害案立案侦查，同年5月27日以涉嫌故意伤害罪对许某丽刑事拘留，同年6月10日以检察院退补，羁押期限届满为由予以释放，同日决定对许某丽取保候审，2011年6月11日解除取保候审。

2013年9月3日，自诉人许某丽到上蔡县公安局刑事侦查大队反映李某梅、张某勋作伪证之事，述称许某丽没有殴打李某梅，双方只是对骂。2016年11月28日，许某丽以违法刑事拘留为由向驻马店市中级人民法院申请上蔡县公安局国家赔偿，2016年12月21日双方达成赔偿协议，上蔡县公安局赔偿许某丽限制人身自由赔偿金3634.5元、精神损害抚慰金6365.5元。驻马店市中级人民法院于2016年12月27日作出（2016）豫17委赔9号决定书，准许许某丽撤回国家赔偿申请。2017年11月14日自诉人许某丽到上蔡县公安局刑事侦查大队反映李某梅、张某勋作伪证之事，要求公安机关立案。2018年3月8日自诉人许某丽向上蔡县公安局刑事警察大队举报张某勋指使他人作伪证，2018年5月10日上蔡县公安局作出上公（刑）不立字（2018）10006号《不予立案通知书》。2018年9月26日上蔡县人民检察院对许某丽作出上检控复字〔2018〕4号《答复通知书》，同意上蔡县公安局对犯罪嫌疑人李某梅、张某勋涉嫌伪证案及妨害作证一案的不立案决定。

2020年9月21日，上蔡县公安局作出上公（重）撤案字（2020）16号《撤销案件决定书》，以证据发生变化为由决定撤销许某丽涉嫌故意伤害案。

二、裁判结果

河南省上蔡县人民法院于2019年12月31日作出（2019）豫1722号刑初595号刑事裁定：驳回自诉人许某丽对被告人李某梅的起诉。自诉人许某丽不服，向驻马店市中级人民法院提出上诉。驻马店市中级人民法院于2020年2月18日作出（2020）豫17刑终97号刑事裁定：撤销河南省上蔡县人民法院（2019）豫1722号刑初595号刑事裁定；发回河南省上蔡县人民法院重新审判，并于2020年5月29日指定西平县人民法院管辖。河南省西平县人民法院于2020年12月29日作出（2020）豫1721刑初139号刑事裁定：驳回自诉人许某丽对被告人李某梅的起诉。自诉人许某丽不服，向驻马店市中级人民法院提起上诉，驻马店市中级人民法院于2021年2月19日作出（2021）豫17刑终177号刑事裁定：撤销河南省西平县人民法院（2020）豫1721刑初139号刑事裁定；指令河南省西平县人民法院进行审理。河南省西平县人民法院于2021年7月29日作出（2021）豫1721刑初133号刑事判决：被告人李某梅无罪。自诉人许某丽不服，向驻马店市中级人民法院提起上诉，驻马店市中级人民法院于2021年9月17日作出（2021）豫17刑终669号刑事裁定：驳回上诉，维持原判。

三、裁判理由

上蔡县人民法院审理认为：自诉人许某丽控诉被告人李某梅涉嫌犯诬告陷害罪一案，属于侵犯自诉人人身、财产权利的刑事案件，这类案件属于公诉转自诉案件。自诉人提供的不予立案通知书等，仅证明公安机关或者人民检察院对许某丽控告李某梅、张某勋涉嫌犯伪证罪及妨害作证罪不予立案，并没有对自诉人许某丽控告被告人李某梅涉嫌犯诬告陷害罪作出不予立案决定，为此，该案不符合自诉案件的受理条件，应依法予以驳回。

西平县人民法院第一次审理时，经开庭审理后认为，自诉人所控诉的被告人李某梅涉嫌犯诬告陷害罪，根据《最高人民法院关于适用〈中华人民共和国刑事诉讼法〉的解释》第264条的规定，对已经立案，经审查缺乏罪证的自诉案件，自诉人提不出补充证据的，人民法院应当说服其撤回起诉或者裁定驳回起诉。①根据自诉人提供的证据，不足以证明被告人李某梅对自诉人实施了诬告陷害行为，应依法予以驳回。

驻马店市中级人民法院认为，自诉案件经过开庭审理后，发现证据不足，不能认定被告人有罪的，应当作出无罪判决，而非裁定驳回起诉，西平县人民法院驳回上诉人许某丽的起诉没有事实和法律依据，依法撤销原审判决，指令河南省西平县人民法院进行审理。

西平县人民法院第二次开庭审理后认为，自诉人许某丽与被告人李某梅因建房发生纠纷，自诉人许某丽推倒墙头后双方发生争执，被告人李某梅以故意伤害罪对自诉人许某丽提出控告。自诉人许某丽提供的证据不足以证明被告人李某梅捏造事实诬告陷害他人情节严重，故自诉人许某丽提供的被告人李某梅有罪的证据不足，不能认定被告人李某梅有罪。

法院生效裁判认为：2010年李某梅控告许某丽故意伤害，该案经公安机关侦查取得张某东等人的证人证言、李某梅的陈述、鉴定意见等证据，许某丽因涉嫌犯故意伤害罪被刑事拘留后，公安机关报请检察机关批准逮捕，检察机关以事实不清、证据不足为由，不批准逮捕，后公安机关因证据不足撤销该案。上述情况只能说明许某丽是否殴打李某梅并致李某梅轻伤的证据不足、事实不清，不足以证明李某梅捏造事实，诬告陷害许某丽，许某丽因此控告李某梅诬告陷害，亦属于事实不清，证据不足。西平县人民法院作出的（2021）豫1721刑初133号刑事判决，宣告被告人李某梅无罪，该判决认定事实清楚，适用法律正确，审判程序合法，遂驳回上诉，维持原判。

---

① 该司法解释已修改，现相关规定见《最高人民法院关于适用〈中华人民共和国刑事诉讼法〉的解释（2021）》第三百二十一条。

四、案例评析

本案中，争议焦点在于：1.许某丽诉李某梅诬告陷害案是属于《最高人民法院关于适用〈中华人民共和国刑事诉讼法〉的解释》（以下简称《解释》）第1条第2项第8目规定的"刑法分则第四章、第五章规定的，可能判处三年有期徒刑以下刑罚的案件"还是第3项规定的被害人有证据证明的被告人侵犯自己人身、财产权利的刑事案件，本案是否属于人民法院受理自诉案件的范围？2.《解释》第321条规定，"对已经立案，经审查缺乏罪证的自诉案件，自诉人提不出补充证据的，人民法院应当说服其撤回起诉或者裁定驳回起诉"，此处的审查是何种程度的审查？法院开庭后，认为现有证据不足，不能认定被告人有罪的，是应当裁定驳回起诉，还是应当宣告被告人无罪？

对于争议焦点1，存在两种观点，上蔡县人民法院审理认为，许某丽诉李某梅诬告陷害案，属于《解释》第1条第3项规定的侵犯自诉人人身、财产权利的刑事案件，此类案件属于公诉案件转自诉案件，本应由公安检察机关处理，只有当被害人曾经提出控告，而公安机关或者人民检察院不予追究被告人刑事责任时，才转为自诉案件，自诉人提供的上蔡县公安局《不予立案通知书》、上蔡县人民检察院《答复通知书》，仅能证明公安机关或者人民检察院对许某丽控告李某梅、张某勋涉嫌伪证罪、妨害作证罪不予立案，并没有对自诉人许某丽控告李某梅诬告陷害罪不予立案，因此本案不属于人民法院受理自诉案件的范围。

驻马店市中级人民法院认为，许某丽诉李某梅诬告陷害案，属于《解释》第1条第2项第8目规定的"刑法分则第四章、第五章规定的，可能判处三年有期徒刑以下刑罚的案件"，属于可公诉可自诉的案件，对于该类案件，被害人直接向法院起诉的，法院应当依法受理，故本案属于人民法院受理自诉案件的范围。

笔者赞同第二种观点。笔者认为，对于《解释》第1条第2项第8目规定的"刑法分则第四章、第五章规定的，可能判处三年有期徒刑以下刑罚的案件"和第3项规定的侵犯自诉人人身、财产权利的刑事案件，单从文理解释的角度理解，侵犯自诉人人身、财产权利的刑事案件包括但不限于刑法分则第四章、第五章规定的刑事案件，而且第3项对于被告人可能判处的刑期没有作限制性要求，也就是说第3项规定的案件包括但不限于第2项第8目规定的案件，但从体系解释的角度来理解，对于一个案件其不可能又是可公诉可自诉的案件，又是公诉案件转自诉案件，因此第3项规定的案件范围应当是去除掉第2项第8目所规定案件的剩余部分，即刑法分则第四章、第五章规定的，可能判处三年有期徒刑以上刑罚的案件，以及除刑法分则第四章、第五章案件外的其他侵犯自诉人人身、财产权利的刑事案件，而该理解也恰好符合目的解释。《解释》第1条第3项所规定的案件原本属于公诉案件，但如果公安机关或人民检察院怠于行使职责或者错误作出不追诉决定，可能导致被害人的权利得不到应有的救济，因此有必要对关系到被害人切身利益的侵犯其人身权、财产权的案件赋予被害人最后的救济途径，也就是向公安机关或人民检察院控告无门后向人民法院提起自诉的权利，这便是设置刑事诉讼法解释第1条第3项的目的所在。

就本案而言，诬告陷害罪属于刑法分则第四章规定的侵犯公民人身权利的犯罪，根据《刑法》第243条第1款的规定："捏造事实诬告陷害他人，意图使他人受刑事追究，情节严重的，处三年以下有期徒刑、拘役或者管制；造成严重后果的，处三年以上十年以下有期徒刑。"本案中，许某丽因涉嫌故意伤害罪被刑事拘留14日，不属于造成严重后果的情形，属于可能判处三年有期徒刑以下刑罚的案件，因此本案属于可公诉可自诉的案件，被害人直接向法院起诉的，法院应当依法受理。

还有一种观点，从另一个角度去解释本案属于人民法院受理自诉案件的范围，该观点认为，许某丽无论是向侦查机关控告李某梅、张某勋作伪证，还是张某勋指使他人作伪证，抑或向法院控告李某梅诬告陷害，实际上针对的都是一个事实即李某梅控告许某丽故意伤害系诬告。对于当事人来说，我们不能苛责其通晓刑法，并准确认定被控告人的罪名，我们只能要求当事人提出明确的指控事实。因此就本案而言，许某丽已向公安机关控告李某梅、张某勋作伪证及妨害作证，公安机关也对此作出了不立案决定，之后其因同一事实向法院提起自诉，该案属于人民法院受理自诉案件的范围，法院应当依法受理。笔者认为，从这个角度去解释也是合理的，因为毕竟准确认定罪名是法律从业人员的工作职责，如果要求并不专业的当事人准确认定罪名并以此提出控告，未免有强人所难之嫌。

对于争议焦点2，存在四种观点，第一种观点认为，《解释》第321条规定，"对已经立案，经审查缺乏罪证的自诉案件，自诉人提不出补充证据的，人民法院应当说服其撤回起诉或者裁定驳回起诉"，此处的审查不仅审查自诉人是否提交了足以证明其指控事实的证据，还要对证据的合法性、客观性、关联性做实质审查，经审查，发现证据不能兼具合法性、客观性、关联性，不能认定被告人有罪的，可以说服自诉人撤回起诉或裁定驳回起诉，而无须对案件进行开庭审理。

第二种观点认为，自诉案件立案后、开庭前只需审查自诉人是否提交了足以证明其指控事实的证据，只要自诉人提交了足以证明其指控事实的证据，就应当开庭审理，对于证据的合法性、客观性、关联性应当在开庭时审查，同时认为，经过开庭审理后，发现证据不合法或者客观性存疑，又或者与本案缺乏关联性，不能认定被告人有罪的，可以说服自诉人撤回起诉或裁定驳回起诉。

第三种观点认为，自诉案件对于证据的立案审查及立案后审查，均应进行形式审查而非实体审查。只要自诉人提供有证明被告人犯罪事实的证据，不论该证据的证明力及证明程度，法院均应开庭审理，并作出实体判决。

第四种观点即本案二审法院观点认为，《解释》第321条规定的审查应当是指审查自诉人是否提交了足以证明其指控事实的证据，而非对证据的合法性、客观性、关联性做实质审查，更不是审查被告人的行为是否构成犯罪，同时认为，自诉案件经过开庭审理后，发现证据缺乏合法性、客观性、关联性的其中一项或更多，不能认定被告人有罪的，应当作出无罪判决，而非裁定驳回起诉。

笔者赞同第四种观点。笔者认为，第一种观点的错误之处在于，错误理解了自诉案件庭前审查的内容。一方面，最高人民法院出台的《人民法院办理刑事案件第一审普通程序法庭调查规程（试行）》第1条规定了"法庭应当坚持证据裁判原则，……法庭调查应当以证据调查为中心"，如果庭前审查阶段就已经对证据的质和量都进行了实质审查，那么庭审中对于证据的调查便只是走过场，这与我国目前正在推行的庭审实质化改革显然是矛盾的。另一方面，法官作为居中裁判者，只有在充分听取了控辩双方对于对方提供证据的质证意见，尤其是对争议证据的意见后，才能更准确地对证据是否具备合法性、客观性、关联性作出判断。如果庭前审查阶段就对证据的质和量均作了实质审查，并就此认定案件事实清楚，实际上就违背了刑事诉讼法对于证据应经庭审举证质证才能作为定案证据的相关规定，也导致了案件未审先定。

第二种观点，虽然准确区分了自诉案件对于证据的庭前审查和庭审审查，但对于开庭后案件的处理方式存在错误理解。如果该观点成立，不仅会导致自诉案件存在证据不足、指控犯罪不能成立的无罪判决，还会导致法院的审理方式与作出裁判方式存在矛盾，因为驳回起诉的裁定是对案件的程序性处理，而案件经开庭审理后，法院实际上已经对证据的合法性、客观性、关联性进行了审查判断并综合运用证据对案件的事实进行了分析认定，即已经对案件进行了实体审理，此时作出用于解决程序性问题的裁定显然是不合适的。事实上，《解释》第321条仅规定了庭前审查后的处理方式，《解释》第333条规定的才是自诉案件开庭审理后的处理方式。

坚持第三种观点的人认为，该观点不仅符合立案登记制要求，还不会像其他观点一样，造成自诉案件开庭难，能够更好地维护自诉人的合法权益。笔者认为，虽然该观点成立，能使自诉案件较为顺利地进入庭审程序，更好地维护自诉人的合法权益，但是难免会使被告人因自诉人的不当起诉而陷入诉累。事实上，法律始终在尽最大限度地寻求平衡，对于自诉案件也是一样，一方面，要保障自诉人依法维护自身权益，制约国家追诉机关，使其正确行使追诉权；另一方面，还应保障被告人的人权，排除不当起诉，节约司法资源，过度保护一方利益，势必会造成对另一方的不公。

笔者认为，对于自诉案件证据的审查分为三个阶段，分别是立案审查、立案后的庭前审查以及庭审审理，①刑事诉讼法及其司法解释对三个阶段规定了不同的证明标准以及审查后的处理方式。《解释》第316条、第320条规定的是立案审查，其中第316条规定，"受理自诉案件必须有证明被告人犯罪事实的证据"，也就是说立案阶段对于证据的要求，仅仅是作为一个文书形式存在即可，对于证据的数量、种类及证明作用的大小在所不问，此时对于证据的审查仅是形式审查，这也符合立案登记制的要求。根据第320条第2款第2项的规定，该阶段经审查缺乏罪证的，应说服自诉人撤回起诉或裁定不予受理。

《刑事诉讼法》第211条第1款及《解释》第321条规定的是庭前审查及审查后的处理，刑事诉讼法第211条第1款第1项规定，"对自诉案件审查后，犯罪事实清楚，有足够证据的案件，应当开庭审判"，此处的"有足够证据"，区别于作出有罪判决时的"证据确实、充分"。"证据确实、充分是对证据质和量的综合要求，证据确实，即每个证据必须是客观真实的，不是虚假的，并且具有客观的关联性"，②是对证据质的要求，而庭前审查阶段并未对证据的质提出要求，仅对证据的量提出了要求，要求证据足以证明指控事实。因此在庭前审查阶段对于证据的合法性、客观性、关联性并不需要进行实质审查，更不能在此阶段审查判断被告人的行为是否构成犯罪，对于被告人行为的违法性和有责性均应在庭审时查明。就本案而言，自诉人许某丽庭前提供了李某梅的身份证明、申诉书、许某丽故意伤害案的立案决定书、拘留证，以上证据能够证明因李某梅控告许某丽故意伤害，许某丽受到刑事拘留，同时提供了王会华、许某丽等人在上蔡县公安局的询问笔录，该组言词证据证明了许某丽并未伤害李某梅，李某梅系捏造事实，以上证据足以证明许某丽指控的事实即李某梅诬告陷害许某丽，本案应当开庭审理，至于许某丽提供的证据是否具备合法性、客观性、关联性，最终能否被采信，还要根据庭审举证质证的情况来判断。根据《解释》第321条的规定，该阶段经审查，证据不足以证明指控事实的，自诉人提不出补充证据的，人民法院应当说服其撤

---

① 人民法院出版社编：《解读最高人民法院司法复函》（上），人民法院出版社2019年版，第62页。

② 陈光中主编：《刑事诉讼法》（第五版），北京大学出版社、高等教育出版社2013年版，第179页。

回起诉或者裁定驳回起诉。

《解释》第333条规定了自诉案件开庭审理后的处理，该条规定："对自诉案件，应当参照刑事诉讼法第二百条和本解释第二百九十五条的有关规定作出判决……"即对于自诉案件开庭审理后，应当参照公诉案件进行处理，对于证据不足，不能认定被告人有罪的，应当作出证据不足，指控的犯罪不能成立的无罪判决。就本案而言，经控辩双方对证据进行举证质证，法庭发现许某丽及其亲属的言词证据与李某梅及其亲属的言词证据就许某丽是否伤害了李某梅一事存在不可排除的矛盾，双方的言词证据均对己方有利，当天在场的建筑工人的证言也存在前后矛盾的情况，以上言词证据的客观性均存在疑问，除言词证据外没有其他证据能够证明许某丽是否伤害了李某梅，因此，许某丽控告李某梅诬告陷害的证据不足，不能认定为李某梅有罪，故应当对李某梅作出无罪判决。

在案例比较中把握非法控制计算机信息系统罪与破坏计算机信息系统罪的关系

周海洋[*]

  非法控制计算机信息系统罪和破坏计算机信息系统罪是两个常见且多发的侵犯网络犯罪[①]，从刑法规定两罪的条文位置看，两罪侵害的法益相同；从具体内容看，两罪存在一般与特殊的关系。本文从案例入手，对两罪之间是否存在这一关系予以分析，以期对司法实践认定两罪提供一些帮助，并求教于同人。

---

* 周海洋，中国应用法学研究所研究人员、法学博士。

① 《刑法》第285条第2款规定："违反国家规定，侵入前款规定以外的计算机信息系统或者采用其他技术手段，获取该计算机信息系统中存储、处理或者传输的数据，或者对该计算机信息系统实施非法控制，情节严重的，处三年以下有期徒刑或者拘役，并处或者单处罚金；情节特别严重的，处三年以上七年以下有期徒刑，并处罚金。"

  第286条规定："违反国家规定，对计算机信息系统功能进行删除、修改、增加、干扰，造成计算机信息系统不能正常运行，后果严重的，处五年以下有期徒刑或者拘役；后果特别严重的，处五年以上有期徒刑。"

  "违反国家规定，对计算机信息系统中存储、处理或者传输的数据和应用程序进行删除、修改、增加的操作，后果严重的，依照前款的规定处罚。"

  "故意制作、传播计算机病毒等破坏性程序，影响计算机系统正常运行，后果严重的，依照第一款的规定处罚。"

  "单位犯前三款罪的，对单位判处罚金，并对其直接负责的主管人员和其他直接责任人员，依照第一款的规定处罚。"

一、两个案例的比较①

案例一：何某某等人非法控制计算机信息系统案。2017年，何某某等为牟取非法利益，制作了恶意木马程序，该程序的功能在于通过一定渠道感染用户电脑，使被感染电脑中的腾讯QQ软件自动加他人为好友，并自动邀请用户及其好友进入各种QQ群，以达到为某些公司、企业做网络赌博等广告的目的。自2017年4月至2018年5月，何某某等通过出售恶意木马程序共获取有关公司、企业给予的广告费用66万余元。一审法院以破坏计算机信息系统罪对何某某等人定罪处罚，二审法院认为一审认定罪名不当，改为非法控制计算机信息系统罪，并对量刑予以了减轻调整。

案例二：李某某破坏计算机信息系统案。2011年5月至2012年12月，李某某单独或者伙同他人，通过QQ聊天工具联系需要修改中差评的淘宝卖家，并从他人处购买淘宝买家个人信息，冒用淘宝买家身份骗取淘宝账号密码重置后，非法进入淘宝评价系统，删除、修改淘宝卖家的中差评340余条，非法获利9万余元。一审法院以破坏计算机信息系统罪对李某某等定罪处罚，部分被告人以一审量刑过重为由提出上诉，二审法院予以维持。

比较以上两个案例可以看出：非法控制计算机信息系统罪和破坏计算机信息系统罪都是对计算机信息系统功能的非法影响和控制，只是程度逐步加深，由强制为"我"所用而至损害原有功能。也就是说，从非法控制到破坏，表明了行为对计算机信息系统的危害逐步加重。在案例一中，行为人通过植入木马程序，控制了被害人的QQ系统，迫使被害人浏览其投放的网络赌博等广告，但没有修改被害人QQ系统中的数据，没有达到改变被害人QQ系统功能的程度。在案例二中，行为人通过删除、修改被害人计算机信息系统中的数据的方式来实现自己的非法目的，这在本质上也是一种非法控制行为，

---

① 李少平总主编、李玉萍主编：《网络司法典型案例（刑事卷2019）》，人民法院出版社2020年版，第227页、第266页。

这种控制达到了损害计算机信息系统原有功能的程度，破坏了原有功能的效用。

二、对刑法中"控制"和"破坏"的含义界定

关于控制，其含义为驾驭、支配，[①]延伸为掌握、组织、管制的意思，是使人、组织或者事物处于自己的占有、管理或者影响之下，并能依照自己的意愿予以支配。刑法罪名中通常使用"非法控制"一词，意思是通过非法手段掌控目标物，原占有人、利用人失去对目标物的控制或者无法再有效利用目标物，目标物对合法占有人、利用人丧失其效用价值。当非法控制状态消除后，目标物的原有效用一般能够自动恢复。对非法控制计算机信息系统罪，通常解释为违反国家规定，对国家事务、国防建设、尖端科学技术领域以外的计算机信息系统实施非法控制，情节严重的行为。[②]在我国《刑法》中，含有控制字样或者与控制意思相同或者相近字样的罪名除非法控制计算机信息系统罪外，还有组织他人偷越国（边）境罪，强制穿戴宣扬恐怖主义、极端主义服饰、标志罪，劫持航空器罪，非法持有、私藏枪支、弹药罪、强迫交易罪，非法拘禁罪，绑架罪，强迫劳动罪，组织残疾人、儿童乞讨罪，组织、领导恐怖组织罪，组织、领导黑社会性质组织罪，等等。

关于破坏，其含义为碎裂损坏，[③]延伸为摧毁、毁坏、损毁、干扰、扰乱，是改变目标物的物理结构或者事物的原有状态，使其现有功能、效用减损、改变或者消失的行为。当破坏行为消除或者停止后，目标物的功能、效用不能够自动恢复。对破坏计算机信息系统罪，通常解释为违反国家规定，对计算机信息系统功能进行删除、修改、增加、干扰，造成计算机信息系统不能正常运行，对计算机信息系统中存储、处理或者传输的数据和应用程序

---

① 《辞海》，上海辞书出版社1980年版，第703页。
② 胡云腾主编：《刑法罪名精释》，人民法院出版社2022年版，第778页。
③ 《辞海》，上海辞书出版社1980年版，第1639页。

进行删除、修改、增加的操作，或者故意制作、传播计算机病毒等破坏性程序，影响计算机系统正常运行，后果严重的行为。[①]根据上述对破坏的语义理解，我国刑法中的破坏型犯罪一般分为两类，第一类是对目标物予以物理性的破坏，即改变目标物的物理结构和性能，使其性能或者效用减损或者消失，从而达到破坏相对应的社会关系或者法益的目的，如破坏交通工具罪、破坏交通设施罪，破坏电力设备罪，破坏广播电视设施、公用电信设施罪，故意毁坏财物罪，故意损毁文物罪，非法采伐、毁坏国家重点保护植物罪，等等。第二类主要是对案涉事物或者人员原有状态予以改变，使其功能和效用减损、灭失，人员身体受到影响或者伤害，从而破坏相对应的社会关系或者法益，如破坏监管秩序罪，妨害公务罪，扰乱法庭秩序罪，破坏选举罪，破坏界碑、界桩罪，聚众扰乱公共场所秩序、交通秩序罪，破坏集会、游行、示威罪，等等。

三、两罪的相同处：侵害法益的同质性

通过上述案例比较和分析可以看出，破坏计算机信息系统罪不但具有非法控制计算机信息系统罪的全部构成特征，并且具有非法控制计算机信息系统罪所不具有的一个特征——造成计算机信息系统不能正常运行或者影响计算机系统正常运行，后果严重。由此，两罪具有一般与特殊的关系，既具有同质性，也具有特殊性。"破坏"是"非法控制"的程度深化和较为极端的表现形式，规定非法控制计算机信息系统罪的法条是一般性法条，破坏计算机信息系统罪的法条是特殊性法条。"二罪并不是对立关系。对计算机信息系统功能进行删除、修改、增加、干扰，或者对计算机信息系统中存储、处理或者传输的数据和应用程序进行删除、修改、增加的操作，完全可能同时非法控制了计算机信息系统功能。"[②]"特别关系的基本特征是，甲法条（刑罚法规）

[①] 胡云腾主编：《刑法罪名精释》，人民法院出版社2022年版，第780页。

[②] 张明楷：《刑法学》，法律出版社2021年版，第1376页。

记载了乙法条的全部特征（或要素），但同时至少还包含一个进一步的特别特征（要素）使之与乙法条相区别。其中的甲法条是特别法条，乙法条是普通法条"①。

两罪的同质性体现在：其一，两罪所侵害的法益具有逻辑上的一致性。非法控制最明显的后果就是原占有人、利用人丧失对目标物的控制、利用，目标物对原占有人、利用人而言，丧失了原有效用价值；破坏是通过对目标物的物理结构或者性能的改变或者原有状态的改变，使目标物的原有效用减损或者灭失。从这一角度出发，非法控制和破坏所指向的法益具有逻辑上的一致性。从两罪所侵害的社会关系上讲，两罪都是妨害社会管理秩序罪中扰乱公共秩序的犯罪，都扰乱、破坏了社会公共秩序。比如，最高人民法院指导案例第102号——付某某、黄某某破坏计算机信息系统案。行为人通过修改路由器、浏览器设置、锁定主页或者弹出新窗口等技术手段，强制网络用户访问其指定网站，这被称为"DNS"劫持行为。法院将这种劫持、控制行为认定为破坏计算机信息系统行为，以破坏计算机信息系统罪对行为人定罪处罚。在这一案例中，行为人无论是通过增加还是修改计算机信息系统中的相关程序或者数据，无非是要非法控制计算机信息系统，迫使网络用户不得不访问行为人指定的网站。在谭某某、陈某某破坏计算机信息系统一案中：行为人通过操控"呼死你"恶意呼叫软件，对大量被害人的手机进行呼叫骚扰，使被害人的正常通信无法进行，法院认定构成破坏计算机信息系统罪。②不难看出，干扰而致大量被害人的手机无法正常通信的行为，就是一种非法控制，在被干扰的时间段内，被害人丧失了对自己手机使用权的控制，手机对它的所有者而言，也失去了效用价值。再如，张某某等人破坏计算机信息系统案。③张某某研发出能够把商品信息推送到用户在电商平台搜索相应关键词结果的前面位置的软件，后将该软件出售给他人，他人利用该软件改变相关

---

① 张明楷：《刑法学》，法律出版社2016年版，第465页。
② 广东省广州市白云区人民法院（2019）粤0111刑初1263号刑事判决书。
③ 浙江省绍兴市越城区人民法院（2019）浙0602刑初1151号刑事判决书。

商品在电商平台的评价顺序，使得电商平台具有的用户浏览商品访问量排名的功能失去了原本的价值和意义，导致商品访问量数据失实。法院以破坏计算机信息系统罪对张某某等人定罪处罚。张某某等人的行为实际是对电商平台计算机信息系统的非法控制、非法支配，使其原有的功能和价值丧失，以实现自己不正当竞争的目的。

其二，两罪的行为类型或方式高度重合。刑法对破坏计算机信息系统罪规定了三种具体的行为类型，对非法控制计算机信息系统罪仅作了概括性规定——"非法控制"，但从实际案例看，非法控制的方式也主要表现为向计算机信息系统中植入破坏性程序，对其中存储、处理或者传输的数据和应用程序进行删除、修改、增加、干扰。比如，最高人民法院发布的第145号指导性案例——张某某等非法控制计算机信息系统案。人民法院的裁判认为，通过植入木马程序的方式，非法获取网站服务器的控制权限，进而通过修改、增加计算机信息系统数据，向相关计算机信息系统上传网页链接代码的，应当认定为《刑法》第285条第2款"采取其他技术手段"非法控制计算机信息系统的行为。很显然，张某某等人的非法控制行为通过破坏计算机信息系统罪中的第二种、第三种行为类型表现出来。[①]再如，最高人民检察院第35号指导性案例——曾某某、王某某破坏计算机信息系统案。行为人通过修改被害人手机的登录密码，远程锁定被害人的智能手机设备，使之成为无法开机的"僵尸机"，属于对计算机信息系统功能进行修改、干扰的行为。造成十台以上智能手机不能正常运行，符合《刑法》第286条破坏计算机信息系统罪构成要件中"对计算机信息系统功能进行修改、干扰""后果严重"的情形，构成破坏计算机信息系统罪。这一案例中，行为人修改被害人手机的登录密码，无疑属于修改计算机信息系统数据的行为；被害人的手机被锁定后成了无法开机的"僵尸机"，这正是行为人非法控制被害人手机的结果。

① 该案以非法控制计算机信息系统罪定案。人民法院的裁判认为，通过修改、增加计算机信息系统数据，对该计算机信息系统实施非法控制，但未造成系统功能实质性破坏或者不能正常运行的，不应当认定为破坏计算机信息系统罪，符合《刑法》第285条第2款规定的，应当认定为非法控制计算机信息系统罪。

其三，非法控制计算机信息系统罪的"情节严重""情节特别严重"与破坏计算机信息系统罪的"后果严重""后果特别严重"具有交叉和递进关系。根据"两高"《关于办理危害计算机信息系统安全刑事案件应用法律若干问题的解释》（以下简称《办理计算机信息系统安全案件解释》）的规定，"非法控制计算机信息系统二十台以上""违法所得五千元以上或者造成经济损失一万元以上""其他情节严重的情形"应当认定为非法控制计算机信息系统罪中的"情节严重"；数量或者数额达到以上规定标准五倍以上或者有"其他情节特别严重的情形"的，应当认定为"情节特别严重"。该解释同时规定，"造成十台以上计算机信息系统的主要软件或者硬件不能正常运行""对二十台以上计算机信息系统中存储、处理或者传输的数据进行删除、修改、增加操作""违法所得五千元以上或者造成经济损失一万元以上"，等等，应当认定为破坏计算机信息系统罪中的"后果严重"；数量或者数额达到以上规定标准五倍以上的，应当认定为"后果特别严重"。从以上规定可以明显看出，"情节严重""情节特别严重"和"后果严重""后果特别严重"具有交叉部分——违法所得五千元以上或者造成经济损失一万元以上以及此数额的五倍以上。同时，"后果严重"的认定标准——"造成十台以上计算机信息系统的主要软件或者硬件不能正常运行""对二十台以上计算机信息系统中存储、处理或者传输的数据进行删除、修改、增加操作"比"情节严重"的认定标准——"非法控制计算机信息系统二十台以上"对法益的侵害更为严重，毫无疑问，"后果特别严重"和"情节特别严重"的认定标准也体现了这一点。

四、破坏计算机信息系统罪的特异性

与非法控制计算机信息系统罪相比，破坏计算机信息系统罪的特殊性体现在：

其一，不法程度深，对法益的侵害更为严重。刑法明确规定了破坏计算机信息系统罪的三种行为类型：第一种行为类型要求达到"造成计算机信息系统不能正常运行"；第三种行为类型要求达到"影响计算机系统正常运行"，

同时要求三种行为类型都要达到"后果严重"的程度。①

其二，行为更为具体、范围更窄，破坏性更强。刑法规定了三种具体明确的破坏计算机信息系统罪的行为类型，而对非法控制计算机信息系统罪的行为类型规定得则较为概括、笼统。内涵越是明确而具体，外延就越窄，反之，内涵越是概括、笼统，外延的范围就越广。

其三，法定刑更重。破坏计算机信息系统罪的二档法定刑分别是"五年以下有期徒刑或者拘役""五年以上有期徒刑"，非法控制计算机信息系统罪的二档法定刑分别是"三年以下有期徒刑或者拘役，并处或者单处罚金"；"三年以上七年以下有期徒刑，并处罚金"。破坏计算机信息系统罪是结果犯、实害犯，是非法控制计算机信息系统罪的故意类型的结果加重犯。非法控制计算机信息系统造成系统不能正常运行，原有功能全部或者部分丧失时，就由"非法控制"上升为"破坏"，以破坏计算机信息系统罪定罪处罚。

在全国法院系统2021年优秀案例分析刑事案例一等奖——张某某、彭某某等非法控制计算机信息系统案②中，张某某等人向存在防护漏洞的目标服务器植入木马程序，获取目标服务器后台的浏览、增加、修改等操作权限，然后将添加了赌博关键字并设置自动跳转功能的静态网页上传至目标服务器，以提高赌博网站广告被搜索引擎命中的概率。公诉机关以破坏计算机信息系统罪提起公诉，法院以非法控制计算机信息系统罪定案。该案例分析指出：对计算机信息系统数据修改、增加的行为，属于非法控制计算机信息系统罪的客观方面，与破坏计算机信息系统罪的客观方面相重合；非法控制计算机

---

① 《刑法》第286条规定："破坏计算机信息系统罪是指，违反国家规定，对计算机信息系统功能进行删除、修改、增加、干扰，造成计算机信息系统不能正常运行，后果严重的，处五年以下有期徒刑或者拘役；后果特别严重的，处五年以上有期徒刑。违反国家规定，对计算机信息系统中存储、处理或者传输的数据和应用程序进行删除、修改、增加的操作，后果严重的，依照前款的规定处罚。故意制作、传播计算机病毒等破坏性程序，影响计算机系统正常运行，后果严重的，依照第一款的规定处罚。单位犯前三款罪的，对单位判处罚金，并对其直接负责的主管人员和其他直接责任人员，依照第一款的规定处罚。"

② 最高人民法院中国应用法学研究所编：《全国法院系统优秀案例分析一等奖专辑（二○二一）》，人民法院出版社2021年版，第215—217页。

信息系统的修改、增加行为，并不要求达到造成计算机信息系统破坏的程度；控制行为中的修改、增加，应以利用且不破坏计算机信息系统实质性数据、功能及有价值数据为前提。笔者认为，这些分析准确阐释了控制与破坏的关系，同时也明确了破坏行为的特殊性。

五、司法适用时应关注的问题

既然两罪具有一般和特殊的关系，在具体适用上，应当按照先特殊后一般的原则进行，首先考虑行为是否符合破坏计算机信息系统罪的构成，经考察不符合破坏计算机信息系统罪的构成后，再考虑是否符合非法控制计算机信息系统罪的构成。需要注意的是：

其一，由于《刑法》和相关司法解释都没有明确"非法控制"的具体行为方式或者类型，而"破坏"的行为方式或者类型明确具体，导致司法实践中容易对照把握的破坏计算机信息系统罪适用较多，而非法控制计算机信息系统罪适用较少。根据对"两高"发布的涉网络犯罪指导性案例的统计，截至2018年年底，"两高"共发布七个涉《刑法》第285条、第286条网络犯罪的指导性案例，以破坏计算机信息系统罪定案的就有六个，另一个以非法获取计算机信息系统数据罪定案。由于破坏计算机信息系统罪的法定刑重，司法办案中，应当注意避免这一倾向，只有当行为完全符合《刑法》和相关司法解释关于破坏计算机信息系统罪的规定时，即行为能够被破坏计算机信息系统罪全面、充分评价时，才可以适用破坏计算机信息系统罪，否则应当考虑能否适用非法控制计算机信息系统罪或者其他犯罪。

其二，从刑法的规定看，"造成计算机信息系统不能正常运行"，或者"影响计算机系统正常运行"，"后果严重"，是破坏计算机信息系统罪的客观构成要件之一，也就是说，行为必须使计算机信息系统的正常运行受到影响且后果严重才能成立破坏计算机信息系统犯罪，后果严重是就影响计算机信息系统正常运行的程度而言的。但是，《办理计算机信息系统安全案件解释》中关于"违法所得五千元以上或者造成经济损失一万元以上的"属于"后果严重"的规定，难以准确体现行为对计算机信息系统正常运行的影响，因此，在适用这一标准来认定是否构成破坏计算机信息系统罪时，还要结合其他证据综合把握，以免出现罪刑不相适应的情况。

其三，《刑法》第287条规定，利用计算机实施金融诈骗、盗窃、贪污、挪用公款、窃取国家秘密或者其他犯罪的，依照本法有关规定定罪处罚①。据此，有观点认为，以非法控制或者破坏计算机信息系统为手段来实现诈骗、盗窃等犯罪目的的，应当以目的行为定罪处罚。笔者认为，应当结合计算机犯罪的发展来辩证看待这一问题②：当行为人通过非法控制或者破坏计算机信息系统功能来进行诈骗、盗窃、贪污公私财物或者挪用公款时，就可能形成非法控制或者破坏计算机信息系统功能犯罪和诈骗、盗窃、贪污等犯罪的想象竞合，应当依照能够对行为全面、充分评价的规定定罪处罚。比如，罗某某破坏计算机信息系统案③，罗某某因对离职待遇不满，为报复原公司，自己编写脚本，利用其在原公司工作时得到的公司阿里云账号密码，将原公司存放于阿里云服务器的后台数据删除，共删除图片1300余张，导致原公司与他人合作的项目无法开展，并给公司造成数额较大的经济损失。罗某某删除计算机信息系统数据的行为，同时构成破坏生产经营罪和破坏计算机信息系统罪，破坏计算机信息系统罪的法定刑重于破坏生产经营罪，法院以破坏计算机信息系统罪对罗某某定罪处罚。但是需要明确，在以非法控制或者破坏计算机信息系统定罪处罚时，应当关注行为人对计算机犯罪行为的违法性认识，如果行为人对其实施的涉计算机行为的违法性没有丝毫认识，则只能以目的

---

① 最高人民法院第27号指导案例——臧进泉等盗窃、诈骗案：行为人利用信息网络，诱骗他人点击虚假链接而实际通过预先植入的计算机程序窃取财物构成犯罪的，以盗窃罪定罪处罚；虚构可供交易的商品或者服务，欺骗他人点击付款链接而骗取财物构成犯罪的，以诈骗罪定罪处罚。

② 现行《刑法》于1997年公布施行时，计算机在社会生活中的作用和人们对其的认识远没有现在这样全面、深刻，当时的规定除第287条外，仅有非法侵入计算机信息系统罪和破坏计算机信息系统罪，其他的涉计算机信息系统犯罪，主要是随着计算机在社会生活中作用的增强，人们对计算机犯罪危害性认识的加深，通过刑法修正案增加的，对刑法第287条的认识也应当随着计算机犯罪的发展变化而不断深化和发展。

③ 广东省深圳市福田区人民法院（2020）粤0304刑初664号刑事判决书。

行为定罪处罚。

　　需要说明的是，任何对案涉事物或者他人人身进行物理性破坏或者伤害的行为，都会或轻或重地改变事物的原有状态，对案涉事物或者人员连接的其他社会关系或者法益造成破坏，从而可能形成想象竞合关系。比如，破坏交通工具罪，表象是对交通工具这一财物造成了破坏，但实际更主要侵害了公共安全，构成故意毁坏财物和破坏交通工具这一公共安全犯罪的想象竞合，择一重罪处罚。再如，通过毁坏法庭设施的方式扰乱法庭秩序的，构成故意毁坏财物和扰乱法庭秩序的想象竞合。通过限制他人人身自由或者伤害他人人身身体的方式干涉婚姻自由的，构成非法拘禁、故意伤害和暴力干涉婚姻自由的想象竞合。通过砸毁计算机设备这一极端方式破坏计算机信息系统功能的，构成故意毁坏财物罪和破坏计算机信息系统罪的想象竞合。

以交通事故认定书为核心的交通肇事罪定罪模式研究

谢　翔*

摘　要：在现行的法律体系中，由于官方并没有出台关于交通肇事罪事故责任的认定标准，因此交通事故认定书仍然是目前司法实践在进行交通肇事罪认定时不可或缺的重要部分，是认定交通肇事罪的重要证据。之所以目前司法实践会采用这种以交通事故认定书为核心的定罪模式，主要是由交通事故具有复杂性，事故鉴定具有专业性的特点所决定的。目前司法实务中直接以交通事故认定书来认定交通肇事罪的做法主要造成了两个不良影响，分别是"以刑代行"和"以行代刑"。因此，可以通过在立法层面增设"交通肇事逃逸罪"，在司法层面对交通肇事罪的实行行为进行实质解释和对因果关系进行规范检视来进行完善。

关键词：定罪模式；实行行为；因果关系；行刑衔接

一、以交通事故认定书为核心的定罪模式

（一）产生背景

一旦公安机关作出的交通事故认定书认定事故当事人需要承担事故的同等以上责任，同时交通事故的客观损害结果达到了交通肇事罪的构罪标准，那么司法机关往往就会直接根据交通事故认定书中的事故责任来认定事故当

---

* 谢翔，安徽师范大学法学院2022级博士生，研究方向为刑法学、法社会学。

事人的行为已经构成了交通肇事罪，这是目前这种以交通事故认定书为核心的定罪模式在司法实践中的基本表现形式。显然，司法机关遵循的这种定罪模式很容易造成案件结论失当的问题。那么，首先需要明确为什么司法实践中会形成并最终采纳了这样一种可能会产生错误结论的定罪模式。

可以明确的是，目前刑法学界已经达成了共识，亦即之所以最高人民法院在其2001年颁布的《关于审理交通肇事刑事案件具体应用法律若干问题的解释》中并没有另行确定一套配套的交通肇事罪的事故责任认定标准，就是因为交通肇事罪构成要件中所规定的"事故责任"，实际上与道路交通安全法中的"事故责任"具有十分近似的内涵。因此，其完全没有必要单独设立一套独立于道路交通安全法中事故责任认定标准的犯罪认定标准。司法机关在认定交通肇事罪时，只需要对道路交通安全法中的"事故责任"进行转化适用就可以确定相应的交通肇事罪中的"事故责任"。[①] 而道路交通安全法中的"事故责任"通常又都被处理相关交通事故的公安机关记录在相应的交通事故认定书之中，故而，单纯就司法实践所采取的将交通事故认定书引入交通肇事罪的司法认定流程之中的这个做法来说，应当说其是具有必然性和合理性的。

那么，司法机关在认定交通肇事时为何会依赖于公安机关出具的交通事故认定书呢。可以肯定的是，这种做法并不是来源于我国立法的直接规定。在对我国现行的法律规定进行梳理后可以发现，最早在全国人大常委会2003年颁布的《道路交通安全法》第73条中就明确规定了交通事故认定书应当作为处理交通事故的一种证据来使用，而其后公安部2009年颁布的《道路交通事故处理程序规定》第72条、最高人民法院2015年颁布的《关于审理道路交通事故损害赔偿案件适用法律若干问题的解释》第27条也明确肯定了这一结论。由此可见，在现行的法律体系中，立法者实际上是将交通事故认定书看作司法活动中的一

---

① 具体的观点参见肖中华：《论交通肇事罪的认定与处罚》，载《刑事法实务疑难问题探索》，人民法院出版社2002年版，第157页；黎宏：《论交通肇事罪的若干问题——以最高人民法院有关司法解释为中心》，载《法律科学——西北政法学院学报》2003年第4期，第124—129页；张明楷：《交通肇事的刑事责任认定》，载《人民检察》2008年第2期，第5—9页；马克昌：《百罪通论》（上卷），北京大学出版社2014年版，第110页。

种证据。同时，也有学者基于此类规定而进一步指出，立法者在解决交通事故认定的问题时实际上趋向于构建一个"完全开放的专家证言模式"。①

那么，既然立法者趋向于在进行事故责任认定时构建一个"完全开放的专家证言模式"，而相关法律法规也明确规定了交通事故认定书的证据属性，司法机关为什么在审理相关案件时还是倾向于直接采信公安机关的交通事故认定书，实行一种以交通事故认定书为核心的定罪模式呢？笔者通过对近年来交通事故认定的相关数据进行整理和分析后发现，在不断强调控审分离、审判独立的当下，司法机关在交通肇事罪的认定中采用这种定罪模式似乎并不是由于行政权的过分侵蚀，而恰恰相反可以说是司法机关主动选择的结果。笔者在北大法宝的司法案例中，以"关键字：交通事故认定""检索年份：2000—2020"为条件进行检索，将获得的数据汇总后形成表1。

表1 "法院针对存在异议的事故认定判决情况"统计

判决情况	数量（件）
维持原判	114
判决撤销	17
判决变更	0
总　　计	121

从表1中的数据资料不难看出，在公安机关作出的事故认定存在争议的场合中，即使事故当事人并不认可公安机关作出的相关事故认定，法院往往也并不会轻易地否定相关认定的证明力，大多数情况下都会判决维持原判；即便是法院认可相关事故认定确实存在明显的错误，也倾向于通过判决撤销并责令重新作出的方式来填补漏洞，其并不会取代公安机关来直接作出新的事故认定。同时，通过查阅相关案件的判决书可以发现，法院或多或少地都会在判决理由中将事故当事人重新提交的事故认定结论与公安机关所作出的交通事故认定书进行对比，并最终根据双方证据的证明力来决定究竟是"维持

---

① 余凌云：《道路交通事故责任认定研究》，载《法学研究》2016年第6期，第126—139页。

原判"抑或"判决撤销"。而从判决结果上来看，法院显然更倾向于相信公安机关所作出的事故认定。故而，有必要回归到交通事故的性质本身来对这个问题进行讨论。有学者指出，"由于交通事故具有瞬发性、突然性和不可还原性，而且往往目击证人极少，甚至当事人也不能具体说清楚当时发生的情况，因此对于事故原因等问题的分析往往需要具有专业技能的人员介入调查"[1]，在这样的情境中，交警往往是最先到达现场的专业人员，而交警的专业性及其特殊的国家工作人员身份，导致了"交警在综合事故现场具体情况后作出的交通事故认定书在证明力上具有天然的可信度"。[2] 本文认为，这一说法在说明法院的倾向性的问题上更具说服力和合理性。

（二）具体表现

1.将道路交通安全法中的事故责任等同于交通肇事罪中的事故责任

对两种事故责任不加区分地进行使用，是该定罪模式下最突出的一个具体表现。具言之，法院在采用了这种定罪模式后，其在审理交通肇事案件时，往往并不会对两种事故责任进行刻意的区分，大体上可以看作法院其实默认了二者实际上就是一个概念。而这一点可以通过对相关数据的统计和分析来得到较为直观的呈现。（见表2）

表2 "法院对待交通事故认定书中的事故责任认定的做法"统计[3]

做　　法	数量（件）
直接沿用	462
实质沿用	38
独立判断	0
总　　计	500

---

① 余凌云：《道路交通事故责任认定研究》，载《法学研究》2016年第6期，第126—139页。

② 余凌云：《道路交通事故责任认定研究》，载《法学研究》2016年第6期，第126—139页。

③ 数据来源：北大法宝－司法案例，笔者以"关键字：交通肇事罪""检索年份：2020""排序方式：审结日期靠近的优先""审理程序：一审"为条件进行检索，截取了日期最近的500份判决书形成样本数据，汇总后形成此表。

首先解释一下表2中每个名词的具体含义。所谓"直接沿用"，指的是法院在审理交通肇事罪案件时，在判决理由中论证交通肇事罪的事故责任时，直接沿用了交通事故认定书中的相关表述。"实质沿用"，指的是法院虽然并没有直接沿用交通事故认定书中的相关表述，但在论证过程中肯定了交通事故认定书中的认定结果，并没有对事故责任进行二次判断。"独立判断"则是指法院对交通事故认定书中记载的事故责任进行了二次判断。

（1）直接沿用

对于绝大多数不存在事故争议的肇事案件来说，法院在判决书中进行说理时，往往在罗列了事故当事人在交通事故中所造成的客观损害后，都会直接沿用交通事故认定书中的事故责任认定，认定事故当事人的行为已经构成交通肇事罪。例如，有的法院在判决书中这样写道："经内江市公安局交通警察支队直属二大队认定：彭某某承担此次事故的全部责任。……本院认为，被告人彭某某违反交通运输管理法规，发生重大交通事故，致一人死亡、一人重伤，承担事故全部责任，其行为已触犯刑律，构成交通肇事罪。"① 从这种表述上来看，毫无疑问法院并没有对两种事故责任进行区分，在认定交通肇事罪的事故责任时直接沿用了交通事故认定书中的相关表述，显然是已经将两种事故责任看作一种概念了。

（2）实质沿用

在那些存在事故争议的肇事案件中，从判决书的相关措辞来看，法院虽然并没有直接沿用交通事故认定书中的相关表述，但在审查当事人的事故责任时也并没有对这两种事故责任进行区分，实际上仍是将二者看作一种概念，在实质上予以了沿用。例如，有的法院在判决书中这样写道："关于辩护人提出事故认定书没有作出客观的认定的辩护意见，经查，灵璧县公安局……向被告人李某某送达了《道路交通事故认定书》，且注明当事人对交通事故认定有异议，可自送达之日起三内提出复核的权利。被告人李某某在期限内没有提出复核。故辩护人的辩护意见，本院不予采纳。"② 在这起案件中，辩护人在

① 四川省内江市东兴区人民法院（2020）川刑初字第327号刑事判决书。
② 安徽省灵璧县人民法院（2020）皖1323刑初126号刑事判决书。

其提出的辩护意见中指出事故认定书存在明显不当，但是法院却以"被告人没有在法定期限内提出复核"为由驳回了该辩护意见，假设法院实际上区分了两种事故责任，那么在考虑辩护意见时，就应当对公安机关作出的事故认定进行实质审查，而不应该只是单纯的程序审查。只有认为法院实际上默认了两种事故责任实际上是一种概念，这样的说理在逻辑上才能够自圆其说。

综上，从上述表格的数据和法院判决书中的相关措辞中可以看出，法院在认定交通肇事罪的事故责任时，不管其对待交通事故认定书中的事故责任认定究竟是选择"直接沿用"还是"实质沿用"，实际上都意味着其并不会对事故当事人是否具有交通肇事罪的事故责任进行独立的二次判断，而是已经将道路交通安全法中的事故责任等同于交通肇事罪中的事故责任了。

2.对交通事故认定书倾向于进行程序审查，而非实质审查

一般来说，法官在审理各类案件时都需要对各种涉案证据进行实质审查，以便能够筛选出具有说服力的证据来形成完整的证据链条完成自己的内心心证。但是，笔者在对交通肇事类案件的相关数据进行整理和总结后发现，由于法院在审理交通肇事案件时采用了这种以交通事故认定书为核心的定罪模式，因此在对交通事故认定书进行审查时，其往往倾向于对这种证据进行程序审查，而不是实质审查。具体数据如表3所示。

表3　法院对待争议交通事故认定书的审查方式统计[①]

审查方式	数量（件）
程序审查（合法性审查）	64
程序审查（证明力审查）	28
程序审查（时效审查）	1
实质审查	7
总　　计	100

---

① 数据来源：北大法宝–司法案例，笔者以"关键字：交通肇事罪""全文：存在异议""检索年份：2020""排序方式：审结日期靠近的优先""审理程序：一审"为条件进行检索，共发现147份判决书，截取了日期最近的100份形成样本数据，汇总后形成此表。

1.程序审查

（1）合法性审查

合法性审查是笔者搜集到的样本数据中法院使用次数最多的程序性审查方式，共有64个法院使用了合法性审查的方式来判断交通事故认定书的效力。本文所称的合法性审查，是指法院仅以交通事故认定书的制作程序合法为由就肯定了交通事故认定书的效力，由于其在审查时并未涉及交通事故认定书中记录的具体案件事实，因而是一种典型的程序审查。例如，有的法院在判决书中如此写道："经本院审理查明，该事故认定的制作程序合法有效。……被告人黄某茂辩称自己不应承担交通事故的主要责任的意见与查明的事实不符，本院不予采纳。"①从这份法院判决书的相关措辞中不难看出，法院在判断交通事故认定书的效力时，仅以交通事故认定书是经合法程序作出为由就否定了被告人的辩解，其很显然并没有针对交通事故认定书中存在争议的案件事实进行实质性的审查，而只是进行了粗略的程序审查而已。

（2）证明力审查

在合法性审查之外，证明力审查也是法院在判断交通事故认定书的效力时广泛使用的审查方式。在笔者搜集到的样本数据中共有28个案件进行了证明力审查。本文所称的证明力审查，是指法院通过审查交通事故认定书证明力的方式来确定其效力的审查方式。由于其同样也并不针对案件的具体争议事实进行实质审查，因而也是程序审查的一种类型。例如，有的法院在判决书中这样写道："经查，交警部门依据视听资料、现场勘查笔录等证据而作出《道路交通事故认定书》后，又经交通管理部门复核，认定该认定书合法有效；本案被告人依法应承担刑事责任。"从该判决书中可以看出，该法院仅以相关证据已经经过上级部门复核来肯定其证明力的做法，显然也并没有对相关证据进行实质审查，而只是从程序上加强了其证明力而已。故而，这种审查案件的方式，也是一种典型的程序性审查。

---

① 四川省西充县人民法院（2020）川1325刑初117号刑事判决书。

（3）时效审查

在笔者的样本数据中，除了上述两种常见的程序性审查方式之外，笔者还观察到了一起特殊的程序性审查案件，该案件中法院在判断交通事故认定书的效力时，运用了时效审查的方式。这种以相关证据是否超过审查时效为依据来判断证据证明力的方式，由于并不涉及案件的具体事实，故而也是一种程序审查方式。在这起案件的判决书中，法院提出，"关于辩护人提出事故认定书没有作出客观的认定的辩护意见，经查，灵璧县公安局……向被告人李某某送达了《道路交通事故认定书》，且注明当事人对交通事故认定有异议，可自送达之日起三内提出复核的权利。被告人李某某在期限内没有提出复核。故辩护人的辩护意见，本院不予采纳"①，这种以被告人超过复核时效为由来否定其辩护意见的做法显然也只是一种程序性审查而已。

2.实质审查

与程序性审查相对，在笔者搜集的样本数据中，对事故认定书中的相关数据进行实质审查的共有7个案件。所谓实质审查，是指在法院在审查交通事故认定书的效力时，针对交通事故认定书中记录的案件事实进行了具体的审查和认定，在此基础之上得出了案件结论。例如，有的法院如此审查其交通事故认定书，"庭审中，被告人张某辩称，其负事故的次要责任或不负事故责任，不构成交通肇事罪。经查，证人曹某、沈某等人的证言笔录、被告人张某的供述和辩解、复旦大学上海医学院司法鉴定中心司法鉴定意见、车辆勘验检查笔录等证据证实，被告人张某驾车行至路口，未注意观察路面状况，遇行人过公路未减速慢行确保安全，导致与过公路的行人发生碰撞，致行人因严重颅脑损伤死亡，其应负事故的全部责任，行为已构成交通肇事罪"②。从该判决书中可以看出，该法院在审查事故责任时，结合了众多相关证据，证明事实之间可以相互印证，形成了完整的证据链条，这显然是一种实质审查。

---

① 安徽省灵璧县人民法院（2020）皖1323刑初126号刑事判决书。

② 江苏省南通市海门区人民法院（2020）苏0684刑初362号刑事判决书。

（三）现实影响

1.为交通肇事罪的精确定罪提供了很多必要的帮助

虽然在《关于审理交通肇事刑事案件具体应用法律若干问题的解释》将事故责任要素引入交通肇事罪的构成要件之中后，刑法理论界曾就是否有必要在交通肇事罪的构成要件中规定事故责任要素展开了激烈的讨论，但从现实的情况来看，不可否认的是，在事故责任要素引入交通肇事罪的构成要件之后所形成的这种以交通事故认定书为核心的定罪模式，确实在一定程度上为交通肇事罪的精确定罪提供了很多必要的帮助。

有对该定罪模式持反对意见的学者主张，"司法解释的这种做法实际上修改了交通肇事罪的成立条件"[1]。在此基础上，也有学者进一步指出，"将交通事故认定书引入交通肇事罪的司法认定之中存在很大的理论缺陷"[2]"在交通肇事罪的定罪量刑中，不应当考虑交通事故认定书的因素"[3]。对此，他们主要提出了以下几个理由：第一，将交通事故认定书引入交通肇事罪的定罪量刑中，在某种程度上使得交通肇事罪的成立与否直接取决于行政机关作出的交通事故认定书，这违背了罪刑法定原则的基本要求。第二，将交通事故认定书引入交通肇事罪的定罪量刑中，可能使行政权影响司法权，从而导致案件判决的不公正。

然而，笔者认为这些理由并不具很大的说服力。第一，认为司法实践的这种做法违反了罪刑法定原则的理由显然混淆了应然与实然的关系。高铭暄教授曾经指出，司法解释之所以要将"事故责任"要素纳入交通肇事罪的构成要件之中，是因为"在司法实践中，有的重大交通事故往往是由数人的违章行为或双方的违章行为造成的，这时就要具体分析每个违章行为在造成事

---

[1] 黎宏：《论交通肇事罪的若干问题——以最高人民法院有关司法解释为中心》，载《法律科学》2003年第4期，第124—130页。

[2] 刘东根：《道路交通事故责任与交通肇事罪的构成》，载《中国人民公安大学学报》2005年第2期，第53—59页。

[3] 王良顺：《交通事故责任与交通肇事罪的认定》，载《甘肃政法学院学报》2009年第6期，第80—86页。

故中所起的作用，分清主次，查明责任的大小，才能正确地定罪量刑"①。由此可见，司法解释在交通肇事罪的构成要件中增设"事故责任"要素的做法实际上提高了交通肇事罪的入罪门槛，而现代刑法之所以规定罪刑法定原则，正是为了防止国家滥用刑罚权，侵犯公民的自由。因此，司法实践将交通事故认定书引入交通肇事罪的认定之中的这种做法本身并没有违反罪刑法定原则。以实然层面司法实践中的错误做法来否定应然层面上将交通事故认定书引入交通肇事罪之中的这种理由，并不具有很大的说服力。第二，在交通肇事罪案件的审理过程中，交通事故认定书是以证据的形式进入诉讼环节的，在诉讼环节中，法官有责任对控辩双方提交的证据内容进行实质审查，只有法官切实履行了对证据的审查职责，案件的判决结果才不会产生偏差。

2. 导致很多不符合刑事标准的案件事实被广泛地运用于交通肇事罪的认定

诚然，行政义务与刑事义务、民事归责与刑事归责之间并不是非此即彼的对立关系，它们之间往往存在大量的交叉领域，因此确实有很多交通事故认定书认定的案件事实可以被直接作为交通肇事罪的定案事实来加以使用，但是，通过对交通事故认定书的制作依据进行分类，不难发现，还有两类交通事故认定书中认定的案件事实并不一定符合刑事案件的证明标准，需要进一步的甄别和审查。

（1）制定依据不符合刑事证明标准的交通事故认定书

制定依据不符合刑事证明标准的交通事故认定书的行为可以分为两类：一类是只违反了行政义务，而没有违反刑事义务的行为；另一类是虽然违反了刑事义务，但不具备非难可能性的行为。前者多是指一些单纯的秩序违反行为，而后者则多存在于一些具有责任阻却事由的案件之中，如果案件当事人无论采取何种行为都不能阻止交通事故发生的话，那么即使交通事故认定书认定其需要承担事故责任，其行为也当然不构成交通肇事罪，因此其交通事故认定书中认定的案件事实自然也就不可以作为交通肇事罪的定案事实了。

（2）需要结合其他事实进行再次审查的交通事故认定书

由于交通事故认定书中认定的事实和事故责任中存在一些过错推定的部

---

① 高铭暄等主编：《刑法学》（第九版），北京大学出版社2019年版，第302页。

分，而推定责任在刑事责任的认定中是被严格禁止的，因此，如果交通事故认定书中包含了推定责任的内容，则其是否可以作为交通肇事罪的定案事实就需要结合其他事实来进行进一步的考察。

3.在一定程度上影响了法院的独立审判

如前所述，交通事故认定书是一种特殊的证据，人民法院往往是通过证据采信制度来对其进行审查的。那么，既然并非所有的交通事故认定书都可以作为交通肇事罪定罪量刑的依据来被使用，司法机关在审理相关案件时，就理应通过证据采信制度排除掉这部分不符合标准的证据，这是人民法院实现审判独立的基本要求。但是，目前的状况却是，法官在对交通事故认定书进行审查的时候，即便认为交通事故认定书并不适合作为定案根据，往往也很难将其从审判环节中排除出去、不予适用。一些学者指出，在目前的交通肇事罪的定罪过程中，交通事故认定书虽然固守着证据的名义，但实际上却发挥着"影子判决书"的作用，[①]从某种角度讲，交通事故责任的认定一旦作出，罪与非罪即成定论，司法判决只是其在诉讼程序上的延续，不再具有实质意义。[②]而这显然与人民法院独立审判的精神相违背。

二、以交通事故认定书为核心的定罪模式的司法偏差

（一）"以刑代行"：部分交通违章行为被不当入罪

1.将交通事故认定书中不具有法益侵犯性的交通违章行为错误地评价为交通肇事罪的实行行为

我国刑法是通过禁止行为人实施实行行为来禁止犯罪的[③]，从我国刑法分

---

① 倪培根：《论交通事故认定书在民事诉讼中的审查规则》，载《河南财经政法大学学报》2016年第4期，第74—79页。

② 何悦：《交通肇事刑事责任认定的法律完善》，载《山东警察学院学报》2017年第2期，第43—49页。

③ 曲新久：《刑法学》，中国政法大学出版社2009年版，第86页。

则中各个罪名的设置与构造上来看，每个罪名中都存在独立的实行行为。然而，由于"以处罚故意犯罪为原则，以过失犯罪为例外"是我国刑法规定的一大特点，因此，长期以来围绕着实行行为的讨论在我国刑法学界内部多是以故意犯罪为基底而展开的。在这一特定的学术背景下，我国的主流观点认为，"实行行为，就是实施符合刑法分则所规定的某种具体犯罪构成要件的行为"。[①]应当说，这一定义对于故意犯罪来说是具有合理性的。在故意犯罪中，刑法分则条文对实行行为采用的是实质的定义方法。"刑法分则条文所规定的故意犯罪的实行行为，就是刑法所禁止实施的危害社会的行为。"[②]但是，交通肇事罪属于过失犯罪。过失犯罪的规范构造与故意犯罪并不尽相同。"就过失犯罪而言，其客观方面的危害行为，不是采用直接定义的方法，而是以'违反日常生活中的注意义务的行为'或者'违反规章制度的行为'来加以说明的。"[③]如果认为过失犯罪的实行行为就是刑法分则规定的行为的话，那么，交通肇事罪的实行行为就只能被界定为"违反道路交通管理法规"的行为了。这一结论显然失之偏颇。单纯的违反法律规范，是所有违法行为的共同特征，其并没有揭示出交通违章行为与交通犯罪行为的实质差异。如果仍然要以是否违反法规范来作为过失犯罪的实行行为是否成立的界分标准的话，那么在过失犯罪的认定中，实行行为的内涵实际上已经泛化为普通的违法行为，这就意味着过失犯罪是否成立将完全取决于法益侵害结果是否出现，而如果将这种思维贯彻下去的话，过失犯罪的刑事责任就将最终演变为一种结果责任，而追究结果责任则是现代刑法绝对禁止的行为。

　　案例一：被告人王某某于2014年6月6日7时许，驾驶大型专业校车沿省道由西向东行驶，与同向行驶的王某军驾驶的两轮摩托车发生擦碰，导致王某军驾驶的摩托车驶出路面摔进水沟，当事人王某军当场死亡，同车乘坐人李某经送当地医院抢救无效后亦于当日死亡。当地县公安局交警大队作出的

---

① 陈兴良：《本体刑法学》，商务印书馆2001年版，第245页。
② 黎宏：《刑法总论问题思考》（第二版），中国人民大学出版社2016年版，第254页。
③ 黎宏：《刑法总论问题思考》（第二版），中国人民大学出版社2016年版，第255页。

交通事故认定书中载明，王某某违反规定，驾驶机动车上道路行驶未携带驾驶证、停车妨碍通行、事故发生后离开现场，负事故的主要责任；王某军违反规定，无证驾驶机动车饮酒后超速行驶，负事故的次要责任；李某无责任。据此，法院经审理后认为：被告人王某某驾驶机动车上道路行驶，违反交通法规，发生交通事故，致两人死亡，且负事故的主要责任，属于情节恶劣，其行为已经构成交通肇事罪。[①]

在这个案例中，被告人王某某所实施的交通违章行为是未携带驾驶证、停车妨碍通行、事故发生后离开现场的行为。本案的争议焦点在于，被告人王某某所实施的未携带驾驶证、事后停车并离开现场的行为能够被评价为交通肇事罪的实行行为吗？刑法学界目前的主流观点认为，若要论证一个行为是否属于犯罪的实行行为，应当首先分析该行为是否制造或增加了不被允许的法益风险。只有当行为可以被评价为制造或增加了不被允许的法益风险时，该行为在规范意义上才能够被评价为犯罪的实行行为。在本案例中，虽然被告人王某某客观上确实存在未携带驾驶证、停车妨碍通行、事故后离开现场的违章行为，但是并没有直接证据可以证明其违章行为确实制造或增加被害人王某军、乘客李某的死亡风险。一方面，"前置的行政法规中的义务性规定并不必然构成刑法中的注意义务的来源"[②]，相关行政法规之所以对驾驶人员课以随身携带有关证件的义务，其规范目的在于方便行政管理和减少行政成本，而并不在于从实质上审查驾驶人员是否具备合格的驾驶能力。即使驾驶人员没有随身携带相关证件，也并不能证明其不具备合格的驾驶能力，更不能证明在案发当时驾驶人员实施了具有导致交通事故风险的驾驶行为。因此，当地法院将"未携带驾驶证"的违章行为当作交通肇事罪的实行行为，其背后的逻辑并不能成立。另一方面，"行为在先，结果在后"是刑事归责的基本原则之一。在本案中，虽然被告人王某某在事故发生后实施了"停车、离开现场"的违章行为，但现有的证据可以证明，在事故发生时被害人王某军、乘

---

① 陕西省宝鸡市扶风县人民法院（2015）扶刑初字第34号刑事判决书。

② 陈璇：《注意义务的规范本质与判断标准》，载《法学研究》2019年第1期，第136—154页。

客李某就已经死亡。因此，该事后实施的违章行为显然并不可能为已经发生的法益侵害结果制造或增加不被允许的法益风险，故而将其认定为交通肇事罪的实行行为的理由也并不成立。

2. 将交通事故认定书中认定的笼统因果关系混同于刑法中的客观因果关系

刑法中的因果关系，是一种客观的因果关系。所谓客观，就是指原因（行为）与结果之间的引起与被引起的关系必须是客观存在的。[①] 这就意味着，如果仅有证据能够证明行为人确实实施了具有法益侵害性的行为，而法益侵害结果也的确发生了的话，还尚不足以认定行为人的行为已经构成了刑事不法行为。要想认定其行为属于刑事不法行为，还必须对行为与结果之间是否存在客观的因果关系进行独立的论证。而交管部门在制作交通事故认定书时，一方面，由于其只需要厘清事故各方当事人究竟需要为这起交通事故承担"主要责任""同等责任"还是"次要责任"即可，故而在制作交通事故认定书时其关注的重点主要在于整体事故责任的分配是否合理上，而某个单独的违章行为对交通事故的产生究竟贡献了多大的原因力并不是其需要着重关注的内容；另一方面，交通事故的复杂性和难复原性决定了想要单独对某一个违章行为在交通事故中的作用进行评价是一件很耗费时间与精力的事情，而交通事故认定作为公安机关交通管理部门的行政职责之一，高效性是其在履行职责时必须遵循的原则，而这又要求其必须在尽可能短的时间内得出结论，这种矛盾也决定了有关部门往往并不会刻意地对交通事故中的某一个违章行为所起的作用进行单独评价，而只会从宏观层面上根据事故各方存在的违章行为的数量以及事故现场的具体情况来分配事故责任。由此可见，交通事故认定书中认定的违章行为与事故结果之间的因果关系，实际上是一种非常笼统的因果关系。因此，用交通事故认定书中记载的事故责任来证明某一个单独的交通违章行为创设的法益风险已经实现的理由并不充分。

案例二：被告人王某1于2011年2月13日23时许驾驶重型半挂式牵引车由西向东方向行驶，其车后有被害人王某2驾驶小型汽车同方向行驶，小型汽

---

① 高铭暄等主编：《刑法学》（第九版），北京大学出版社2019年版，第129—130页。

车内有乘客陶某、韩某二人。由于被告人王某1所驾驶的重型半挂式牵引车汽车配件不合格且严重超载，被害人王某2驾驶小型汽车时严重醉酒，且据查证被害人王某2在事故发生前存在超速行驶、未与前车保持足够车距等违规情况，致使两车相撞。事故造成被害人王某2与车内两名乘客陶某、韩某当场死亡。经当地县公安局交警大队责任认定，被告人王某1驾驶不符合相关标准的汽车上路，且严重超载，进而发生严重交通事故，负事故同等责任。法院审理认为：被告人王某1的行为造成了三人死亡的严重后果，且经事故认定书认定其应当承担事故同等责任，故而其行为已构成交通肇事罪。①

在这个案例中，被告人王某1所实施的"驾驶不符合质量标准且严重超载的汽车上路行驶"的交通违章行为显然已经实际制造或增加了不被允许的法益风险，因此将此行为定性为交通肇事罪的实行行为应无异议。但值得追问的是，被告人王某1所实施的交通肇事罪的实行行为与交通事故的发生之间存在客观上的因果关系吗？被告人王某1创设的法益风险大致上只集中在两个方面：其一，车辆质量严重不合格创设的法益风险在于可能导致司机在正常的行车过程中因车况不良而无法安全地驾驶车辆，从而引发交通事故；其二，严重超载创设的法益风险在于超载行为影响了车辆的制动性能，可能导致司机在实施刹车、转向等具体操作时无法达到预期的效果，从而引发交通事故。然而，从上述案情中可以获知，被告人王某1驾驶的车辆直至交通事故发生时，都并没有出现车况问题，事故结果的发生很大程度上应当归咎于被害人王某2超速驾驶，且未与被告人的车辆保持安全车距的违章行为。由此可见，被告人王某1实施的"驾驶不符合质量标准且严重超载的汽车上路行驶"所创设或增加的不被允许的法益风险并没有被实现。因此，其实施的违章行为与事故结果之间并不存在刑法上的客观因果关系。从规范意义上来看，被告人王某1的行为最多只能被评价为构成交通肇事罪的未遂而已，但是由于我国刑法中所规定的过失犯罪都是结果犯，其并不对过失犯罪的未遂进行处罚，因而可以认定被告人王某1的行为并没有构成交通肇事罪，其行为最终只能被定

---

① 北京市密云县人民法院（2011）密刑初字第280号判决书。

性为单纯的行政违章。

3. 将交通事故认定书中认定的自然因果关系混同于刑法中的规范因果关系

自然因果关系，简单来说就是"若无前者，则后者不会发生"的条件关系。如前所述，交通事故认定书并不直接确定事故当事人的法律责任，而只是查清导致交通事故发生的实际原因。由此可见，交管部门制作交通事故认定书的过程，实际上正是查清交通事故中所包含的自然因果关系的过程。而刑法中所采用的因果关系并不是自然因果关系，而是一种规范因果关系。关于二者的区别，劳东燕教授曾经明确指出，"（自然因果关系说）完全误解了刑法中因果关系问题的本质：后者不是为了要弄清行为与结果之间的自然科学意义上的因果关联性，而是要解决结果由谁来负责的问题"①。罗克辛教授指出，"一个行为是否是受到刑法禁止的法益侵害，这是一个问题；而违反禁止规范是否需要动用国家刑罚权来进行处罚，则是另一个问题。如果将'不法'与'责任'放在一起讨论，则会混淆二者事实上的区别"。②事实上，目前这种以交通事故认定书为核心的定罪模式正是由于并未区分自然因果关系和规范因果关系，从而导致了"不法"与"责任"的混同，进而产生了很多不恰当的结论。从规范层面上来看，刑事责任实质上乃是一种国家对行为人实施的不法事实所进行的法的谴责（非难），③是共同体对实施犯罪的个人发出的谴责性宣告④。换言之，只有当行为人对不法事实"能够避免而不避免"时，行为人的行为才是值得动用刑罚进行谴责（非难）的。在交通肇事罪的司法认定中，司法机关直接套用交通事故认定书中的认定结论，将自然因果关系混同于刑法上的规范因果关系，遗漏了对行为人行为结果回避可能性的规范审查。

案例三：被告人张某超于2006年9月5日凌晨4时许，驾驶中型厢式货车

---

① 劳东燕：《风险社会中的刑法》，北京大学出版社2015年版，第105页。

② ［德］克劳斯·罗克辛著：《刑事政策与刑法体系》（第二版），蔡桂生译，中国人民大学出版社2011年版，第91页。

③ 张明楷：《责任论的基本问题》，载《比较法研究》2018年第3期，第1—19页。

④ 劳东燕：《责任主义与过失犯中的预见可能性》，载《比较法研究》2018年第3期，第46—64页。

由南向北行驶。行驶至十字路口处时，与由西向东行驶的摩托车发生擦剐事故。事故造成摩托车向右侧倒地，摩托车驾驶员汤某、乘客陈某死亡。事故发生后，被告人张某超弃车逃逸。经当地交警大队认定，被告人张某超在十字路口行驶时路过减速带时未减速，属于超速驾驶，是发生此次事件的主要原因，且存在事后逃逸的情节，应承担事故主要责任；被害人汤某驾驶摩托车闯红灯，应承担事故次要责任；乘客陈某无责任。法院认定，被告人张某超违反交通管理法规，超速驾驶，造成一人死亡，一人受伤的严重后果，且被认定应承担事故主要责任，其行为已构成交通肇事罪。①

本案的争议焦点在于被告人张某超是否应当为其超速驾驶的行为承担交通肇事罪的刑事责任。从客观层面上来看，本案被告人张某超的行为确实满足了交通肇事罪的构成要件。但是，被告人张某超的行为真的具有结果回避可能性吗？关于这一问题，当地法院作出的判决书中缺乏具体的论证。在被告人超速驾驶引发交通事故的场合，仅仅论证超速行为与案件结果之间存在事实因果关系的话，其说服力并不充分。

（二）"以行代刑"：部分交通犯罪行为被不当出罪

诚然，交通肇事罪属于法定犯中的一种，在判断其是否成立时必须考虑前置交通管理法规的相关规定。但是，罪刑法定原则是我国刑法领域的帝王原则，根据这一原则的要求，在我国大陆地区，规定犯罪及其刑罚的只能是刑法，而不能是其他的法律或行政法规。因此，在法定犯的认定流程之中，前置的行政法规往往只是入罪门槛，而并不介入具体的犯罪认定流程之中。因此，一旦交通事故认定书中确定了事故当事人存在交通违章行为，那么判断其是否构成交通肇事罪的工作就应当留给司法机关来独立完成，如果仅以"违章行为被交通事故认定书认定为只需要承担事故次要责任"为依据来否定其行为构成交通肇事罪的话，则是以行政判断取代了刑事判断，其结论的说服力和说明力都是不够的。

---

① 陕西省汉中市中级人民法院（2009）汉中刑终字第33号刑事判决书。

案例四：被告人陈某某于2000年4月30日傍晚6时许，驾驶超载四人（经查证，该四名乘客因后排无座位而坐在客车前方发动机盖面上）的小型客车行驶于109国道上，同时，另一名被告人张某驾驶重型大货车在左侧路面（被告人陈某某的右侧路面）上与被告人陈某某的小型客车相向而行。当两车即将相遇（经查证，距离约三十米）时，被告人陈某某见货车仍在其左侧行驶且未有避让意向，便加速左转试图回避货车，而此时货车驾驶员张某发现了前方被告人陈某某的客车，为避免发生事故便同时刹车并向其右方回车。两车于国道中线处相撞，事故造成小客车上四名乘客死亡（经查证，该四名乘客为坐在前方发动机盖面上的四名超载乘客），十余名乘客重伤。当地交警大队于5月17日作出交通事故认定书，认定被告人张某存在疲劳驾驶的情节，违反了《道路交通管理条例》第26条的相关规定，应当承担事故全部责任；被告人陈某某虽然存在超载的违章行为，但与事故发生并无因果关系，故不承担事故责任。据此，法院认定被告人陈某某的行为不构成交通肇事罪。[①]

本案的争议焦点是被告人陈某某的行为是否构成交通肇事罪。从当地交警大队作出的交通事故认定书中可以看出，被告人张某的疲劳驾驶行为是导致这起交通事故发生的全部原因，而被告人陈某某作为交通事故的另一方当事人，在发现对方违规驾驶且没有避让意图时，及时地驾驶汽车进行了避让。虽然其并没有能够成功阻止交通事故的发生，但这种行为客观上确实也降低了交通事故发生的概率。道路交通安全法中规定的事故责任，其内涵是事故双方引发事故所贡献的原因力，故而，应当认为当地交警大队认定被告人陈某某不承担事故责任的判断是具合理性的。但是，仅以陈某某无须承担道路交通安全法意义上的事故责任来否定被告人陈某某的行为构成交通肇事罪，其说服力和说明力都是明显不足的。

首先，被告人陈某某实施的超载行为属于交通肇事罪的实行行为，其客观上已经制造了不被允许的法益风险。超载行为所制造的法益风险主要体现在：一方面，超载行为影响车辆的制动性能，导致车辆可能在遭遇紧急情况

---

① 福建省漳平市人民法院（2003）漳刑初字第3号刑事判决书。

时无法及时做出反应，从而增加了交通事故发生的概率；另一方面，一旦发生交通事故，超载部分的乘客的生命、财产安全往往缺乏必要的保护，这就提高了这些乘客的生命、财产受损失的概率。其次，被告人陈某某所实施的超载行为制造的不被允许的法益风险已经被实现。虽然交通事故的发生完全是由于另一被告人张某疲劳驾驶的原因所导致的，但是，显然不能将超载部分的事故结果归咎于其疲劳驾驶的行为。法律之所以禁止疲劳驾驶，其规范目的也是规避因疲劳驾驶所可能带来的特定的驾驶风险。这种驾驶风险是行为人在正常状态下驾驶机动车就可以避免的。而超载部分的事故结果显然不是疲劳驾驶所带来的驾驶风险的实现，其只能归咎于被告人陈某某所实施的超载行为。最后，被告人陈某某具有非难可能性。一方面，如果被告人陈某某遵守了行为规范，没有实施超载行为的话，则不会发生四名超载乘客死亡的事故后果，故可以认定其行为具有结果回避可能性；另一方面，被告人陈某某作为一名合格的客运司机，深知超载行为本身潜藏的事故风险，但其仍然为了追求经济利益而实施了超载带客的违章行为，其主观上对于交通事故的发生属于过于自信的过失。

三、以交通事故认定书为核心的定罪模式司法偏差的原因探究

（一）刑法与行政法所采用的因果关系不同

刑法中所采用的因果关系与行政法中所采用的因果关系主要有以下几点不同：首先，刑法所规制的行为必须是严重侵犯刑法法益的行为，这是讨论是否存在刑法中因果关系的前提与基础，亦即如果事实上并不存在刑法意义上的行为，则不需要进一步讨论是否存在因果关系的问题。交通事故认定书中认定的行为人需要承担事故责任的违章行为显然并不全部都是侵犯到刑法法益的行为，对于那些单纯妨碍了行政管理而并不具有法益侵犯性的违章行为，如"未携带驾驶证""未悬挂机动车号牌"等，其当然是具有行政法意义的行为，因此需要承担行政法中的事故责任，但由于其并不具有法益侵犯

性，所以并不能据此认定其属于刑法意义上的行为，更不能据此认定其已经具备了刑法上的因果关系。其次，刑法中的因果关系必须是客观的。公安机关交通管理部门在认定事故责任时，往往会直接在交通事故认定书中罗列事故当事人所实施的各项违章行为，并据此认定其需要承担的事故责任。这说明其并没有就某个特定的违章行为与事故结果之间的因果关系进行独立的考察，因此并不能保证二者之间存在客观的因果关系。这不符合刑法因果关系关于客观性的要求。只有当违章行为与事故结果之间确实属于引起与被引起的客观因果关系的时候，才能真正进入刑法上的因果关系的考察视野之中。最后，刑法中的因果关系应当具有规范性。在某些交通事故中，即使交通事故认定书记载了违章行为与事故结果之间的客观因果关系，但也并不完全符合刑法因果关系的规范性要求。在认定是否存在刑法中的因果关系时，不仅需要考虑是否具有客观上的因果关系，还需要考虑到结果回避可能性等诸多因素的影响，而这些因素在制定交通事故认定书中并不需要考虑。

（二）刑法与行政法所采用的证明标准不同

根据《刑事诉讼法》第55条的规定，刑法所采用的证明标准是排除合理怀疑。[1]排除合理怀疑实际上意味着，必须排除证据"死角"，证据之间应当形成完整的证据链条，将整个案件事实达到一个可以互相印证的程度。从程度上来看，可以说这是一种十分严格的证明标准。而行政认定往往采用的是优势证据证明标准。[2]采用优势证明标准意味着行政机关往往并不需要

---

[1] 《刑事诉讼法》第55条规定了"重证据、重调查研究、不轻信口供原则"，具体条文表述为："对一切案件的判处都要重证据，重调查研究，不轻信口供。只有被告人供述，没有其他证据的，不能认定被告人有罪和处以刑罚；没有被告人供述，证据确实、充分的，可以认定被告人有罪和处以刑罚。证据确实、充分，应当符合以下条件：（一）定罪量刑的事实都有证据证明；（二）据以定案的证据均经法定程序查证属实；（三）综合全案证据，对所认定事实已排除合理怀疑。"学界主流观点据此将刑事诉讼法的证明标准总结为"排除合理怀疑"，具体表述参见陈光中等主编：《刑事诉讼法》（第五版），北京大学出版社2013年版，第189—190页。

[2] 万尚庆：《论交通肇事罪中的责任认定》，载《法学杂志》2014年第10期，第58—64页。

彻底查清案件事实，只需要对现存的证据展开分析即可得出结论。从某种程度上来看，这是一种比较宽松的证明标准。事实上，在优势证据证明标准之下所得到的案件事实完全可能由于存在证据"死角"而并不符合刑事诉讼排除合理怀疑的证明标准，因此采用这种不符合刑事证明标准的案件事实来认定刑事案件可能最终就会导致案件结论产生偏差。目前司法实务中直接以交通事故认定书中的事故责任来认定交通肇事罪的做法，实际上正是将符合"优势证明标准"的案件事实直接适用到需要采用"排除合理怀疑"的证明标准的刑事案件中来，这种案件事实可能并不符合刑事案件的证明标准。

（三）刑法与行政法所采用的归责原则不同

目前刑法理论的主流观点认为，构成犯罪需要行为人主观上具有故意或者过失，不具有故意或者过失的行为不是犯罪行为。[1] 由此可见，过错责任原则是刑法中的唯一归责原则，不具有过错的行为是不可能构成犯罪行为的。然而，从《道路交通安全法》的相关规定来看，过错责任原则并不是其唯一的归责原则。比如，《道路交通安全法》第76条规定，机动车与行人发生交通事故，机动车一方没有过错的，承担不超过10%的赔偿责任。这就是其为了倾斜保护行人而设置的一条无过错归责的条文。再如，《道路交通安全法实施条例》第92条规定，发生交通事故后当事人逃逸的，逃逸的当事人承担全部责任。这个条文背后的归责原则显然是推定责任原则。如此一来就不难发现，根据《道路交通安全法》等相关行政法规制定出来的交通事故认定书中的法律依据，并不完全符合刑法的过错责任归责原则，交通事故认定书中掺杂了大量根据无过错责任原则和推定责任原则而认定出来的案件事实，其中推定责任事实更是交通事故认定书中据以承担全部责任的"重灾区"。由此可见，由于刑法与行政法之间的归责原则存在明显的差异，交通事故认定书中的案件事实不能无条件地被刑事诉讼采纳，必须进行必要的筛

---

[1] 高铭暄等主编：《刑法学》（第九版），北京大学出版社2019年版，第126页。

选和区分。

（四）刑法与行政法之间缺乏必要的衔接机制

目前在我国现行的法律框架内，触犯交通肇事罪的犯罪行为都是违反交通管理法规的违法行为，司法机关在认定交通肇事罪时不可避免地需要运用前置的行政法规，而刑法和行政法毕竟分属于不同的法域，对于案件事实的分析采用的是两套不同的评价体系，因此这就需要及时地为二者提供必要的衔接机制。在国外的刑事立法体例中，行政处罚与刑事处罚的界限往往都是泾渭分明的，因此并不需要考虑刑法与行政法的衔接问题。这主要是因为国外的犯罪概念基本上都是围绕着"犯罪即罪恶""犯罪是反社会行为"这样的定性分析而构建的，其中一般不包括定量因素，[①]如果行为人实施了符合刑法构成要件的行为，那么其行为就会被直接纳入刑法的管辖范围之中，整个过程中并不存在适用行政处罚的裁量空间。但由于我国的刑事立法长期受到来自"惩办与宽大相结合"的刑事政策的影响，因此犯罪概念的内涵与国外并不尽然相同。在我国，犯罪概念实质上是由"定性"和"定量"两个部分共同组成的。对于那些已经符合了刑法的犯罪构成要件，但并不值得动用刑罚来规制的行为，我国通常是运用《治安管理处罚法》等行政管理法规进行管理和处罚的。这种"定性"与"定量"并存的定罪模式使得刑法与行政法在调整范围上出现了大量的竞合，同一个性质的行为可能由于其社会危害程度的不同而分别受到刑法与行政法两种不同法律的规制。但是，从现行的法律规定来看，目前的立法层面上并没有能够为交通违章行为与交通肇事罪的精确区分提供明确的判断标准，因此二者之间的衔接机制实际上并不完善。从总体上来看，目前我国刑法中关于交通肇事罪的认定标准主要还是围绕着事故结果来进行构建的，其对于行为属性的区分则相对粗放。

---

① 刘艳红、周佑勇：《行政刑法的一般理论》，北京大学出版社2008年版，第16页。

四、以交通事故认定书为核心的定罪模式的完善路径

（一）在刑法中增设"交通肇事逃逸罪"

笔者认为，司法机关之所以会采纳行政机关根据推定作出的"事故责任"，主要有以下两个方面的原因：一方面，虽然目前的主流观点普遍认为交通肇事后单纯的逃逸行为也具有一定的法益侵犯性，值得动用刑法予以规制，[①] 但是，目前在我国的刑法条文中并不存在针对事后逃逸而设置的单独的罪刑规定，其只能作为交通肇事罪的加重量刑情节被予以考虑。问题是，一旦交通事故的当事人实施了逃逸行为，其极易对事故现场造成破坏，交管部门难以固定和收集证据，司法机关通常难以根据既有的证据事实判断其究竟是否构成交通肇事罪，如果交通肇事罪的基本事实无法得到证明，那么，即便能够证明事后逃逸的行为确实存在也并不能对行为人判处刑罚处罚。另一方面，已经进入刑事诉讼阶段的交通事故往往都产生了极大的伤亡结果，在面对这种案件时，司法机关作出无罪判决往往需要承受很大的舆论压力与问责风险，因此其往往也更倾向于采取减轻舆论压力与问责风险的做法，即以行为人"事后逃逸需要承担全部责任"为理由来认定行为人的行为构成交通肇事罪。

在刑法中增设"交通肇事逃逸罪"可以很好地解决这个问题。一方面，交通肇事罪主要规制的是事故发生前当事人实施的法益侵犯行为，而事后逃逸则是事故发生后当事人实施的法益侵犯行为，二者所处的行为阶段并不相同。通过增设"交通肇事逃逸罪"，事后逃逸行为得以从交通肇事罪中脱离出来，获得了独立的法律地位，这就从根本上阻绝了行政推定的事后逃逸因素进入交通肇事罪的认定流程中的路径，有利于实现罪刑法定原则对人权的保

[①] 侯国云：《有关交通肇事罪的几个疑难问题》，载《中国法学》2003年第1期，第179—182页。相似观点参见黄春燕：《交通肇事逃逸行为独立入罪问题研究》，载《山东社会科学》2008年第12期，第109—110页。

障价值；另一方面，通过增设"交通肇事逃逸罪"，司法机关在现有证据无法证明行为人的行为导致了交通事故的发生时，可以独立地对行为人的逃逸行为进行评价，有利于发挥刑法对社会的引导作用，实现一般预防的效果。

（二）对交通肇事罪的实行行为进行实质解释

在现行的刑法条文中，交通肇事罪的实行行为被表述为"违反道路交通管理法规"的行为，不得不说，这种表述严重扩大了交通肇事罪实行行为的界定范围，从而不利于精确地区分罪与非罪。目前，刑法学界的主流观点在界定实行行为时采用的标准是倾向于对实行行为进行实质解释的"二分说"。这种观点认为，"原则上行为人实施了构成要件或是紧密接近构成要件的行为时，就是实行行为的着手，但是为了使其范围明确化、具体化，应当适用'法益侵害或构成要件实现的现实的危险性'的实质性标准对其进行限定"。[①]本文认为，在认定交通肇事罪时对实行行为采取这种实质解释的标准可以有效地避免司法偏差。司法实务之所以会在认定交通肇事罪时，"将各个违章行为不加分别地罗列在一起，一概作为过失犯的实行行为来考虑"，[②]正是由于其仅从形式层面对交通肇事罪的实行行为进行了限定，而未考虑到"法益侵害或构成要件实现的现实的危险性"等实质因素所导致的。因此，在认定交通肇事罪时对其实行行为进行实质解释，将交通肇事罪的实行行为限定在那些具有法益侵犯性的行为之中，可以有效地将那些不具有法益侵害性的单纯违章行为排除出刑法的考察范围，从而实现交通肇事罪的精确定罪。

（三）对事故认定书中记载的因果关系进行规范检视

首先，应当检视交通事故认定书中所采用的因果关系是否具有刑法因果关系所要求的"客观性"。刑法中的因果关系应当是一种客观的因果关系。质言之，客观性意味着危害行为与实害结果之间应当存在客观的"引起与被引

---

① 张明楷：《刑法的基本立场》（修订版），商务印书馆2019年版，第310页。
② 黎宏：《过失犯若干问题探究》，载《法学论坛》2010年第3期，第5—14页。

起"的关系。但值得注意的是，由于交通事故认定书在认定因果关系时往往只是粗略地罗列事故当事人的各种违章行为来作为认定事故责任的理由，因此其充其量只能够证明交通事故的损害结果是在事故当事人多个违章行为的共同作用之下所产生的，而无法为某个具体的违章行为与事故结果之间是否存在客观的"引起与被引起"的因果关系提供充分的证明。同时，由于我国的刑法规定并不处罚交通肇事罪的未遂形态，而进入司法机关审查视野的交通事故往往又都伴随着较为严重的生命、财产损失，因此一旦司法机关忽视了对因果关系的"客观性"审查，则很容易将严重的事故结果不当归咎于事故当事人普通的交通违章行为，进而将无罪的普通交通事故升格为交通肇事罪进行处理。

其次，应当站在归责论的视角下对交通事故认定书中所采用的因果关系进行检视，赋予其刑法上的规范意义。从本文第二部分所列举的案例中就可以看出，目前的司法实践中之所以部分交通肇事案件的处理结论无法得到社会公众的认可，很大程度上就是由于司法机关在审理案件时照搬了交通事故认定书中认定的案件事实，并未对交通事故认定书中的因果关系进行规范检视所导致的。司法机关忽略了对因果关系中的规范属性进行审查实际上就意味着其一旦肯定了事故当事人的违章行为与事故结果之间存在"引起与被引起"的客观因果关系，那么当事人就需要因此承担交通肇事罪的刑事责任。但是，结果责任为我国刑法所明确禁止已是不争的事实，这种单纯引发了事故结果的因果关系显然已经并不能够为施加刑罚提供足够的正当性依据，因此仍有必要从刑法条文所特有的规范性的角度对其加以考察。关于这个问题，陈兴良教授就曾明确指出，"目前的司法实践中之所以会出现很多令人'难以接受'的案件结论，原因就在于司法机关在审理案件时往往侧重于考察'行为与结果之间的客观联系'，而忽略了考察行为'是否具有规范上的意义'"[1]"相较于单纯考察因果关系客观性的观点来说，以规范意义上的归责评

---

[1] 陈兴良：《刑法的知识转型（方法论）》（第二版），中国人民大学出版社2017年版，第54页。

价为视角来考察行为与结果之间的因果关系更具有妥当性"。[①]而陈兴良教授的这一观点也得到了国内众多学者的赞同。例如，我国学者冯军教授也曾明确指出，"由于缺乏规范论的视角，至今的中国刑法理论或多或少陷入了自然因果论的泥潭"。[②]蔡仙博士则在此基础上进一步指出，"由于指导实践的刑法理论陷入自然因果论泥潭，随之建立在自然因果论基础上的交通过失的司法认定也呈现出结果责任主义的趋势……有必要在考察因果关系时适当引入规范要素"。[③]笔者认为，上述观点具有合理性，通过对交通事故认定书中所采用的因果关系进行规范审查（如结果回避可能性，法律条文的规范保护目的等）确实可以很好地规避目前这种以交通事故认定书为核心的定罪模式所带来的弊端。

---

① 陈兴良：《刑法的知识转型（方法论）》（第二版），中国人民大学出版社2017年版，第54页。
② 冯军：《刑法问题的规范理解》，北京大学出版社2009年版，第38页。
③ 蔡仙：《反思交通肇事罪认定的结果责任》，载《政治与法律》2016年第11期，第142—154页。

"花生日记"涉传销行为的刑法性质

赵梦园　刘　科*

摘　要： 社交电商作为社会化营销和传统电商融合的产物，在蓬勃发展的同时也蕴含了刑事风险。由于多层级平台模式与三种传销类型在形式上有很高的相似度，近年来分销型社交电商涉嫌传销问题屡屡发生。"花生日记"收取超级会员升级费用不具备层级和复合型传销结构，不构成"收入门费式"传销犯罪；其层级式佣金计提结构具备一定的商业合理性，属于单纯的"团队计酬"式传销活动，也不构成传销犯罪。分销型社交电商本质上属于商业创新，对于其非恶意试水新营销模式的行为，法律应宽容对待。

关键词： 分销型社交电商；入门费；团队计酬；传销犯罪

引　言

【基本案情】

2019年3月14日，广州市工商行政管理局开出一张"天价罚单"，没收违法所得7306万元，罚款150万元，共计约7456万元，处罚的对象是广州花生日记网络科技有限公司。①

2017年7月28日，广州花生日记网络科技有限公司成立并同步上线运营花生日记App平台（以下简称花生平台），公司的经营范围主要是互联网和相

---

* 广州市工商行政管理局行政处罚决定书（穗工商处字［2019］13号）。

关服务。花生日记依据消费者的喜好和推广费用等相关因素，筛选推荐"淘宝联盟"中商家的相关商品信息。同时要求，只有注册成为会员，才能够通过花生平台浏览商品信息、跳转淘宝页面购物。

花生日记采用"平台—分公司—运营商—若干超级会员"的层级式管理结构，以发展会员可以获得一定比例的消费佣金为诱饵，吸引来许多粉丝较多、流量较大的运营公司，并将其设为分公司，主要负责发展和管理运营商。而运营商作为花生平台层级式管理架构中的重要一环，大部分是自然人，主要职责是大量发展超级会员，以此获得其下级会员消费后的佣金。超级会员发展成运营商主要有两种途径：第一种，分公司直接提拔流量巨大的超级会员成为运营商；第二种，依据引流人数、每日登录签到、订单数量、个人信息完善程度、绑定支付途径等条件，花生平台会赋予超级会员不同点数的成长值，超级会员成长值达到5000点就有资格申请成为运营商。某个超级会员升级成为运营商后，就可以脱离原来的上级运营商，原来发展的超级会员也会随之转到其个人名下，成为以新运营商为顶层的下级成员，从而建立一个新的链条。依据这一套层级规则，截至2018年9月25日，花生日记拥有31530个以运营商为顶层、向下不断发展新成员加入的金字塔结构链条，发展会员2153多万人[①]，层级最多的链条高达51级，收取佣金金额达45674万元。

【争议焦点】

第一，会员缴纳99元升级为超级会员的费用是否属于收取"入门费"式传销？

第二，花生日记采用"平台—分公司—运营商—若干超级会员"的层级式管理结构和佣金计提规则，是否属于团队计酬式传销违法行为？

下面本文将展开法理分析。

[①]　其中组织结构达到三级及三级以上层级的会员共有21496085人，占全部会员人数的99.82%。

一、分销型社交电商概述

（一）社交电商的内涵

社交电商（social e-commerce）是基于人际关系网络，借助微博、微信等网络社交平台，传播分享商品信息以引导用户购买商品，从事商品交易或提供服务的经营活动，是电子商务的一种新的衍生模式。[①] 从消费者角度来看，社交电商在其消费前筛选店铺、提供商品信息，消费中促成与卖家的交流互动，消费后收集消费评价与促成下一轮的购物分享。从电商企业的角度来看，社交网络的运用加强了卖家与买家的交流互动，节省了传统昂贵的推广费用，加速商品的销售流动。从社交媒体的角度来看，通过相关商品信息的推广，媒体能获得相应的广告利润。2009年到2011年是社交电商模式在中国的萌芽期，这一阶段典型代表是微商的发展。2012年到2018年，经历了模式探索期，在此期间有赞、福利社、云集、贝店、拼多多、小红书等相继有突破性发展。2019年进入成熟期，云集正式在美国纳斯达克上市，中国社交电商市场规模达947.1亿元。[②]

（二）社交电商的经营模式

按照社交对电商影响的主要环节，可以将社交电商分为拼购型（主要影响分享传播）、内容分享型（主要影响购买决策）、社区团购型（主要影响需求获取）、分销型（主要影响销售模式）四种社交电商模式。

第一种是拼购型社交电商，以拼多多、京东拼购为代表，低价、低成本为其核心价值，以"拼团＋低价＋社交"的组合模式，激发用户分享、自发传

---

① 《社交电商经营规范》征求意见稿第2.1条。

② 亿欧智库：《2019中国社交电商生态解读研究报告》，https://www.fxbaogao.com/view?id=1299444，最后访问时间：2022年10月28日。

播、拼团，从而实现低价购买商品或服务。^①

第二种是内容分享型社交电商，以小红书、淘宝直播为代表，以高质量内容为其核心价值。凭借高质量内容将有着共同兴趣爱好的用户集聚形成社群，然后引导用户进行裂变式传播和交易。以其主题化内容、主播及KOL^②效应，正在改变现有消费者消费行为模式，特别是青年一代的消费观，已成为社交电商领域的新生力量。

第三种是社区团购型社交电商，以邻里说、小区乐为代表，以高质量选品和本地化最后一公里配送为其核心价值，充分发挥本地小区社交关系资源，尤其在新冠疫情期间，成为社交电商的一种新兴模式。

第四种是分销型社交电商，以云集、花生日记为代表，通过销售提成的方式招募平台用户成为分销商或者会员，形成基于熟人关系的线上代理分销模式，而分销商主要利用自身社交网络资源进行分享、传播及销售，其核心价值是红利下沉和分布式的去中心化营销，缺点是易走向传销化。

除了花生日记以违反《禁止传销条例》第7条第2项、第3项为由被开"天价罚单以外，云集也因微店招募店主的过程中存在"收入门费""拉人头""团队计酬"等行为违反了《禁止传销条例》第7条，涉嫌传销被处罚958万元。从实践中来看，行政机关均以当事人存在"收入门费""拉人头""团队计酬"等非法行为，违反《禁止传销条例》第7条为由，给予行政处罚。但从理论上来看，此种分销型社交电商的商业模式能否定性为传销存在很大争议。

（三）分销型社交电商与传销犯罪

分销型社交电商的商业模式和非法传销行为具有很高的相似度，很容易传销化。分销型社交电商采用的是S2b2c^③创新模式，相比较于传统的

---

① 潘建林、汪彬、董晓晨：《基于SICAS消费者行为模型的社交电商模式及比较研究》，载《企业经济》2020年第10期，第41页。
② KOL：Key Opinion Leader，关键意见领袖。
③ S2b2c：S端的平台（Service Platform）、B端的商家（Businesses）以及C端的消费者（Customer）组成的一个新的商业模式。

B2B①和B2C②模式对于三者的割裂化处理，S2b2c最大的创新在于S（平台）和小b（分销商）共同服务c（会员），平台和众多的小b是紧密合作关系而不是传统的商务关系（B2B）或者管理关系（B2C）。

首先，平台通过五个维度对小b进行赋能，共同深化对c的服务，其中小b承担着平台获客与用户运营的重要职责，是否获得代理资格是成为分销商的首要条件，平台为了发展客户会设置不同的会员门槛，普通会员往往需要按照平台要求购买一定价值量的商品或者直接缴纳一定数额的"会员费"才能获得分销商资格，这就可能涉及"收入门费"式传销。

其次，分销型社交电商深受微商影响，多级分销成为多数平台的标配。为了扩大平台规模，经营者制定的运行规则可能允许，甚至鼓励会员发展更多的会员，形成上下级关系。会员的收益除购买商品返利外，还和其所处的层级挂钩，层级越高则利益越多，为了获得更多的利益，相比真实消费，会员会更专注于发展更多的下线。平台的规模越大，涉及的层级就越多，这种情况就可能涉及"拉人头"式传销。

最后，一般的销售计算报酬依据的是销售产品的数量或者总价，分销型社交电商佣金的来源却是销售产品的差价，供应商和消费者之间存在多层级的运营商，上级运营商从供应商手里拿到产品提供给终端消费者的同时，也通过发展下级运营商赚取产品差价，在计酬方式上有"上线以下线的销售业绩为计酬依据"的嫌疑，涉及"团队计酬"式传销。

从上述分析可以看出，分销型社交电商的多层级平台模式与传销的三种行为类型的形式特征有很高的相似度。以花生日记为例，根据行政处罚决定书中办案机关认定"非法所得"的陈述理由，花生日记共有两项违法行为：行为一，花生日记采取"会员制"的经营模式，限定普通会员只能领取优惠券，升级为超级会员才能取得发展其他人并从下一级会员的消费中计提佣金

---

① B2B：Business To Business，是企业与企业之间通过互联网进行产品、服务及信息交换的活动，也是电子商务系统的应用。

② B2C：Business To Customer，是企业直接面向个人销售产品及提供服务的商业模式，如小红书、拼多多、蘑菇街等App。

的资格，而普通会员升级为超级会员必须缴纳99元"会员费"（以下简称收取超级会员升级费用行为）。行为二，花生日记设计层级式佣金计提结构，以多层级的方式发展会员并形成上下线，同时依据下线会员购物取得的佣金进行多层级计提（以下简称层级式佣金计提结构）。上述两项行为是否构成传销犯罪？下文详细论述。

二、收取超级会员升级费用不构成"收入门费"式传销犯罪

（一）收取超级会员升级费用属于传销的行政违法行为

传统的传销活动，是以"商品、服务"为标的开展的。随着网络社交平台的发展，传销犯罪活动类型越来越多变，传销活动不再局限于有形的商品、服务，为了规避监管，表现为一种意定的权利或虚拟标的，如积分、原始股、虚拟币等。①《刑法》第224条之一规定，以缴纳费用或者购买商品、服务"等"方式获得加入资格。《禁止传销条例》第7条第2项规定："交纳费用或者以认购商品等方式变相交纳费用"，其中的"等"在刑法中表示列举未穷尽，给传销活动"名"的泛化提供了规制的空间。②

只有跨过门槛才能获得资格，达到门槛所需要支付的费用就是入门费。③不管以什么名义，如果参与人缴纳费用的目的是获得发展下线的资格，并不在乎商品的实际价值，即使不属于传统的以销售商品、提供服务为名的传销活动，也可以判断为入门费。无论花样如何翻新，其基本的套路，就是要求会员以直接缴纳或变相缴纳（认购一定价格的商品、服务）费用的方式获得"加入资格"，最终的目的还是吸引更多的人加入组织，骗取更多参与者的钱财。④

---

① 邹利伟：《新型网络传销犯罪的司法认定——以检例第41号指导性案例的应用为视角》，载《中国检察官》2021年第14期，第3页。

② 戴长林、周小军：《新刑法条文中"等"字意义辨析》，载《法学》1999年第7期，第43页。

③ 何德辉、王悦：《新型网络传销犯罪的司法认定》，载《中国检察官》2014年第12期，第14页。

④ 雷建斌：《组织、领导传销活动罪的理解与适用》，载《中国工商管理研究》2009年第6期，第11页。

因此，传销活动的"加入资格"和会员制营销中"会员资格"如何区分，是问题的关键。

传销活动是以经营活动为名，通过多层级发展人员，骗取财物，扰乱经济秩序的行为。而会员制营销设置会员资格是为了提高顾客的忠诚度，即企业通过赋予会员额外利益（折扣、礼品、活动），将一群具有共同兴趣或者消费经历的人组织起来，使他们加强与企业的沟通和与其他消费者的交流，久而久之，发展成忠诚客户。[1]一定数额的会费仅仅起到固定客户，提高顾客的忠诚度，创建长期稳定的市场，使企业利润长期发展的作用。会员制营销不仅不会扰乱市场秩序，而且维护了市场秩序。传销的资格和会员制营销的资格存在以下区别：

第一，两者都是以金钱换取资格，但是资格本身的内容不同。传销活动的加入资格，指的是发展下线并按照下线数量计酬、返利的"权利"[2]。设置这种资格是为了引诱更多的参与者，使传销组织发展壮大，以牟取非法利益。这种运营方式吸纳大量资金，破坏金融监管秩序，而且其商品多为假冒伪劣商品，存在安全隐患。与传销不同，会员制营销中的会员资格，指的是为了固定顾客，商家赋予成为会员的消费者更多的专属权利，如商品优惠券、打折、积分抵现、贵宾服务等。这些权利是消费者在商品交易过程中才能行使的权利，不仅不会破坏市场秩序，而且使企业与消费者、消费者与消费者之间有了更好的沟通交流机会，促进了商品的销售，推动了市场繁荣，因而是一种良性互动关系。

第二，两者利润来源不同。"收入门费"式传销活动的利润来源于众多会员缴纳的高额入门费用，并不依靠商品交易创造价值。会员制营销仅仅将"会员费"作为提高顾客忠诚度的手段，利润主要来源于真实的商品交易中创造的价值，而不是会员费。

---

[1] 王林、曾宇容：《电子商务时代的客户忠诚管理》，《载科技管理研究》2005年第2期，第108页。

[2] 刘蓝璨、刘卫华：《组织、领导传销活动罪中"传销"的界定——以消费返利型网络传销案件为视角》，载《中国刑事警察》2018第6期，第51页。

2017年7月28日至2018年1月15日，花生平台规定普通会员只能领取优惠券，只有缴纳99元升级为超级会员，才有资格发展他人加入并从下一级会员消费额中提取一定比例的佣金。升级为超级会员后，花生平台会为其分配一个专属邀请码，其可以不受任何限制地用该"专属邀请码"邀请他人注册，他人注册成功就变成了其下级会员。花生平台销售中，虽然存在真实的商品交易，但与会员制营销有着本质的不同：首先，缴纳99元升级费用，获得的是发展下级会员的资格。其次，成为超级会员后获得的并不是专属消费优惠，而是从下一级会员消费中提取佣金的权利。这种计酬模式涉及团队计酬，下文进行展开论述。最后，虽然从2018年1月16日起修改规则删除了99元升级费用的要求，但截止到2018年1月15日，当事人发展超级会员7247人，收取费用共计717453元，创造了数额较大的盈利。花生日记中超级会员获得的资格，是传销中发展下级的资格，因而属于传销的行政违法行为。

（二）收取超级会员升级费用尚不具备传销犯罪的构成要件

收取超级会员升级费用的行为虽然属于传销的行政违法行为，但是尚不具备传销犯罪的构成要件。这涉及"收入门费"式传销犯罪与行政违法的界限问题，需要先行讨论。本文认为，"收入门费"式传销犯罪与行政违法的界限问题，需要从以下角度入手：

第一，是否必须具备层级结构。《禁止传销条例》第2条对传销行为进行界定，[①]并没有强调传销活动的层级关系，没有强调形成"上下线"组织构造，第7条列举了三种传销行为类型，其中对"收入门费"式传销违法行为的描述，[②]并没有体现出上下线结构关系，只有另外两种类型的传销，即"拉人头"式传销（被发展人员发展其他人员）和团队计酬式传销（上下线）

---

① 本条例所称传销，是指组织者或者经营者发展人员，通过对被发展人员以其直接或者间接发展的人员数量或者销售业绩为依据计算和给付报酬，或者要求被发展人员以交纳一定费用为条件取得加入资格等方式牟取非法利益，扰乱经济秩序，影响社会稳定的行为。

② 组织者或者经营者通过发展人员，要求被发展人员交纳费用或者以认购商品等方式变相交纳费用，取得加入或者发展其他人员加入的资格，牟取非法利益。

体现出了金字塔式的层级关系。因此，仅从《禁止传销条例》列举的行为方式来看，收入门费式传销违法行为并不一定必须具备层级结构。但是，"按照《刑法》第224条之一的规定，所有的传销犯罪必须具备金字塔式层级结构"①。

第二，传销犯罪是复合型传销。在《禁止传销条例》中，第7条列举的三种传销类型是独立类型，可以独立存在。对于组织、领导传销活动罪中的传销类型，理论上主要有三种观点。第一种观点认为，《刑法修正案（七）》将三种行政违法行为都包括其中，即"拉人头""收入门费""团队计酬"三种形式的传销活动。第二种观点认为，传销犯罪仅包括诈骗型传销，即只有"拉人头"和"收入门费"两种类型，不包括"团队计酬"式传销。②第三种观点认为，《刑法》第224条之一将"拉人头"式传销和"收入门费"式传销组合，将二者合二为一。③笔者同意第三种观点，传销犯罪是一种复合型传销活动，既要拉人头又要收入门费。《刑法》第224条之一，用一个"并"字，将"拉人头"式传销和"收入门费"式传销综合在一起，因而只有拉人头并收入门费的传销活动才属于组织、领导传销活动罪的客观行为。

因此，要构成传销犯罪，不仅要有层级结构，而且要符合"收入门费+拉人头"复合型传销特征。花生平台收取99元超级会员升级费用的行为，没有体现出上下线的层级结构，不具备以发展人员为计酬依据的特征，不符合组织、领导传销活动罪的客观要件，仅仅是行政违法，是"收入门费"式传销违法行为。广州市工商行政管理局认为，花生平台收取99元超级会员升级费用的行为符合《禁止传销条例》第7条第2项，并没收2017年7月28日至2018年1月15日收取7247人次共计717453元的违法所得，其处罚符合法律规定。

---

① 袁彬：《我国治理传销犯罪的基本逻辑及其展开》，载《经贸法律评论》2020年第3期，第132页。
② 陈兴良：《组织、领导传销活动罪：性质与界限》，载《政法论坛》2016年第34卷第2期，第114页。
③ 袁彬：《我国治理传销犯罪的基本逻辑及其展开》，载《经贸法律评论》2020年第3期，第132页。

三、层级式佣金计提结构属于单纯的"团队计酬"式传销，不构成传销犯罪

（一）单纯的"团队计酬"式传销的法律性质

根据《禁止传销条例》第7条第3项的规定，单纯的"团队计酬"式传销活动是："组织者或者领导者通过发展人员，要求被发展人员发展其他人员加入，形成上下线关系，并以下线的销售业绩为依据计算和给付上线报酬，牟取非法利益"。可见，认定"团队计酬"式传销活动的认定，需要满足以下三个特征：上下线层级关系、上线以下线的销售业绩为依据计算和给付上线报酬、牟取非法利益。

单纯的"团队计酬"式传销作为经营型传销，本质上是一种营销利润分配方式，其法律性质与《刑法修正案（七）》生效后《关于情节严重的传销或者变相传销行为如何定性问题的批复》[①]是否有效这一问题息息相关。对此，存在"单轨制说"和"双轨制说"两种不同观点："单轨制说"认为，应该用组织、领导传销活动罪代替非法经营罪，即单纯的"团队计酬"式传销不构成犯罪；[②]"双轨制说"认为，虽然《刑法修正案（七）》增加了组织、领导传销活动罪这一新罪名，但是并没有明确规定不符合该罪构成要件的传销活动是否以非法经营罪予以规制。因此，如果一项单纯的"团队计酬"式传销活动，虽然不符合组织、领导传销活动罪的构成要件，但是符合非法经营罪的构成要件，为了严密法网，此时可以以非法经营罪定罪量刑。[③]

2013年11月14日，最高人民法院、最高人民检察院、公安部颁布的《关于办理组织领导传销活动刑事案件适用法律若干问题的意见》（以下简称《传销案件意见》）第5条规定，以销售商品为目的、以销售业绩为计酬依据的单

---

① 根据该批复，传销或者变相传销以非法经营罪定罪处罚。
② 王小青：《组织、领导传销活动罪解析》，载《中国检察官》2009年第5期，第8页。
③ 张明楷：《传销犯罪的基本问题》，载《政治与法律》2009年第9期，第29页。

纯的"团队计酬"式传销活动，不作为犯罪处理。形式上采取"团队计酬"方式，但实质上属于"以发展人员的数量作为计酬或者返利依据"的传销活动，应当依照《刑法》第224条之一的规定，以组织、领导传销活动罪定罪处罚。根据《传销案件意见》，似乎将"团队计酬"式传销分为"单纯的团队计酬式传销活动"和"非单纯的团队计酬式传销活动"（形式上采取团队计酬方式但实质上属于以发展人员的数量作为计酬或者返利依据的传销活动）两种，前者不作为犯罪处理，后者以组织、领导传销活动罪定罪处罚。"不作为犯罪处理"，指的是既不能以组织、领导传销活动罪论处，又不能以其他罪（尤其是非法经营罪）论处。

笔者认为，根据《传销案件意见》，形式上的团队计酬（非单纯的团队计酬）是指销售团队原本设定以销售业绩为基础计算并支付报酬，但是由于奖金计酬模式自身的缺陷、销售团队的操作失误或者经营过程中出现难以控制的例外情况等，导致销售团队的计酬模式向"以发展人员数量作为主要的计酬或者返利依据"变形。在这种模式中，虽然其奖金来源主要还是销售商品或服务，但是人际提成奖金比例过高。根据经济学理论，当销售商品所得预期奖金比例小于推荐新人所得时，销售员作为一个理性人，为了追求利益的最大化，就会把自己有限的精力更多地分给"推荐新人"而忽略商品的销售，因此商业模式呈现出诈骗性。因此，《传销案件意见》中的"非单纯的团队计酬式传销"并不是真正（或单纯的）"团队计酬"式传销，而是"诈骗型传销"。

单纯的"团队计酬"式传销只是违反《禁止传销条例》的行政违法行为，既不构成组织领导传销活动罪，也不构成非法经营罪。单纯的"团队计酬"式传销有两大特征，即"以销售商品为目的"和"以销售业绩为计酬依据"，两者之间是"并"的关系。其中，主观面"以销售商品为目的"是出罪的关键，客观面"以销售业绩为计酬依据"仅仅是判断主观面的依据。①

---

① 印波：《传销犯罪的司法限缩与立法完善》，载《中国法学》2020年第5期，第249页。

（二）层级式佣金计提结构属于"以销售商品为目的"

单纯的"团队计酬"式传销通常以销售产品为导向，非常重视产品、服务的质量和企业的口碑，将产品推销给消费者是其最终目的，本质上只是一种营销利润分配方式。①判断主观面，即是否以销售商品为目的，应以《刑法修正案（七）》和《传销案件意见》为法律依据，结合以市场营销学为导向的商业模式综合判断：第一，是否存在商品、服务。商品、服务必须是真实存在的。有的企业根本不存在实体意义上的商品，其推销的只是一种概念，如虚拟货币。这种情况应认定为不存在商品或服务。第二，是否仅仅是"道具商品"。有的传销活动虽然有商品进行销售，但商品没有实际价值或者实际价值可以忽略不计。第三，商品定价是否合理。有的传销活动销售的商品价高质劣，违背市场经济规律，远高于市场上同类同质产品的定价，消费者高价购买根本不可能为了商品本身，而是为了获得入门资格。第四，商品是否流通。有些传销活动需要新加入的销售员购买商品，但是这一商品根本不在市场上流通，仅仅作为宣传品拉底层新的销售员"入门"，最终的结果就是，所有产品都砸在销售员手里，没有产生任何经济价值。第五，是否有完善的退换货保障机制。商品一旦销售就不能退换或者想方设法给退货的消费者设置障碍的，都不是以销售商品为目的。

花生日记作为S（平台）和小b（运营商）共同服务c（会员），商品交易由淘宝联盟中相关商家提供，有真实的商品交易和完善的售后服务，有利于促进商品流通和创造经济价值，因而是以销售商品为目的的。

（三）层级式佣金计提结构属于"以下线销售业绩为计酬依据"

花生日记设定了"平台—分公司—运营商—若干超级会员"的层级式管理结构，并且以运营商为金字塔结构的顶层，向下不断发展超级会员。截至

---

① 职国盛、洪磊：《组织、领导传销活动犯罪的法律问题研究和打防对策》，载《犯罪研究》2015第5期，第68页。

2018年9月，花生平台形成了3万多个上述金字塔结构，其中组织结构达到三级及三级以上层级的会员约有214.96万人，三级结构完全符合刑法规定的层级关系特征。

花生日记"以销售商品为目的"的认定没有争议，问题是是否"以销售业绩为依据"？本文持肯定态度，理由是：首先，不能认为"团队计酬"式传销不可涉及任何人数因素。在生产模式中，产品销售和员工数量都在增长的情况下，究竟以何种比例呈现才是正常状态，在立法上尚不明确。公司的发展，取决于其产品的品质和其市场潜力，而正常运营则是以产品品质发展为重点。在有真实商品销售的过程中，人数的增长是常态，不能认为只要发展等级代理商，就属于以人数为计酬依据的"拉人头"式传销。其次，不能只要出现"入会费""保证金"，就认定为"非单纯的团队计酬式传销"。"团队计酬"式传销牟取非法利益的本质是上下线之间的层级关系，从下线的销售业绩中牟利，从而不断将资金压力转嫁到最底层的消费者身上。对于销售团队来说，要求消费者入会时缴纳小金额的会员费或购买少量符合市场价的商品，有助于提升客户的重复购买率，促进消费者后续消费，创造一个长期稳定的良性市场。

超级会员通过花生平台购买商品完成交易后，商家会返一定比例的佣金，这些佣金由淘宝（中国）软件有限公司（以下简称淘宝中国）先扣除10%到12%的服务费，剩余佣金按月结算转至运营商账户。将剩余佣金视为100%，运营商自己计提22%后充值到花生平台，花生平台将50%分配给消费的超级会员，将10%分配给该超级会员的上一级超级会员，最后留18%为收益。即运营商可以从自己下级会员的消费中获得收益，超级会员可以从下一级会员的消费中获得收益。总之，佣金来源于商家的"销售业绩"。从形式上来看，花生平台的层级佣金计提结构符合"以销售商品为目的""以销售业绩为依据"单纯的"团队计酬"式传销的形式特征，属于单纯的"团队计酬"式传销活动。

四、余论

"我们生活在一个打破时空界限的年代"①，在互联网、大数据、云计算等新一代技术迅速发展的时代背景下，高效的信息沟通赋予了时间和空间全新的意义。社交电商作为社会营销与传统电商融合的产物，凭借其与生俱来的优势，打破时间与空间的障碍，使"同在一个地球村"的梦想近在咫尺。正因如此，对于社交电商非恶意试水新营销模式的行为，法律应宽容对待。在行政监管能够发挥屏障作用的情况下，应弱化刑法的作用，为社交电商的发展留出更多的空间。②

在认定分销型社交电商是否构成刑事犯罪时，应当谨慎对待。对于相关违法行为的规制措施，应当充分发挥行政法规等前置法的作用，引导商家有序依规经营。刑法不能逾越前置法的相关规定随意将一般违法行为犯罪化，而应当坚守保障法的定位，严格依照刑法的规定认定犯罪。

---

① ［德］埃里克·希尔根多夫：《德国刑法学：从传统到现代》，江溯，黄笑岩等译，北京大学出版社2015年版，第513页。

② 张勇、郑天城：《社交电商涉罪行为的刑法规制——以"花生日记"传销案为例》，载《时代法学》2021年第4期，第14页。

域外判例评析

美国屠宰场案、芒恩案、费率案在财产法价值基础变迁中的意义

王宇松　　肖雨佳*

摘　要：美国路易斯安那州屠宰场案、伊利诺伊州芒恩案以及明尼苏达州的费率案等案件，在财产权价值基础由使用价值向交换价值转变中产生了至关重要的作用，是经济法形成过程中的里程碑式事件，对其重新审视、反思，对我国经济基础理论发展具有重要的借鉴意义。目前我国正进入社会主义市场经济的新发展时期，但因经济法基础理论研究存在一些先天不足，导致经济法部门在制度构建上仍存在诸多问题，制约着我国经济的高质量发展。通过重新学习思考这些案件，理解将交换价值作为资本类财产权的价值基础在经济法基本理论中的重要性，以提升我国经济法基础理论研究水平，完善我国经济法制度体系，促进我国经济的高质量发展。

关键词：财产；使用价值；交换价值；经济法

一、研究意义

从经济法的形成与发展历程来看，建立在交换价值基础上的资本类财产

* 王宇松，安徽师范大学法学院副教授、法学博士，安徽师范大学经济法研究所所长，研究方向为经济法基础理论，资本财产权理论。

肖雨佳，安徽师范学院法学院硕士研究生，研究方向为经济法学。

本文为安徽高校人文社会科学研究项目"徽商精神复兴制度保障研究"（SK2020A0079）和安徽师范大学博士启动基金项目（重点）"资本财产权时代市场主体权利实现机制研究"（2016XJJ102）的阶段性成果。

权理论是其基础理论大厦的根基。从财产法的角度来看，经济法实质上就是一部系统调整资本类财产权整体有效运行的新型财产法，是适应工业革命后高度社会化分工合作的市场经济发展所需要的一部现代法。[①]自改革开放以来，短短几十年的时间内，在中国共产党和中国人民政府的坚强领导下，我国已经初步建立起符合工业革命后高度社会化分工合作的市场经济体系所需要的各种制度体系，经济法制度体系和相应的理论研究也得到了极大发展，有效解放了我国的生产力，让我国一跃成为全球第二大经济体。目前，我国已经开启全面建设社会主义现代化国家的新征程，"十四五"规划提出加快构建以国内大循环为主体、国内国际双循环相互促进的新发展格局，我国社会主义市场经济进入了一个新的发展阶段。然而，目前我国由于经济法基础理论存在的先天不足，导致经济法制度建设不够完善，在实践运行中还存在诸多不足，从而给市场经济运行带来了一些不必要的不确定性和风险，加之百年未有之大变局，社会主义市场经济的高质量发展面临着诸多挑战。加强经济法基础理论研究，特别是资本类财产权得以建立的交换价值理论的研究，不仅可以弥补我国目前主流经济法基础理论研究存在的诸多先天不足，完善全国经济法制度体系，还可以更有效地完善市场秩序，降低市场不必要的不确定性和风险，打造良好的营商环境，助力我国经济高质量发展。

1872年美国屠宰场案、1877年美国芒恩案以及1890年美国圣保罗铁路公司诉明尼苏达州案三个案件，虽然都已过了百年有余，但对这三个案例的研究可以帮助我们重新发现自工业革命以来财产权概念发生的翻天覆地的变化，更深入了解以使用价值为基础的农业经济社会的财产权，是如何一步一步向以交换价值为基础的工业社会财产权过渡，经济法如何逐步产生形成，从而可以更深刻理解经济法为何是一部保障以交换价值为基础的资本类财产整体有效运行的新型财产法，这对我们重新科学理性地审视我国经济法基础理论存在的问题，弥补我国经济法基础理论存在的先天不足，进而完善我国经济

---

① 王宇松：《论重塑经济法权利体系对营商环境改善的影响——以资本财产权为视角》，载《湖北社会科学》2020年第2期，第115页。

法权利体系和制度体系，都具有重要的当代意义。

二、案例简介

（一）美国路易斯安那州屠宰场案①

1.基本事实

1869年，由于缺乏冷冻技术和杀虫技术，为了保障肉类食品的安全、控制黄热病，路易斯安那州议会以改善城市的卫生条件为名，决定立法对新奥尔良市的屠宰行业实施统一管理②。由于资金缺乏，州政府难以建立统一的屠宰场，于是便将两个私人屠宰场收归州政府管理。同时，州立法机关将新奥尔良市经营屠宰业务25年的垄断权授予新月城市活畜屠宰场公司（以下简称新月公司），要求新奥尔良市所有的屠宰场主必须到该指定的屠宰场去开业，禁止散户作业。这项州立法引起了许多个体屠宰场主的不满，这些个体屠宰场主有的原本有自己的屠宰场，有的有合股的屠宰场，现在都由于这项立法被强行安排到统一的地方去开业，不仅十分不便，在统一的屠宰场开业还必须缴纳摊位和场地费用，额外增加了他们的经营成本，造成经济损失。③

屠户们认为《屠宰法》授予新屠宰场这种专营权违反了《美国宪法第十四修正案》，这不仅是一种垄断，而且限制了个体屠宰场主们基本生活和劳动的权利，影响其作为合众国公民的特权，侵犯了他们的财产和经营自由，要求美国最高法院对美国宪法所载的财产与自由作出解释。④美国最高法院对这个问题的意见也存在分歧，但最终以5∶4的微弱多数维持了路易斯安那州

---

① Slaughterhouse Cases, 83 U. S. at 36–130（1873）。
② 李毅：《美国宪法的"维护者"——阿克曼话语中美国联邦最高法院的角色分析》，载《外国法制史研究》2020年第00期，第231—243页。
③ 王希：《原则与妥协：美国宪法的精神与实践》，北京大学出版社2005年版，第253页。
④ 《美国宪法第十四修正案》第1款规定："凡出生或归化于合众国并受合众国管辖之人，皆为合众国及其居住州之公民。无论何州，均不得制定或实施剥夺合众国公民之特权或豁免权之任何法律；无论何州，未经正当法律程序，不得剥夺任何人之生命、自由或财产。"

法院的判决，驳回了复审原告对州法的挑战。

而短短12年后，新奥尔良市政当局就按照该州新宪法的精神，把新月公司的垄断特权给予了另一家公司，侵犯了新月公司的排他性权利，引起该公司不满。这次新月公司从被告变为原告，将克莱圣市公司诉诸法院。[①]

2.辩论过程

关于州立法机关授予新屠宰场垄断权是否是对屠户们的财产和自由的剥夺，美国最高法院内部的法官们进行了激烈的辩论。

代表多数意见的米勒大法官认为，该项州立法并不是对财产和自由的剥夺。《美国宪法第十四修正案》上所载的关于"财产"一词的含义，也应当保持惯法上的意义，即为自己的使用而排他性地占有的有体物。按照这个说法，财产的含义是使用价值而非交换价值。本案中路易斯安那州只剥夺了屠宰商们财产的交换价值，并没有剥夺他们财产的使用价值，因此该项州立法并不是对财产和自由的剥夺。[②]

在少数派看来，一个人拥有的诸如营生机会、劳动机会等，与其拥有的有体物一样，都是财产，政府给予了屠宰场一种垄断的特权，不公正地剥夺了其他屠宰商的财产和自由。斯韦恩大法官更加明确地指出，任何具有交换价值的东西都是财产，财产权包括按照所有者的意志自由处置其财产的权利。劳动具有交换价值，因此也是财产。财产是一个人的工作能力的交换价值，自由则是在劳动市场实现此项交换价值的权利。

12年后，在以新月公司作为原告的案件中，多数派仍然坚持财产和自由是使用价值，但认为上次和这次都是属于正当地运用国家的干预权。少数派的菲尔德法官和布拉德利法官则依旧主张原裁决本身就是对自由和财产的非法剥夺，但他们的观点由于缺乏案例的佐证而无法驳倒多数派的米勒法官。菲尔德法官认为亚当·斯密早已在其著作中对财产下了定义："每个人所有的财产就在于他自己的劳动，因为这是一切其他财产的基础，所以它是最神圣

---

① 屠宰联合公司对克莱圣市公司的诉讼案，案例编号：（111 U.S.）第746条、第751页（1884年）。
② ［美］约翰·R.康芒斯：《资本主义的法律基础》，寿勉成译，商务印刷馆2017年版，第16页。

不可侵犯的。"①布拉德利法官也指出，在工商业的习俗中，一个人的专业权利就是财产。

3.简要评析

围绕财产与自由的含义，美国最高法院的多数派与少数派之间进行了激烈的争辩。多数派的意见认为自由和财产的含义应当参照宪法第十三、第十四两次修正案最众所周知的含义，保持习惯法上的意义，他们仍然停留在自给自足的农业社会下财产概念的内涵和外延中。按照多数派的说法，财产永远只是为自己的使用而排他性地占有的物质的东西。虽然这一定义决定了屠宰场案件的最终结果，但它并不符合工业革命后社会化大生产下的商品经济发展要求。19世纪中叶，欧洲各国建立在交换价值基础上的资本类财产占据社会总财富的比例开始过半，建立在传统农业经济基础上、民法意义上的自用类财产不再是一枝独秀，资本类财产成为最主要的财产内容。②在资本类财产数量不断增加的背景下，财产的传统定义已不再适应社会化大生产下商品经济发展的需要。而少数派在屠宰场案件中已经看到了市场经济下财产价值基础发生的变化，开创性地提出财产和自由是具有交换价值的东西。他们坚持认为财产和自由并不是美国宪法创造的，而是来源于亚当·斯密的著作和工商业的习俗。虽然少数派的法官们从不同角度定义财产，但都殊途同归，都认为财产是具有交换价值的东西。这一定义顺应了工业革命后社会化大生产下的商品经济发展要求，并成为20年后的主流观点。

（二）芒恩诉伊利诺伊州案③

1.基本事实

1875年，芝加哥地区的9家谷物储存公司联合起来统一抬高了谷物存储的费用，极大地增加了当地农民储存谷物的压力。于是，在农民的迫切要求

---

① ［英］亚当·斯密：《国富论》，郭大力、王亚南译，商务印书馆2015年版，第25—26页。

② 王宇松，应婷婷：《论资本财产权在经济法部门中的角色和功能》，载《经济法学评论》2018年第1期，第148—150页。

③ Munn v. Illinois, 94 U.S.at 113（1877）。

与压力之下，伊利诺伊州通过了一项法律来限制本州人口10万人以上城市的谷物存储收费。而当时伊利诺伊州只有芝加哥的人口超过了10万人，所以该项法律事实上是针对芝加哥地区而制定的。谷物存储公司的经营者芒恩对该项法律不服，于是将州政府诉诸法院，认为该项法律违反了《美国宪法第十四修正案》，控诉州政府未经正当程序剥夺了他们的财产。①

伊利诺伊州的法院沿用了财产的原始定义，认为财产应当是为自己的使用而排他性地占有的物质的东西，在本案中谷物储存公司对其财产的占有并没有被剥夺，他们的财产也没有被拿走，谷物公司仍然继续保有他们的物质财产。同时强调立法机关拥有州的干预权，可以运用干预权降低谷物储存公司所制定的收费标准。虽然谷物储存公司被剥夺了制定谷物仓库使用费的权利，但他们的物质财产仍然由他们自己保有，并不存在物质财产上的损失。

美国最高法院最终以7:2的多数票优势支持了伊利诺伊州的立法，驳回了原告芒恩对州法的挑战。

2.辩论过程

美国最高法院多数派认为，伊利诺伊州立法机关降低谷物存储所收取的费用时，在业务交换价值上所造成的减收现象，并不是对财产的剥夺。他们支持伊利诺伊州州法院的说法，认为该项州法律只是在州政府的干预权下对财产的"使用和享用"的一种管制而已，并没有剥夺谷物储存公司的物质财产。

持少数意见的菲尔德法官仍然坚持认为，如果宪法条款对财产的定义并不包括确定价格的自由，那么财产所有者在销售其产品时，财产所有者的所有权或者物质财产占有权自然不能成为营业资产。菲尔德法官不仅否认法院有规定补偿的权威，也否认立法机关的权威。②

3.简要评析

在屠宰场案发生四年以后的芒恩案中，美国最高法院仍然坚持屠宰场案

---

① 官晓雁：《论美国联邦最高法院的司法权威》，烟台大学，2014年版，第8页。

② 赵辉兵：《保守主义抑或进步主义——试论美国最高法院在进步运动中的角色变迁》，载《经济与社会发展》2011年第10期，第99页。

的观点，始终认为财产应当是为自己使用而排他性地占有的物质的东西。唯一与屠宰场案不同的是，这次多数派认为两个案件都是正当运用国家的干预权，主张该项州法律只是在州政府干预权下对财产的"使用和享用"的一种管制而已，并没有剥夺谷物储存公司的物质财产。多数派对财产的这一定义显然不符合社会化大生产体系下商品经济发展的需要。事实上，在屠宰场案件以后，各州和联邦法院在解释宪法时，已开始逐渐采用少数派关于财产和自由的定义了。

少数派的菲尔德法官从宪法条款出发，指出了争议的关键问题，如果按照多数派观点，宪法条款对财产定义并不引申到财产的所有权和占有权、使用和来源问题，那财产的定义自然只能是为自己使用而排他性占有的物质的东西。从屠宰场案开始，菲尔德法官就一直致力于改变财产是使用价值的传统定义，为财产价值基础向交换价值过渡作出了巨大努力。他的观点顺应了时代潮流，逐渐为美国最高法院和公众所接受。

（三）美国圣保罗铁路公司诉明尼苏达州案[①]

1. 基本事实

1886年，美国明尼苏达州颁布了一项成立铁路委员会的法令，并在该法令中赋予了铁路委员会自行规定运输固定价格且不用通知运输公司的权力。1887年6月22日，明尼苏达州的工会组织向铁路委员会提交了一份书面诉状，主张在明尼苏达州境内从事铁路运输的芝加哥密尔沃基和圣保罗铁路公司所收取的运输费用并不合理，铁路公司并没有自我决定费率的权力，而是应该依据明尼苏达州的铁路运输管理法决定费率。12月6日，铁路委员会向明尼苏达州最高法院提出诉讼，要求铁路公司遵守铁路委员会所提出的费率建议。铁路公司不服，向联邦最高人民法院起诉，要求审查这一法令的合宪性。[②]

---

① Milwaukee & St. Paul Railway Co. v. Minnesota, 134 U.S.at 418–466（1890）。

② 丁捷：《美国独立管制机构的宏观制衡系统》，载《苏州大学学报（哲学社会科学版）》2017年第6期，第92页。

铁路公司认为，明尼苏达州立法机关赋予铁路委员会自行规定运输固定价格权力的做法违反了美国宪法修正案的规定。与此同时，为铁路公司请愿的人士还要求法院复查芒恩案和其他类似案例的裁决，以及限制州立法机关最后确定使用财产而收取费用的权力。法院最终同意了这一要求，本案以法院支持铁路公司的诉讼请求而告终。

2.辩论过程

随着经济社会的巨大变革，多数派逐步意识到前面两个案件中少数派观点的科学性、合理性，在该案中认为财产不仅仅是物质的东西，利用这些东西赚钱的能力也是财产，预期获利的能力也是财产。一切国家对一切产业的征用权可以剥夺财产所有者的财产，国家在行使经济干预权的过程中，夺走交换价值时，也可以剥夺财产所有者的财产。这就意味着多数派开始承认，剥夺财产所有者财产的交换价值就等于剥夺了财产所有者的财产。他们推翻了自己在屠宰场案、芒恩案中的做法，认为根据《美国宪法第十四修正案》，对财产权的裁量，即决定剥夺多少财产的价值而不至于达到没收的地步只能是法院的权力，而不是立法机关的权力范围。多数派不仅确定了司法机关确定公正补偿的权力，也肯定了司法机关干预权的应用。

3.简要评析

事物的发展从来都不是一蹴而就的，而是波浪式前进和螺旋式上升的。菲尔德法官在屠宰场案与芒恩案中所持的少数派观点，在本案中终于得到了曾经极力反对的多数派的认可，这不仅得益于该观点的前瞻性和正确性，也得益于菲尔德法官对自己观点的自信与坚持。正是由于菲尔德法官所提出的财产作为交换价值的定义符合工业化后商品经济的发展需要，才能在本案中获得请愿民众的支持，获得其他法官的认可。本案中，多数派不仅主张剥夺财产的交换价值就是剥夺财产所有者的财产，还明确提出预期获利的能力也是财产。由此我们可以看出，主流观点对财产的定义已经不再拘泥于为自己使用而排他性占有的物质的东西。

明尼苏达州的费率案是从以使用价值为基础的财产定义，向以交换价值为基础的财产定义转变的又一个标志性案件。从此案开始，美国理论界和司法界基本上都接受了以交换价值作为现代经济社会中财产价值基础的观点，以交换价值为基础的财产定义成为美国理论界和司法界的主流观点。这不仅最大限度地保障了财产所有者的财产与自由，也促进了19世纪末美国市场化经济法律制度体系的大发展，助力美国一跃成为世界第一大经济强国。

三、案例评析

从这三个标志性案件中不难看出，联邦法院内部的多数派之所以与少数派从开始的各执己见，到之后的逐步统一观点，根本原因就是在人类经济社会发生根本性变革的期间，大多数人还无法将农业经济社会财产权与工商业经济社会财产权所具有的不同内涵和外延区分开来，更没有认识到这两种财产权所承担的经济角色和功能的不同，进而导致无法有效定位政府的角色和功能，自然也就无法认识到允许政府干预经济与通过立法确定州内屠宰场垄断特权、谷物存储费用以及铁路运输费率是两个完全不同的问题，允许政府规制经济并不等于允许政府以规制经济的名义侵犯公民的财产权。① 在历时18年后，当明尼苏达州费率案发生后，多数派才逐步发现市场经济社会下财产本质属性的颠覆性变迁，财产正从过去侧重以满足人们生活消费需求的自然属性的使用价值，逐步转变成为任何可以给人们带来财富增值的交换价值的东西。

（一）工业经济社会需要以交换价值为基础的财产权体系

美国工业革命取得的伟大成就是财产从以使用价值为基础一步一步转变成以交换价值为基础的根本原因。19世纪中后期，随着南北战争的结束，美国进入工业经济的高速发展时期，到19世纪末，美国已经成为当时世界当之无愧的巨人，即使是曾经的工业强国英国和德国与之相比，也都相形见绌。可以说，当时世界从未出现过工业经济取得如此非凡成就的例证。短短40年

---

① 徐金海：《论法意解释：法国与美国的比较研究》，载《法律方法（第七卷）》2008年版，第209页。

时间，美国的制造业产值就从1859年的18亿美元增加到1899年的130亿美元。根据现代经济学家的估计，美国制造业和服务业的产值，在1874年至1883年增加了44%，并且在随后的几年里继续保持较高的增长势头。工商业产值的飞速增长使得美国开始从传统的农业国转变为现代工业强国，如威斯康星州在1873年至1893年就由于经济发展经历了巨大变革，从以谷物和木材为基础的农业经济社会转变成以城市为中心的工业经济社会，进而引发了政治和经济制度的变革。①

工业经济的发展依赖于系统化的社会分工协作，几乎每一个工厂的产品生产都是由不同工种工人按照一定流程要求分工协作完成的。不同工厂之间也形成了日益复杂的分工协作体系，表现为一个个上下游企业紧密相连的产业链条。而这些分工协作的形成和高效有序运行，都依赖于一种可以将不同使用价值进行便捷有效转化的财产价值体系。这种价值体系就是已经以货币为载体独立化的交换价值体系，在财产上表现为以交换价值为基础的资本类财产权体系，它借助标准化的货币单位，可以将具有各种不同使用价值的财产都表述为一定量的交换价值，让拥有和生产不同使用价值财产的各类主体间得以便利地交易合作，进而促进社会分工体系的不断发展。可以说，没有以交换价值为基础的财产权体系的建立，工业经济社会系统化的分工合作体系就根本无法形成，工业经济社会也就无法得以存续和发展。所以，有学者直接将这种建立在交换价值基础上的财产权称为工业财产权，以区别传统的建立在使用价值基础上的农业财产权。②

从经济发展史来看，1859年至1899年是美国工业发展的爆发期，也是美国由传统农业国转变成世界最发达工业国的关键时期，而屠宰场案、芒恩案、费率案正好就发生在此期间，工业经济的发展促成了联邦最高法院的大法官们在这三个案件中关于财产价值基础的观点由争议逐步走向了统一。在屠宰

---

① ［美］马克·C·卡恩斯、约翰·A·加勒迪：《美国通史（第十二版）》，吴金平、许双如、刘燕玲、何立群、李志军等译，山东画报出版社2008年版，第406页。

② 陈泰和：《和谐社会的财产权》，知识产权出版社2007年版，第85页。

场案与芒恩案发生时，工业发展推动财产价值基础发生变化的表现还不够明显，联邦最高法院大多数法官还没有敏感地捕捉到这一变化，因而才会从美国宪法修正案众所周知的含义与习惯法上的意义来确定财产的含义。然而，随着美国工业经济发展取得巨大成就，由工业经济社会推动的财产价值基础所发生的变化日益凸显，并逐步为美国理论界和司法界所发现、认识和确认，使得法院在维护联邦政府和州政府对经济管制的同时，不断强化对建立在交换价值基础上财产的保护，出现了费率案中联邦最高法院法官多数派观点的集体转变。

（二）以交换价值为基础的财产权运行更需自由权利保障

美国著名的老制度学派代表人物康芒斯曾指出："从物的使用价值中的财产权利到物的交换价值的财产权利的转变是从有体物到持续经营体的转变，而这里首要的一点是其将财产和自由权在一个同一的概念中结合起来的事实"[1]。也就是说，交换价值与自由权是互为一体的。建立在交换价值基础上的资本类财产体系，其标准化、易切割、易流转的特性，给人们借助货币工具进行财产估值、交割带来了极大便利，更让财产流通变得无比便捷顺畅，从而使人与人之间的自由分工合作得以在更大空间和时间范围内展开，持续经营体的各类市场得以大量出现，推动市场经济得以快速发展，进而也就对自由权保障提出了更多要求。生于1864年死于1920年的马克斯·韦伯，正好生活在财产从以使用价值为基础发展向以交换价值为基础发展的变革时代，作为海德堡大学法律系的一名学生，后成为经济学、社会学研究的著名学者，他对财产由以使用价值为基础发展到以交换价值为基础所具有的重大政治、经济、社会意义深有感触，并从货币角度对此变化进行了高度评价：首先，这让人们的行为完全受市场机会调控在技术上开始成为可能；其次，这使得市场机会的扩张成为可能；最后，这让人们行为计算的合理性有了前提，"计

---

[1] ［美］约翰·R.康芒斯：《资本主义的法律基础》，戴昕译，华夏出版社2009年版，第21页。

算"有了可能性。① 但需要注意的是，这些借助货币工具帮助展开的对市场化社会资源的开发、使用、交易行为，都需要一定范围自由权利的保障，如果没有与之相配套的自由权利来保障，为有效开发、使用、交易财产而形成的系统化分工合作体系也就无法运行。从马克思在《资本论》中总结的资本总公式 $G \rightarrow W \rightarrow G'$ 运行规律来看，其任何一个运行环节如果没有得到相应自由权利的保障而受到阻碍，建立在交换价值基础上的资本类财产就无法运行，给资本类财产权的权利人带来损失，进而导致资本类财产占主体的国家的整个经济社会再生产体系无法运行，整个国家都可能陷入停滞或灾难。由此可见，随着财产价值基础由使用价值演化成交换价值，相应的自由权利也必将由此演化而生，并通过国家制定相应法律法规来保障这些权利得以全面、有效实现。

无论是有效的分工合作，还是根据市场信号对财产性资源进行开发、使用、交易，首先都需要对人身自由权利、人格自由权利，以及由此产生的选择自由权利提供相应的法律保障。在屠宰场案中，多数派的米勒法官认为，解释"自由"这个名词的时候应当参照这些修正案众所周知的含义。在当时的背景下，自由应当是消灭奴隶制度和人身奴役。美国宪法第十三和第十四两个修正案仅仅是把保卫整个自由概念中的消灭人身奴役的权力从各州转让给联邦政府，剩下其他方面的自由还是和以前一样由各州自己负责。这种主张当然顺应了以交换价值为基础的资本类财产权有效运行需要，但还远远不够，还仅仅停留在保障人身自由权利和人格自由权利层面上，只能为人们分工协作和根据市场信号对财产性资源进行开发、使用、交易提供最基础性的自由条件。这也说明多数派法官们还没有认识到财产价值基础已经在由使用价值向交换价值演变，进而导致他们在屠宰场案件中形成较为保守的财产观念。而少数派的布拉德利法官提出一个人选择专业的权利是自由的基本内容，一旦选定了某种专业，该项职业就是他们财产的主张，让自由权利范围得到了进一步扩张，也为人们分工协作和根据市场信号对财产进行开发、使用、

---

① ［德］韦伯：《韦伯：人类经济社会史》，唐伟强译，中国画报出版社2012年版，第11—12页。

交易提供了更为坚实和具体的权利保障。少数派的菲尔德法官也在屠宰场案中坚持："本案提出的问题，对整个国家是至关重要的。它关系到联邦宪法的修正案是否保护合众国的公民，从而使其免受州法的剥夺……自由劳动的权利是人类最神圣不可侵犯的权利……本案法律所授予的垄断权，完全违背了自由政府理论，并且无须《权利法案》就可判断他们违宪。只有公正与平等的法律才能限制每个公民追求幸福的不可剥夺之权利；这才是美国意义上的自由政府。"[1]这一观点从自由选择权的平等保护、经营垄断权、对商业自由权利的侵害等角度不断细化这一权利内容，进一步扩充了以交换价值为基础的资本类财产权运行需要的相应自由权利内容。这些观点都说明少数派确实已经深刻认识到建立以交换价值为基础的财产定义，并已初步认识到这一类财产权的实现需要由相应的自由权利提供相应的保障。

随着美国工业规模的迅速扩张，资本类财产在美国的财富总量中所占的比重不断提升，对经济社会产生的影响不断扩大，日益明显，联邦法院法官们的主流意见也随即开始改变。在芒恩案和明尼苏达州的费率案后，1897年少数派在屠宰场案中对自由所下的定义终于被普遍接受。此时，法院主张《美国宪法第十四修正案》中所提到的自由应当有如下含义：自由意味着公民的人身自由；公民有自由享用其各项机能的权利，且可以用一切合法的方式自由使用他们；公民可以到自己想去的地方生活和从事任何普通职业或业务；公民可以为了从事任何职业或副业与他人订立正当、必要且必不可少的合约；公民有获得、持有和出售其财产的权利……结合财产关于交换价值的定义，自由还是财产的所有者和预期的购买者进入市场的权利。[2]至此，与以交换价值为基础的资本类财产权运行所需要的相应自由权利内容大部分都已经得到法院的认可，并在司法实践中得到了确认。

---

[1] 马玉丽：《论美国联邦最高法院对正当程序的阐释——以自然法为视角》，载《时代法学》2015年第1期，第117页。
[2] ［美］约翰·R.康芒斯：《资本主义的法律基础》，戴昕译，华夏出版社2009年版，第23页。

（三）以交换价值为基础的资本类财产催生出经济法

早在1830年，以交换价值为基础的资本类财产就在英国的财富总量比重中超过以使用价值为基础的传统农业类财产，[①]马克思在全面总结以英国为代表的工业经济发展实践和相关经济理论研究成果基础上，于1867年正式出版了《资本论》第一卷，总结了以使用价值为基础的传统财产循环公式"W—G—W"和以交换价值为基础的资本类财产循环公式"G—W—G′"。[②]正如我们前面介绍的那样，以使用价值为基础的传统财产遵循着农业经济的运行规律，以交换价值为基础的资本类财产遵循着工业经济的运行规律，即两类财产所遵循的是两套完全不同的经济运行逻辑，需要建立不同的财产法制度体系进行规范和保障，以形成不同的财产运行秩序。法国学者拉法格就曾指出："资本是现代社会典型的财产形式：不论在其他的什么社会里，它至少没有作为一般的统治的因素存在过。……资本的存在是建立在商品生产的基础之上，商品生产是这样一种秩序，在这种秩序之下劳动者的劳动产品不是为直接满足劳动者自身的需要或封建领主和奴隶主的需要，而是为市场而生产。……在其他的社会里也有买者和卖者，但那里的售卖的只是消费以外的剩余品。"[③]在农业经济社会里，人们遵循的是一种自给自足的经济秩序，人们生产和使用财产主要是满足自己消费之用，如农民种菜、养家禽等是为了满足自己消费之用。基于人都有爱自己的天然本性，人们在种菜、养家禽的过程中一般不会掺入有毒有害物质伤害自己，在产品生产过程中一般也就不会产生道德风险。偶尔发生交易，也是销售自己消费以外的剩余品，一般也不会发生道德风险。再退一步假设，即使发生风险，因交易的对象有限，完全可以按合同违约或侵权来进行救济，不会形成大范围溢出风险，传统的民法可以很好地规范和调整这类财产关系。

---

① 武寅主编：《简明世界历史读本》，中国社会科学出版社2014年版，第406页。
② ［德］马克思：《资本论》（第一卷），中共中央马克思恩格斯列宁斯大林著作编译局译，人民出版社2004年版，第172—181页。
③ ［法］拉法格：《财产及其起源》，王子野译，生活读书新知三联书店出版1962年版，第33页。

但正如前面康芒斯指出的那样，一旦从物的使用价值的财产权利转变成物的交换价值的财产权利，就会出现从有体物到持续经营体的转变①。法国学者拉法格也指出，以交换价值为基础的资本类财产是建立在商品生产的基础之上，是为市场而进行生产的。②一旦生产的产品不再是满足自己消费，而是用来作为实现交换价值的中介，各种道德风险就会开始涌现。如当农场种菜、养家禽用于出售时，由于不是自己消费，而是用来销售赚钱，怎么生产成本低，怎么生产产量大、周期短，生产者就会选择怎样生产。各种对人体有害，但可以提高产量、降低成本的化肥、农药、激素都可能用上，最终伤害消费者的身体健康，乃至生命。根据资本公式"G—W—G'"我们还可以发现，当为卖而生产产品时，规模化生产会带来更高收益，经营者几乎无一例外都会本能性地追求规模化生产。而一旦生产的产品出现问题，造成的危害也将是规模化的。如农场种的菜、养的家禽一旦有毒有害，就可能会伤害到一国成千上万个不确定消费者，形成社会事件，在全球统一大市场背景下，还可能会造成众多国外消费者受到伤害，侵害一国国际声誉和产业链发展，影响一国经济安全和发展。例如，2008年在我国爆发的三鹿奶粉事件，不仅让消费者受到伤害，同时也重创了中国制造商品信誉，导致多个国家禁止了中国的乳制品进口，让我国的儿童奶粉产业至今都没有真正恢复元气。这时如果按一般的民事合同违约或侵权来进行救济，不仅成本高，也很难有成效。因此，必须通过事先制定相关法律规则，如消费者权益保护法、产品质量法、食品安全法、标准法等一系列法律制度，对违法者进行重罚，警示经营者尝试任何有道德风险的行为都会招致法律风险，并付出巨大代价，从而实现事前防范。比如，美国在1906年制定的《纯洁食物及药品法》《肉类检查法》，1938年制定的《食品药物及化妆品法案》等法律，就是为了通过有效的事前防范来抑制经营者挑战道德的行为。

此外，一旦财产的价值基础由使用价值变成交换价值，根据资本公式

---

① ［美］约翰·R.康芒斯：《资本主义的法律基础》，戴昕译，华夏出版社2009年版，第21页。
② ［法］拉法格：《财产及其起源》，王子野译，生活读书新知三联书店出版1962年版，第33页。

"G—W—G'"，为了实现交换价值，就必须实现马克思所指出的"W—G'"的惊险一跃。一旦这一跃失败了，摔坏的一定是资本，而不是使用价值。具体表现为经营者破产，退出市场。康芒斯就曾指出："商贩卖出的不是一个有体物，而是一种可以产出一定净收入的市场机会"。[①]如果获得不了这个"市场交易机会"，持续经营者的交换价值将无法实现，就不得不面临破产和退出市场的厄运。为了能生存下去，理论上，每一个经营者都必须通过持续不断地提高产品质量和服务质量来树立信誉，赢得消费者认可，获取交易机会。这种信誉既是一种财产，同时也是一种互惠。[②]它在促使经营者不断提高生产效率为社会和国家创造更多财富，为消费者提供更多物美价廉的商品和服务的同时，实现了自己的发展壮大，这也是市场经济最为精妙之处。但在激烈的市场竞争环境下，经营者违背市场伦理要求投机取巧、实施一些不正当竞争行为窃取他人"市场交易机会"的现象总是难以避免。有些单独或联合形成市场垄断地位的经营者干脆利用自己的市场实力对他人的"市场交易机会"进行公然抢劫，对消费者的交换价值进行抢劫。如果不对这种"盗窃"和"抢劫"他人私人财产的行为进行有力打击，[③]人们创造财富的动力和激情也将被彻底摧毁，整个国家和社会的再生产体系必将轰然倒塌。因此，随着以交换价值为基础的资本类财产在欧美国家财富比重中占据主导地位，相关的法律法规开始被制定出来。比如，《谢尔曼法案》于1890年在美国被制定出来，《反不正当竞争行为斗争法》于1896年在德国被制定出来，[④]1900年《保护知识产权巴黎公约》也将制止不正当竞争行为的规定纳入其中，以防止不法经营者对其他经营者和消费者的"盗窃"和"抢劫"，让建立在以交换价值为基础的资本类财产根基之上的现代人类经济社会得以有序、健康运行和不断发展。

---

① ［美］约翰·R.康芒斯：《资本主义的法律基础》，戴昕译，华夏出版社2009年版，第244页。
② ［美］约翰·R.康芒斯：《资本主义的法律基础》，戴昕译，华夏出版社2009年版，第248页。
③ ［美］约翰·R.康芒斯：《资本主义的法律基础》，戴昕译，华夏出版社2009年版，第249页。
④ 德国1896年制定的《反不正当竞争行为斗争法》，但因各种原因，在1909年生效的同时也就失效了。1957年德国又制定了《反对限制竞争法》。

随着围绕防范人们在占有、使用、处分建立在交换价值基础上的资本类财产时产生的各种道德风险制度的逐步建立，经济法作为一个新兴的法律部门逐步登上人类法律史的舞台。早期的人们主要通过对现实的观察，对最近和最新的经济现象进行总结归纳，给经济法进行定性和下定义。建立在交换价值基础上的资本类财产得以独立出来，并在一国财富总量比重中取得主导地位，主要归功于工业经济的大发展，屠宰场案、芒恩案、费率案同样也是在美国工业经济大发展的背景下发生的。因此，德国早期有的学者就直接将经济法定性为"工业法"，日本学者将之翻译成"产业法"。德国学者海因里希·莱曼（Heinrich Lehmann）1912年11月23日在耶拿发表的"工业法"就职演说，被德国学者黑德曼视为经济法的先驱。[1]因建立在交换价值基础之上的资本类财产需借助企业这个载体或者说装置运行，在资本类财产居主导地位的国家中，财富创造生产单位都由家庭变成了企业。因此，企业不仅被莱曼视为其工业法的中心问题，后来的德国学者库拉乌捷和日本学者西原宽一也直接将经济法定性为关于企业的法。德国学者卡斯凯尔（Kaskel）对企业法的范围进行了一定的限制，认为只有那些规制企业管理或完成经济企业者的事业而产生的关系，才是经济法的对象，提出经济法是企业管理法的观点。[2]当然还有许多其他学者从不同角度对经济法的属性和定义提出了各自不同的观点，对经济法的属性和内涵进行了部分解释，但大多仍然停留在现象表面的描述层次上。当代德国著名经济法学者沃尔夫冈·费肯杰在总结前人研究成果和经济实践的基础上，给经济法下了这样一个定义："经济法是在一般原则上和通过总体或个别干预调整经济财产的流转安排的自由和其定分归属，在被确立的经济宪法框架内，保障依据经济正义的尺度所衡量的经济公民的自我发展和供给的重要法律规范的总和。"[3]在这一定义中，费肯杰将经济

---

[1]　张世明：《经济法学理论演变原论》，中国人民大学出版社2019年版，第85页。

[2]　魏琼：《西方经济法发达史》，北京大学出版社2006年版，第11页。

[3]　[德]沃尔夫冈·费肯杰：《经济法》（第一卷），张世明、袁剑、梁君等译，中国民主法制出版社2010年版，第3页。

法定性为一部调整"经济财产"的法，①为了让中国读者更好地理解这一现代市场经济下的经济法概念，费肯杰教授为由张世明教授领衔翻译的《经济法》第一卷特别撰写了一个中译本序言，提纲挈领地阐述了如何在以交换价值为基础的资本类财产之上推演出现代经济法理论和制度的思路框架。

（四）对我国经济法发展的启示和借鉴意义

通过上文分析我们可以发现，工业革命催生的工业化经济发展让建立在交换价值基础上的资本类财产得以成为欧美等工业化国家占主体的财富类型，而资本类财产的运行规律和特性又催生出经济法，成为经济法理论构建发展与制度制定和实施的底层逻辑。任何国家或个人如果想脱离这个底层逻辑来构建、发展经济法理论，制定和实施经济法制度，大概率都将会误入歧途，乃至处处碰壁。我国在改革开放初期，为了发展社会主义市场经济，逐步引入经济法的概念和理论。经过我国老一辈学者的艰辛探索，我国已经初步建立起中国特色社会主义的经济法理论体系和制度体系，让我国经济社会获得了长足发展，取得了举世瞩目的成就。但不无遗憾的是，由于受历史背景、学科背景等各方面限制，我国的经济法理论推演和制度设计存在先天缺陷和诸多不足，导致我国经济法理论既不能很好解释经济法制度现象，也不能为经济法制度的发展和改进提供科学有效的建议，出现经济法学总论和分论是两张皮、经济法学理论和制度是两张皮的尴尬现状。这一现状不仅为其他学科学者所诟病，甚至让经济法部门作为一个独立部门法存在的合理性受到质疑，引发年轻一代的经济法学者对经济基础理论研究避之不及，进而导致我国当前的经济法基础理论研究几乎陷入停滞状态。这不仅严重阻碍了我国经济法学理论的发展，也影响了我国经济法制度体系的改进和完善，不利于我国经济的平稳、健康、有序发展。

《中庸》开篇就指出："天命之谓性，率性之谓道。"孟德斯鸠在《论法的精

---

① 笔者曾向该书的翻译者张世明教授求证，这里的"经济财产"实际上就是指建立在交换价值基础上的资本类财产。

神》开篇也指出："从最广泛的意义上来说，法是源于事物本性的必然关系。"①
尽管社会科学不同于自然科学，会受到各国风土人情的影响，但相对于宗教
规则和道德规则，法律作为一种社会规则而言，更加遵循普遍的社会运行规
律。马克思就曾指出："立法者应该把自己看作一个自然科学家。他不是在创
造法律，也不是在发明法律，而仅仅是在表述法律，他用有意识的实在法把
精神关系的内在规律表现出来。如果一个立法者用自己的臆想来代替事情的
本质，那么人们就应该责备他极端任性。同样，当私人想违反事物的本质任
意妄为时，立法者也有权利把这种情况看作是极端任性"。②经济法作为一个
调整和规范工业化国家市场经济的部门法，应该是对当代社会经济运行规律
的真实表述。对经济法理论和制度形成与发展做出重要贡献的德国和美国，
都不约而同地从以交换价值为基础的资本类财产类运行规律出发，来推演和
发展经济法理论和制度体系，说明将以交换价值为基础的资本类财产运行规
律和特性作为经济法理论和制度大厦的根基是有其科学性的，我国经济法学
者和经济法制度的制定者也应当将以交换价值为基础的资本类财产类运行规
律作为出发点，来推演和发展我国的经济法理论和制度体系，以弥补我国经
济法理论存在的先天缺陷和诸多不足。

此外，作为马克思主义的继承和发展者，我国学者应当充分挖掘和发展
马克思的研究成果的当代价值，服务我国的社会主义建设。《资本论》是马克
思最为重要的研究成果，其对以交换价值为基础的资本类财产的运行规律和
特性进行了全面而深入的研究，尤其是其总结的资本总公式"G—W—G'"，
非常精准而又简明地勾勒出了资本类财产的运行流程和规律。根据资本运动
总公式"→G→W→G'→"的运动逻辑，资本类财产要有效运行实现财富创
造功能，必然要经历五个环节：获得经营活动资格、自主从事产品生产、参与
市场竞争销售产品、对销售获得的收益进行公平分配、退出市场。为保障这些

---

① [法]孟德斯鸠：《论法的精神》（上册），许明龙译，商务印书馆2012年版，第9页。

② [德]马克思：《论离婚法草案》，中共中央马克思恩格斯列宁斯大林著作编译局编译：《马克思恩格斯全集》（第1卷），人民出版社1995年版，第347页。

活动环节得以顺利自由地推进，需要将其转化为法律上的权利，就可以推演出经济法上的五大基本权利：市场准入权（→G）→自主经营权（G→W）→公平竞争权（W→G′）→收益分配权（G′）→市场退出权（G′→）。将这五大权利作为经济法部门的权力体系，形成经济法部门的框架龙骨，再将保障这些权利实现的法律制度填入其中：市场准入权（企业开办登记制度、负面清单制度）→自主经营权（计划规划法、金融法、产业政策法）→公平竞争权（反垄断法、反不正当竞争法、消费者权益保护法）→收益分享权（财税法）→市场退出权（破产法企、业注销登记制度），形成权利体系和制度体系的有机统一。这一体系，不仅可以改变我国经济法学总论和分论是两张皮、经济法学理论和制度是两张皮的尴尬现状，还可以将马克思对资本研究的科学成果完美融入我国的经济法理论和制度体系之中，推动我国经济法理论和制度不断发展，助力我国社会主义市场经济法治体系不断发展和完善，保障我国经济高质量发展的道路更加通畅。

瑞士刑法中"淫秽"的解释与色情刑法改革

黄礼登　凌　黎[*]

摘　要：从1959年到1961年，瑞士查禁德语版中国小说《肉蒲团》一案引起轰动。尽管有著名汉学家向检察机关陈述《肉蒲团》德语版具有显著的文化和科学价值，瑞士检察机关和联邦法院仍然认为该小说德语版属于瑞士刑法第204条意义上的淫秽出版物而应查扣销毁。瑞士刑法上的"淫秽"要素被界定为严重违反公民性道德的一种规范属性，对于相关作品，不论其是否具有文化科学价值，要从总体上判决其是不是"淫秽"的。随着时代发展，瑞士1991年新修订的刑法以第197条代替了原第204条，法条小标题改为"色情罪"，告别了保护性道德的理念，转而以保护青少年健康和成年人的性纯洁性和性自决权为核心，区分软色情和硬色情分别予以刑法规制。

关键词：淫秽出版物；色情罪；软色情；硬色情

一、德语版《肉蒲团》被禁案[①]及相关法条

案情：1959年6月瑞士天平出版社出版了中国明朝作家李渔于1634年撰写的小说《肉蒲团》的德语版，该小说由德国著名汉学家弗兰茨·库恩（Franz Kuhn）翻译。小说书分为20章，一共577页，附有60幅木版画插图。第一版

---

[*] 黄礼登，西南财经大学法学院副教授、法学博士，研究方向为刑法学、国际刑事司法协助制度。
　凌黎，四川省成都市新都区人民检察院检察官助理、法律硕士。

① 参见瑞士联邦法院1961年7月14日裁决书：BGE IV 73 S. 73 ff.

印刷了2000册，在三周之内销售一空，随后第二版又印制了2000册。由于一家位于德国比勒菲尔德的书商因为印刷质量问题将一部分书寄回瑞士的出版社，瑞士海关查获了这批书，导致案发。

1959年8月，瑞士联邦检察院以涉嫌淫秽出版物罪（刑法典第204条）对出版社的负责人菲利克斯·维斯纳（Felix Wiesner）立案调查。苏黎世区检察院于1959年11月27日以不满足主观构成要件的理由终止了调查程序（相当于不起诉），但同时下令销毁刑事调查期间在出版社和印刷厂扣押的1480册小说，以及印刷的制版和翻译手稿。维斯纳就扣押和销毁的命令向苏黎世州检察院提出申诉，他同时还提供了汉学家的鉴定。其中，慕尼黑大学著名汉学家赫尔伯特·弗兰克（Herbert Franke）认为这是一部值得称赞的中国文学作品，作为科隆东亚艺术博物馆馆长的维尔纳·施柏若（Werner Speise）教授把瑞士的禁令称为是"完全的文化耻辱（glatte Kulturschande）"。①1960年8月22日，苏黎世州检察院申诉委员会驳回了申诉。但维斯纳否认《肉蒲团》属于刑法第204条意义上的淫秽出版物，他就检察院的决定向联邦法院提出抗告，并申请返还被扣押物品，还要求进行补充调查，对《肉蒲团》进行科学、艺术和文化价值上的鉴定。1961年7月14日，瑞士联邦法院刑庭认为德语版《肉蒲团》属于淫秽出版物，最终裁决驳回抗告。

当时，瑞士刑法第204条的小标题是"淫秽出版物"（unzüchtige Veröffentlichung），一共有三款：

（1）为了交易、传播或者公开展示而制作或者保存淫秽文字、图片、电影或者其他淫秽物品；为上述目的而进口、运输、出口或其他方式流通此类物品；公开或者秘密销售、传播、公开展示或者商业性租借此类物品；为了促进被禁止的传播或者销售，通知或者公告有人实施前述行为；通知或者公告前述物品可以如何获得以及通过谁可以获得，处以监禁刑或者罚金。

（2）将此类物品交给不满18周岁的人员，处以监禁刑或者罚金。

---

① 此细节来源于1961年德国《明镜》杂志第35期对此案的报道，文章标题为《被焚毁的书》（*Verbrannte Bücher*）。

（3）法官可以下令销毁淫秽物品。

该案的核心问题是德语版《肉蒲团》是否属于淫秽物品，以及是否因其文学和学术价值而排除刑法适用。

二、瑞士法官对于小说《肉蒲团》的理解

法官在裁决书中认为《肉蒲团》是17世纪中国道德崩溃时期所形成的小说，并对《肉蒲团》的内容做了简介。裁决书称小说的中心人物是一位长相俊俏的聪明书生，他受情欲驱使，忽视了一位隐居僧人的警告，甘心去过堕落的生活（第1章）。小说的第2章到第17章是全书的主要内容，描写了书生三年间放荡不羁的故事。开始他娶了一位私人学者的漂亮女儿为妻，他使用春宫画教会了妻子享受，后来他借口要出去游学离开了家。书生在外地遇到一位大盗，这位大盗具有超人的能力，可以不为人知地进入别人的房间，通过偷窥他人隐秘细节积累了无数经验。他说书生的"工具"还不足以应对男女之事的挑战。为了达到要求，书生通过手术对他的"工具"进行了改造。他后来遇到一位外出商人的妻子，这个妇女让她的女邻居先和书生过夜，她在确定书生的能力后和书生长期交欢。她的商人丈夫回来后同意让书生买下他的妻子去做妾。但是书生很快又外出游历，随后又遇到不同的妇人，有了很多夜夜销魂的经历。法院的裁决书引述了很多书中的情节包括细节。有几位妇人的丈夫回来后，告诉书生京城有一位妓女懂他人不掌握的技术，名动京师。书生于是赶到京城妓院寻找这位妓女，没想到竟然是他原来的妻子，她发现书生后羞愧难当上吊自杀了。经过这一系列变故，书生认识到这是因果报应，他决定告别情欲，怀着愧疚的心情出家，还割掉了他的"工具"。在第20章，作者声称他的意图是要劝解世人停止纵欲的生活，他对情欲的描写只是服务于这个目的。

裁决书说，在总共20章内，有16章充满了出轨关系以及不同性活动的细节描写，还充斥了提升性欲和得到满足的相关技术和方法，多次描写男人"工具"的特征和性活动的次数。相关描述违背了民众的性羞耻感。为此裁决

书列举了书中四处写得极为淫荡的例子。法官认为小说插入的60幅木版画中有24幅图属于淫秽图片。这些图片加上相关解释文字，足以让一般人产生性刺激或者产生厌恶感。

瑞士法官认可作者李渔的意图确实是要告诫人们节制欲望，警告贪婪的酒色之徒会承受报应。但裁决书说，作者只是表面上声称追求这样的教育目的，问题的关键是，这部作品能否在整体上产生这样的效果。李渔的手法是通过一部刺激的小说来实现他的目的，他对床上情节的大量描写使得小说陷入了肮脏文学的泥沼。最后两章是关于报应和浪子忏悔的内容，这对于中国读者是否能产生教育效果不得而知，也不重要。对于瑞士而言，重要的是，西方读者能否被这部作品的道德内容影响，小说整体上能否被评价为淫秽。

裁决书判定小说是淫秽的，理由是书中对书生的放荡性行为进行的大量细致入微的描写，这种描写带来的印象形成了这部小说的主体。小说中获得性愉悦的主人公突然转变思想，告别世间繁华而出家，这种转变太过于突然，并不能令人信服。之前书生听岳父说过他的妻子已经死了，但书生当时的表现很冷漠，妻子的死亡并没有阻止他的北京寻欢之行。在北京，书生知道了妻子去世是假消息，但活生生的妻子却因丈夫知道其堕入青楼的真相而上吊自杀，书生思想的转变是可疑的。对于今天的欧洲读者来说，小说呈现的恶有恶报的报应思想是不会产生多大影响的。尽管小说有或多或少的说教，但小说的主体是具有淫秽效应的。出版者在出版后记中的提示也不能改变这一点。

三、瑞士法官对《肉蒲团》的刑法评价

联邦法院法官对刑法第204条中"淫秽"这个要素进行了仔细的权衡。裁决书指出，根据过去的判例要旨，刑法第204条意义上的"淫秽"，指的是以不能轻易接受的方式违反性方面的道德感。[①] 对于"淫秽"要素的认定，不取决于制造者或传播者对于相关物品的主观意图，而只考虑相关物品本身在客

———————

① BGE 86 IV 19.

观上是否产生淫秽效果。在判断时，关键是相关物品给观众或者读者留下的整体印象，而不是纠结于细节。当然具体细节的特点也要考虑，特别是相关材料的艺术性或者文学性的表达以及受众的特点。

瑞士法官在评价这部小说的淫秽性时，认为即便是考虑了它的科学和文学价值，也不会导致结论发生改变。裁决书承认，库恩教授把中文原著翻译成德语，在科学上作出了明显的贡献。它是17世纪一位中国著名作家的作品，小说可以为地球上任何一个地方的人提供一把打开中国明朝时代状况的钥匙，这对于汉学家、文学和艺术史学者具有重要意义。但这部小说是否因此就不属于刑法第204条规定的淫秽物品呢？事实上这不是问题的关键，因为这部作品的内容对于本罪才是决定性的。从《肉蒲团》的名字及其材料的运用可以看出这不是一部科学作品，它也不是为一部分专业读者而出版的。这部书带有通俗性、娱乐性，并且有一点紧张性的写作风格。瑞士法院的裁决认为，"淫秽"要素的判断是一个法律问题，应当由法官来作出权衡，而不是由学术圈中的学者来决定。这个问题要从一般大众的立场出发，如果一般大众认为这部小说的文学价值和学术价值非常强烈，以至于这种文化印象产生了决定性效果，而不是由性刺激的印象决定了这部书的整体效果，那么可以判定这部小说不属于刑法第204条的淫秽物品。裁决书还进一步阐释，即便对部分专业人士如汉学家来说这部小说的学术价值是主导性的，但如果这个专业圈之外的人群并不能认识到这一点，或者对他们来说，学术价值只具有次要作用，那就不能改变这部作品淫秽性的本质。

瑞士法院因此坚持对德语版小说《肉蒲团》适用刑法第204条规定后果，即不得流通。裁决书还特别回应了一下德国汉学家关于查禁《肉蒲团》属于"文化耻辱"的指责。裁决书说，按照健康的民众感情来判断，这部作品已经明显超越了性道德界限并由此是淫秽的，它不会产生思想上的价值来提升或丰富大众文化生活，相反还会危及民众的思想和精神健康，因为瑞士绝大部分民众都是遵从基督教伦理原则的，所以不能说查禁《肉蒲团》就是"文化耻辱"。立法者是为了保护公共道德，防止淫秽文学对于道德的腐化性影响，才制定的第204条"淫秽出版物罪"。裁决书强调，这并不意味着在解释第

204条的时候，要为学术研究戴上护目镜或者遮羞布。第204条的意义和目的不在于限制科学研究的自由，如果在个案中由于对淫秽物品的查禁而触及科研自由，那么造成这种不良后果的直接原因不是法律适用本身，而是行为人的违法行为。保障科研和文化自由是出版者应当担起的责任，他们理应把淫秽作品的传播限定在一定的学者圈中，就像公共利益所要求的那样。具体而言，出版者可以仅仅出于学术研究的目的而出版相关作品，并仅仅向相关专业人士定向提供。

裁决书认可《肉蒲团》德语版的出版者采取了一定的防护措施，以阻止这部小说流向青少年或者其他不成熟的人群。出版者放弃了在报纸上推销这部书，不在书店展示这部书，并且将其价格定在88瑞士法郎的高价位，还为订购这部书设定了条件，即订购者必须签名确认自己已经成年，承诺将严格保存这部书和不得进行对外展示，不提供给青少年。出版者还提示订购者如果作了虚假陈述可能会承担不利后果。尽管如此，裁决书仍然认为这些措施不足以确保小说不会进入不合适的人员手中，当订购者在订购时对书籍内容不知情，就不能确保他们在阅读时不会受到伤害。出版社向外发布的宣传资料强化了法官的这种看法，因为广告单上注明这部书的读者圈由喜欢小说艺术的爱好者组成，还有具有广泛自由的精神并喜欢中国文化的真正朋友，包括非道德说教者甚至道德说教者、汉学家、心理学家和医生。在出版社向分销商寄送的通函中，出版者还专门写道：不要怕把这份广告展示给你的顾客，展示给那些对伟大文学感兴趣的人，展示给医生、心理学家、所有尊崇东亚精神的朋友以及色情书籍的收集者。裁决书由此认定，根据这种销售方针，订购者的圈子实际扩大到每个成年人，只要他们对此感兴趣都可以获得这部书，而出版者所采取的措施是不够的，因此不能阻止刑法第204条的适用。瑞士联邦法院裁定驳回了维斯纳的抗告。

四、瑞士色情刑法的改革

瑞士历史上第一部刑法是1799年赫尔维蒂共和国刑法典。到了1803

年，立法权不再属于联邦，而改为归属州的权力，各州纷纷制定自己的刑法典。其中提契诺州的刑法典是各州中第一个规定了淫秽出版物罪的法典。随着时间发展，一部统一的刑法典再次显示出其必要性。卡尔·斯图斯（Carl Stooss）于1887—1893年制定了全瑞士统一的刑法总则草案，但是刑法分则迟迟未能问世。就对违反道德行为进行刑法规制而言，各州差异很大。法语区的刑法典主要规制对性自由和性羞耻感的犯罪，而德语区的刑法还把其他反道德的行为作为犯罪处罚。1898年，瑞士联邦恢复了对刑法领域的立法权。但直到1911年，才开始着手制定一部全国统一的刑法典，1916年公布草案。其中第五章是"违反道德的犯罪"，分为"侵害性自由""促进淫乱和对淫乱的剥削""侵害公共道德"三个子类。最后一个子类指的就是不道德地公开淫秽的文字、图片和其他方式的淫秽展现。其中第179条就是"淫秽出版物"这个罪名。1942年瑞士修订刑法，使用新的第204条"淫秽出版物罪"代替了原来的第179条。德语版《肉蒲团》被禁案援引的就是这个第204条。该条所谓的"淫秽性出版物"指的是以不能轻易接受的方式违背性道德的出版物。

但是长久以来，人们并不能清晰地界定什么是正常公民的道德感或者羞耻感，对"淫秽"的认定往往伴随着巨大争议。瑞士社会上色情、暴力作品也层出不穷。民众为垃圾文学和垃圾电影的洪流而不安，要求联邦委员会采取法律上的措施来有效应对。有人提出要严惩反自然的淫秽行为，并要求对展示血腥和对妇女暴力的作品进行审查。还有人为了更好地保护青少年试图为色情行为画一道清晰的界线，同时适应民众在性问题上更加宽容的新态度。法学界对修改第204条进行了充分的讨论。立法者希望解决过去难以对淫秽进行精确认定的问题，尝试为法律适用提供一个清晰的概念。

终于，在1991年6月21日，瑞士通过了新修订的刑法典，全面改革了对违反道德行为的刑法规制，纳入了淫秽物品新的载体形式，适应了保护青少年的严格要求。立法者制定了第197条代替原来的第204条。法条不再使用"淫秽出版物罪"作为小标题，而是改为"色情罪"。1991年版刑法典的第197条共有5款。"色情罪"保护的法益为青少年健康及成年人的性纯洁性（sexuelle

Integrität）和自决权（Selbstbestimmung）。[①]瑞士为了贯彻2010年7月1日生效的《欧洲委员会保护儿童免受性剥削和性虐待公约》，再次修改了第197条，将法条增加到9款，于2014年7月1日生效。现行刑法典第197条的内容如下：

1.将色情文字、音视频、图片和其他此类物品或者色情性表演向不满16周岁的人员提供、展示、交付、供使用，或者通过广播或电视进行传播，处最高三年的自由刑或者罚金。

2.将第1款意义上的物品或者表演进行公开陈列或者展示，或者在他人未要求情况下向他人提供，处罚金。对封闭式陈列或者表演的参观者事先告知其色情性质的，不处罚。

3.招募未成年个人从事色情表演，或者安排其参加此类表演的，处最高三年的自由刑或罚金。

4.制作、进口、存放、流通、推荐、陈列、提供、展示、交付、供使用、获取、电子化获得或者占有第1款意义上的物品或者表演，并且其内容为与动物发生的性行为、成年人之间暴力性的性行为或者与未成年人的虚拟性行为，处以最高三年的自由刑或罚金。如果物品和表演的内容是与未成年人的真实性行为，处最高五年的自由刑或罚金。

5.消费、为自我消费而制作、进口、存放、获取、电子化获得或占有第1款意义上的物品或表演，并且其内容为与动物发生性行为、成年人之间的暴力性行为或者与未成年人的虚拟性行为，处以最高一年的自由刑或罚金。如果物品或者表演的内容是与未成年人的真实性行为，处最高三年的自由刑或罚金。

6.对第4款和第5款的犯罪，应没收相关物品。

7.行为人具有牟利的目的，应并处自由刑和罚金。

8.未满16周岁的未成年人如果相互意见一致而制作、占有或消费第1款意义上的物品或者表演，不处罚。

9.第1款到第5款意义上的物品或表演如果具有值得保护的文化或科学上

---

① BSK Strafrecht II–Bernhard Isenring/Martin A. Kessler, Art. 197 N. 7.

的价值，不属于色情性物品或表演。

五、"色情"在刑法上的含义

1991年瑞士刑法修订之前，第204条"淫秽出版物"的中心词是"淫秽"（Unzucht），修法之后，新的第197条"色情罪"的中心词是"色情"（Pornographie）。除此之外，新条款还增加了色情表演这种犯罪形式，将色情作品提供给未成年人的受众年龄门槛由18周岁降为16周岁，同时对色情作品本身进行了区分处理。

瑞士联邦政府具有立法文件性质的修改刑法的公告（Botschaft），把色情定义为对性内容的描绘或者表演，并且进一步强调这些性内容将性行为从与人的关联中切割出来，由此变得粗野和具有骚扰性[1]。瑞士联邦法院判例也提出类似观点。一个判例[2]认为色情性描绘就是旨在让观察者产生性冲动并夸张地与生殖器领域建立性方面的关联。另一个判例[3]进一步强调，色情就是把性从与人和情感的关联中割裂开来，相关被展示人员只是作为随意处置的单纯的性活动的对象而出现。

联邦法院的立场得到瑞士学者的肯定，学界认为色情的成立有两个条件，一是色情产品应当能让消费者产生性刺激；二是描绘上过度关注生殖器领域。[4]根据勒伯格（Rehberg）等人的观点，电视上的限制级的影片或者性感图片可能引发观众的性冲动，但是如果没有展示生殖器范围的话，还不算是色情。[5]斯塔腾威尔斯（Stratenwerth）主张色情必须是粗野和原始地展现性活动，

---

[1] Botschaft über die Änderung des Schweizerischen Strafgesetzbuches und des Militärstrafgesetzes vom 26 Juni 1985, S. 1089.

[2] BGE 128 IV 260, 263 E.

[3] BGE 131 IV 64, 66–67 E. 10.1.2 mit Hinweis auf BGE 128 IV 260, 263 E. 2.1.

[4] BSK Strafrecht II–Bernhard Isenring/Martin A. Kessler, Art. 197 N. 14 ff.

[5] Rehberg/Donatsch/Schmidt, Strafrecht III, S. 453.

他认为色情这个规范性要素很难区分色情和非色情。①但是该观点实际是要表达严重程度的色情和较轻程度色情难以区分，这个问题随着第197条在法律上区分"软色情"（Weiche Pornographie）和"硬色情"（Harte Pornographie）而得到了解决。

根据瑞士刑法典第197条的结构，硬色情之外的色情就属于软色情。硬色情是第197条第4款和第5款规定的内容，指的是含有第4款或第5款列举的三大特征之一的性行为表现：一是与未成年人发生性行为；二是和动物发生性行为；三是发生成年人之间暴力性的性行为。根据联邦法院判决精神，第4款或第5款特征的共同之处是展现严重反常、特别变态或者极其令人厌恶的性活动。②软色情指的是介于艺术、性题材作品与硬色情之间的描写或展示。从内容上看，其描绘或表演的性内容足以激发人的性冲动并且集中展示性器官。软色情的概念内涵明显比修法之前第204条"淫秽出版物罪"中的淫秽要素含义要窄。后者涵盖了所有一般人难以接受的违反公民性道德和性羞耻感的行为。而软色情不再取决于行为是否触及正常公民的道德感和羞耻感。符合第197条"色情"这一要素的只是那些粗暴、粗俗、极度原始的描写性内容，通过这种描写使得人被贬低为单纯的性对象，而非性活动的参与主体。就像展示聚众淫乱的作品，参与其中的每个人失去了自身的独立意义，这样人就被客体化了。而"淫秽"的范围显然更宽。

从现行刑法第197条的内容看，软色情原则上是不可罚的，只有少数例外，规定在第197条第1款到第3款中。根据自由社会的自治原则，刑法不应对性进行道德上的评价，所以进行聚众淫乱等活动虽然会造成人的尊严的堕落，但这是参与者的自我决定，所以刑法并不介入。而行为人一旦公开展示性活动或者让他人有接触的可能，本质上就变了。不是性行为本身，而是展示的公开形式以及由此产生的自我贬低的普遍化效应，构成了可罚的基础。成年人可以制作并消费相关软色情产品，但是要确保软色情不能被不满16周

---

① Stratenwerth/Jenny, Schweizerisches Strafgesetzbuch BT I, S. 189.
② BGE 121 IV 128, E. 2.

岁的青少年接触，还要确保成年人在自愿的情况下接触到软色情，否则与软色情相关的传播行为就仍然是可以被施以刑罚处罚的。与硬色情有关的行为在瑞士刑法上是绝对禁止的，包括持有行为也是违反刑法的。

六、文化科学价值作为出罪事由

根据瑞士刑法第197条第9款的规定，当具有保护价值的文化和科学利益时，相关作品或行为不属于色情。这被瑞士学者视为一项正当化事由。它在刑法总则部分也能找到依据。瑞士刑法第14条规定，在法律要求或者允许下实施相关行为，行为是合法的，即便该行为根据其他各项法律规定是可罚的。瑞士色情刑法中的这个除外条款同时针对软色情和硬色情。因此，即便涉及硬色情，像持有儿童色情作品，在特定条件下也可以是无罪的，如当公益性机构或者组织为了打击儿童色情或者恋童癖而持有相关儿童色情资料。[1]

瑞士学者认为，要从概念上区分什么是值得保护的文化和不值得保护的文化几乎是不可能的，艺术和社会发展也并不希望作出这样泾渭分明的区分，否则不利于文化艺术在探索中发展。同样困难的还有对具有积极含义的色情作品（Erotik）和具有消极含义的色情作品（Pornographie）的区分。在司法实践中需要法官作出个案判断，在遇到疑问时适用"存疑有利于被告"原则。[2]理论界一般认为，对于科学上有保护价值但同时含有色情内容的描绘，一般都与历史性描述有关，如调查报告、有关色情产业的文献影片，这些从一开始就不会被评价为是色情的。[3]联邦法院在一个判例中解释了法院的判断标准：关键不在于艺术家自己的理解，也不在于一般民众的艺术理解，因为立法者不是要保护大众的性道德，对作品应基于一个艺术上开放的观察者的视角来判断，法官一般都能胜任这样的判断，而不需要专门的鉴定。[4]一般而

---

[1] Marco Bundi, Der Stattatbestand der Pornographie in der Schweiz, 2008, Rn. 385.

[2] Trechsel/Jean-Richard, StGB PK, 2009, Art. 197 N. 19.

[3] BSK Strafrecht II-Bernhard Isenring/Martin A. Kessler, Art. 197 N. 67.

[4] BGE 131 IV 64, 68 E. 10.1.3.

言，如果整体印象上，艺术价值胜过色情因素的话，可以认定不是色情作品。

在1961年德语版《肉蒲团》案件中，联邦法院对这个问题作了权衡，认为该书对于专业人员也许有一定的价值，但是出版者并没有采取措施将其限定在专业读者范围之内，因此不能援引出罪条款否定其淫秽的性质。今天我们如果在1991年刑法新的第197条色情罪的框架性下看德语版《肉蒲团》，可以清楚地看出，在对色情作品进行新的规制框架下，由于它并不含有与未成年人、与动物的性行为描写，也没有描绘成年人之间的暴力性性行为，尽管它有很多聚众淫乱甚至同性之间性行为的细节刻画，但在刑法上它仍然只属于软色情。因此，只要没有向16周岁以下的未成年人提供该书，或者在成年人未作要求的情况下径行向其展示该书内容的话，就不构成犯罪。

域外庇护是否符合国际法？

——以哥伦比亚诉秘鲁庇护案为例

史国普[*]

摘　要： 1950年，国际法院的哥伦比亚诉秘鲁庇护案，是有关域外庇护合法性的经典案例。域外庇护，又称为外交庇护，是指对避难者在驻在国大使馆、领事馆、军舰和军用飞机等区域内给予的庇护。维也纳外交关系公约和领事关系公约中，都没有关于"外交庇护"的规定。相反地，却明确规定了外交人员负有尊重接受国法律规章之义务，并负有不干涉该国内政之义，以及使领馆不得充作与其职务不相符之用途。在庇护案中，国际法院确认，外交庇护权仅作为一种例外存在，在一定条件下行使。中国一贯奉行领土主权原则和不干涉内政原则，反对所谓域外庇护或外交庇护。但实践中，由于使馆馆舍的绝对不可侵犯原则，发生外交庇护争端后，一般也是采取当事国协商解决的处理办法。

关键词： 庇护；域外庇护；外交庇护；中国国家实践

一、哥伦比亚诉秘鲁庇护案简介

（一）案情概要

1948年10月3日，秘鲁发生一次未遂军事政变，从该日至次年的2月初，

---

* 史国普，安徽师范大学法学院讲师，国际法与欧洲法硕士，研究方向为国际法、国际经济法等。

秘鲁进入紧急状态。这次军事政变的领导人是拥有秘鲁国籍的阿亚·德·拉·托雷。政变失败后，托雷被政府通缉，并在国内法院遭刑事起诉。1949年1月3日，托雷在躲藏3个月之后，逃进了位于秘鲁首都利马的哥伦比亚驻秘鲁大使馆中请求避难。哥伦比亚同意给予托雷庇护，并宣布托雷为政治避难者，要求秘鲁给他发放安全离境通行证。秘鲁拒绝了请求，认为托雷是刑事犯罪，不是政治犯，无权获得庇护，更不能获得安全离境的权利。秘鲁坚持它不受所谓"域外庇护"规则的约束，要求哥伦比亚大使馆交出托雷。两国由此发生争端，并于1949年8月专门签订《利马协定》，决定把争端提交国际法院解决。

（二）判决的主要内容（法院判决书要旨）

国际法院对此案先后作出了三个相关判决：

（1）1950年11月20日的庇护案，国际法院以14对2票，15对1票，驳回哥伦比亚的两项诉讼请求：①作为给予庇护的国家，哥伦比亚有权对（庇护请求者）犯罪的性质，作出单方的和最终的决定，并且对秘鲁有法律拘束力。②作为领土国，秘鲁给予保证，以使得托雷能够离开该国，并且人身安全不受侵犯；

关于秘鲁的反诉，法院以15对1票，判决哥伦比亚对托雷的庇护行为没有违反1928年《哈瓦那公约》第1条第1款，但以10对6票，判决这一庇护行为违反了1928年《哈瓦那公约》第2条第2款。（ICJ. Reports. 1950，p28））

（2）1950年11月27日的关于哥伦比亚政府"请求解释1950年11月20日庇护案判决"①，国际法院以12对1票，驳回起诉，不予受理（inadmissible）。（ICJ. Reports. 1950，p404）上述两个判决，合称为"庇护案"。

（3）1951年6月13日的"阿亚·德·拉·托雷案"②的判决，国际法院以全体一致，判决：因为法院并未在第一个判决中涉及相关诉求，因此，驳回哥伦比亚的主要诉讼请求，即基于法院的第一个判决，裁定并宣布，是否哥

---

① Request for Interpretation of the Judgment of 20 November 1950 in the Asylum Case（Colombia v. Peru）。

② Haya de la Torre（Colombia v. Peru）。

伦比亚应当，或不应当，把避难者托雷交给秘鲁；同时驳回秘鲁的第一项请求，即请求法院说明，哥伦比亚应当以何种方式执行法院的第一个判决。

以13票对1票，法院对于哥伦比亚的替代性诉讼请求，即在当事国双方没有达成协议的情况下，是否哥伦比亚应当，或不应当，把避难者托雷交给秘鲁？判决：哥伦比亚没有义务把托雷交给秘鲁；相应的驳回秘鲁的第2项请求，即要求法院驳回哥伦比亚的所谓其没有义务交出托雷的诉求。

以全体一致，判决：哥伦比亚应当履行法院第一个判决，即之前的1950年11月20日的判决，终止庇护行为。部分支持了秘鲁的第3项请求，即哥伦比亚立即终止庇护，以便秘鲁当局继续之前被中断的正常的司法执行活动。（ICJ. Reports. 1951，p83）

国际法院在1950年11月20日的判决中认为"域外庇护"与领土庇护不同，在域外庇护中，单方面确定庇护请求人的犯罪性质将会侵犯罪行发生地国的主权。哥伦比亚不能证明"域外庇护"（外交庇护）已成为习惯国际法规则。虽然1933年在蒙得维的亚签订的《美洲国家间关于政治庇护权公约》第2条有此规定，但这公约对秘鲁没有拘束力，因为秘鲁拒绝批准该公约，从而表达其反对的态度。因此，法院驳回了哥伦比亚所谓"庇护国有权单方面确定庇护请求人的犯罪性质"的要求。（ICJ. Reports. 1950，p277）

庇护请求人阿亚·德·拉·托雷是在被通缉后3个月才进入大使馆避难的，不能认为存在1928年《哈瓦那公约》第2条第2款条所指的"紧急情况"，因此，哥伦比亚给予托雷庇护，是违反《哈瓦那公约》的行为。（ICJ. Reports.1950，p283）

关于要求给予受庇护人安全离境通行证的问题，法院认为1928年哈瓦那《关于庇护的公约》的第2条只规定领土国（receiving state）在要求避难者离境时，才有给予安全离境通行证的义务。本案不存在这种情况，因此，秘鲁没有义务给托雷提供出安全离境的通行证。（ICJ. Reports.1950，p279）

哥伦比亚虽然没有义务把阿亚·德·拉·托雷移交秘鲁当局，但庇护应当立即停止。（ICJ.Reports.1951，p82）法院认为双方可在"礼让和善邻"的基础上商定一个实际可行的解决办法。（ICJ.Reports.1950，p285）

二、哥伦比亚诉秘鲁庇护案评析

本案涉及国际法上的问题，主要有两个：第一，习惯国际法的形成以及区域性习惯法的证明。第二，在外交庇护的情况下，庇护国/派遣国（sending state）和领土国/驻在国（receiving state）各自有哪些权利和义务？

首先，关于习惯国际法与区域性习惯法问题。习惯国际法是"不成文"的国际法。《国际法院规约》第38条第1款（b）中，规定联合国国际法院（ICJ）审理案件时，可以依据"国际习惯，作为通例之证明而经接受为法律者"。一般来说，国际习惯的形成，须具备两个方面的要素：一是物质要素，即通例的存在，是指各国的一般国家实践（general practice），这是客观要素。二是心理要素，即法律确信（opinio juris），是指被各国认为是具有法律约束力的规则（accepted as law），这是主观要素。

在庇护案中，法院的判决涉及了对习惯国际法形成要素的经典解释：

依赖于一项习惯的当事国……必须证明该习惯是以这样的方式确立的，即它已经对另一方当事国具有拘束力……所援引的规则……与有关各国不间断的和始终如一的通例一致，并且这种通例是庇护权给予国应享有的权利和领土所属国应尽的义务的表达。这遵循了《国际法院规约》第38条，该规约将国际习惯视为一般接受为法律的依据。

国际习惯，是以权利、义务为内容的法律规则，这个特点，使得习惯法区别于国家交往实践中的礼让和道德惯例。

在本案中，国际法院确认，不存在一般国际法之下的所谓"外交庇护权"。哥伦比亚辩称，其主张依据的是美洲国家间存在的关于外交庇护的区域性习惯法。一系列美洲国家间的条约（treaties）①仅是对该习惯法加以编纂，

---

① 关于"外交庇护权"的条约法依据，主要有1928年美洲国家在哈瓦那签署的《关于庇护权的公约》，1933年美洲国家在蒙得维的亚签订的《美洲国家间关于政治庇护的公约》等。

是所谓"一般美洲国际法"（American international law in general）^①的体现，因而对秘鲁也是有效的。法院指出，第一，秘鲁由于反对"外交庇护权"，拒绝参加相关条约；第二，即使这种所谓"区域性习惯法"的确真实存在，但由于秘鲁的一贯反对，该规则对秘鲁也不产生法律效力。

其次，关于域外庇护或外交庇护问题。庇护是以属地优越权为依据，各国自主处理和决定给予外国人庇护事项的权利。和领土庇护相对应的是所谓域外庇护。域外庇护，又称为外交庇护，是指对于避难者在驻在国的大使馆、领事馆、军舰和军用飞机等区域内给予的庇护。

1961年《维也纳外交关系公约》和1963年《维也纳领事关系公约》中，都没有关于"外交庇护"的规定。相反地，却明确规定了外交人员负有尊重接受国法律规章之义务，并负有不干涉该国内政之义务，以及使领馆不得充作与其职务不相符之用途。^②

在庇护案中，国际法院确认，外交庇护权仅作为一种例外存在，其行使的条件是：①作为个人遭遇身体危险时的临时性紧急措施。②存在有法律拘束力的当地习惯法规则允许进行外交庇护。③基于条约的规定。

最后，关于国际人权法问题。在庇护案中适用的"政治犯不引渡"原则，涉及国际人权法。一般认为，政治庇护是一种国家主权权利，而不是国家的义务，同时，也不是个人的权利。各国对"政治犯"的定义和认识，也没有统一的规则和标准。

在本案中，国际法院作出了一个看似自相矛盾的判决。法院认为，哥伦比亚声称"有权单方面确定庇护请求人的犯罪性质"的诉讼请求，没有国际法依据，因而，哥伦比亚应当停止庇护。同时，法院认为，秘鲁也未能证明托雷是"普通罪犯"，所以，哥伦比亚没有义务交出庇护人。这样的判决，导致了哥伦比亚第二次起诉要求法院解释其判决，和关于如何处置托雷的问题，

① 即"外交庇护权"是存在于拉丁美洲的"区域性习惯法"（regional custom）或当地习惯法（local custom）。

② 参见1961年《维也纳外交关系公约》第41条第1款和第3款，以及1963年《维也纳领事关系公约》第55条第1款和第2款。

法院又单独作出第三个判决。最终，法院还是把判断权交还到当事国去协商解决。直到1954年，两国终于达成协议，让阿亚·德·拉·托雷离开了秘鲁①。

在1947年的《世界人权宣言》中，第14条规定："人人有权在其他国家寻求和享受庇护以避免迫害。"但是，宣言并不是具备法律效力的文件。1966年联合国《公民权利和政治权利公约》对个人的庇护权则并未涉及。1967年，联合国大会通过《领土庇护宣言》，该宣言并没有导致任何国际公约的制定。不过，从国际法新发展的视角，国际人权法对外交法领域的重大影响，是不能够被无视的。②例如，2020年，维基解密网站创始人阿桑奇在厄瓜多尔驻英国大使馆接受庇护7年之后，厄国政府突然以阿桑奇不遵守庇护协定为理由，终止庇护，甚至允许英国警方直接进入使馆，强行执行了逮捕。在对阿桑奇是否为政治犯仍有争议的情况下，厄国总统表示，已经要求英国保证不把阿桑奇引渡到可能对他使用酷刑或处以死刑的国家，英国政府就此给出了书面保证。③

三、中国关于域外庇护的实践

关于使领馆行使域外管辖权（外交管辖权）问题，回顾中国近现代历史也有许多经典案例。

1840年鸦片战争以后，现代国际法从西方传入中国，清朝政府对国际法还是有所忌惮的。典型案件如孙中山伦敦蒙难事件。1895年广州起义失败后，孙中山先生被清政府悬赏通缉。1896年10月11日，避难海外的孙中山刚到伦

---

① 国际法院的庇护案之后不久，1954年第十届美洲会议在加拉加斯通过《关于外交庇护权的公约》，其第4条明确规定，由授予庇护的国家决定犯罪的性质或受迫害的动机。

② 参见 Paul Behrens, THE LAW OF DIPLOMATIC ASYLUM–A CONTEXTUAL APPROACH, Michigan Journal of International Law, 2014, Vol.35（2），p.319.

③ 厄瓜多尔的这一撤销庇护的行为，被其本国前总统称为"拉美历史上最大的叛徒"，以及"人类永远不会忘记的罪行"。参见观察者网相关新闻报道，https://www.sohu.com/a/307350633_115479，最后访问时间：2022年5月10日。

敦即被清廷驻英国公使馆官员当街绑架，并囚禁在公使馆中，准备秘密押解回中国。后孙中山在英籍老师康德黎和英国新闻媒体的帮助下，使得事件曝光。虽然当时向伦敦刑事法院指控中国公使馆违反《人身保护法》的刑事控告未被法官受理，但是，10月23日，英国政府出面，向清公使馆发出外交照会，要求公使馆按国际法和国际惯例立即释放孙中山。当天下午，孙中山终于被释放，他在清廷公使馆共被囚禁12天。公使馆对本国公民的管辖属于属人管辖，但是，这个管辖权是低于驻在国的属地管辖权的，这就是所谓国际法中国家管辖权冲突的属地优先原则。

1912年清朝灭亡，中华民国成立。但是，当时中国仍然是半殖民地半封建国家。在北洋政府后期，发生了骇人听闻的李大钊遇害事件。1926年3月底，因从事反帝爱国民主运动得罪了北洋政府的北京大学教授李大钊等人，在苏联的建议下，将国民党和中国共产党两党在北京的领导机关迁入了位于东交民巷苏联大使馆西院的旧俄国兵营内。1927年4月6日，京师警察厅派500多名警察，直接强行冲进苏联大使馆，逮捕了李大钊及家人学生等30多人。李大钊于22天后被当局处以绞刑。派遣国驻外使领馆，是派遣国国家主权的延伸，未经许可，绝对不许入内，不存在例外。张作霖政府却完全无视了这一条外交法基本规则。和清廷政府不尊重使领馆驻在国的属地管辖权一样，军阀政府同样缺乏对国际法和国际惯例的尊重。

1949年中华人民共和国成立。我国现行1982年《宪法》明确规定了给予外国人政治避难的权利，并遵循我国缔结和参加的条约以及国际惯例的规定，行使庇护权。我国一贯奉行领土主权原则和不干涉内政原则，反对所谓域外庇护，或外交庇护。

对于滥用使领馆庇护权的情况，典型案例有我国曾经面对的朝鲜偷渡者闯馆的系列事件。2002年，在沈阳、北京等地，集中发生了一系列的朝鲜人偷渡者在西方人士和非政府民权组织的帮助下，大批地冲闯外国驻华使领馆和国际组织驻华机构的事件，这些人声称目的是寻求"政治避难"。但是，中国政府认为这些非法入境的朝鲜人是"经济移民"，并不是带有政治意味的"难民"，因此政府做法是人道收容，遣返回国。非法移民是个世界难题，给各个接受国都带来了巨大的政治和社会冲击。一些驻华使领馆，为了达到自己的政治目的，行使域外庇护权，给接受国中国造成了政治困扰，违反了使领馆应尊重驻在国主权和法律的义务，也不符合使领馆代表本国与驻在国建立友好外交关系的基本职责和使命宗旨，明显属于滥用国际法所赋予外交特权和豁免的行为，因此，遭到中国政府的强烈反对。

总之，对于域外庇护，或外交庇护的合法性问题，中国政府的立场是，中国的使领馆或其他享有特权和豁免的机构，拒绝接受政治避难，也不允许在中国的外国驻华使领馆或其他机构庇护来寻求庇护的人。但在实践中，由于使馆馆舍的绝对不可侵犯原则，发生外交庇护争端后，一般也是采取当事国协商解决的处理办法。

国际法院"索马里诉肯尼亚印度洋划界案"评述

宋春雨*

摘　要：索马里诉肯尼亚印度洋划界案是国际法院海洋划界的最新实践。国际法院对两国之间的领海、专属经济区和大陆架进行了划界。国际法院认为《谅解备忘录》以及《联合国海洋法公约》第15部分并不构成"其他解决方法"，其拥有对本案的管辖权，索马里的诉请具有可受理性。国家间关于划界的默示协议要遵循严格的判定标准。在该案划界问题中，国际法院采用三阶段划界法。该案对我国海洋划界实践有以下借鉴意义：国际司法机构在违背国家同意原则的情况下对案件不具有管辖权；在相对国违反诉讼程序和实质要求的情况下，应及时提出可受理性异议以维护本国的权益；国家在争议海域内的正当活动不违反"不危害或阻碍义务"。

关键词：国际法院；印度洋划界案；默示协议

一、导论

海洋划界是国际法院裁判中的热点问题，1982年《联合国海洋法公约》（以下简称《海洋法公约》）对海洋划界起到了规范与指引作用。索马里诉肯尼亚印度洋划界案是国际海洋划界的最新实践。索马里联邦共和国（以下简称索马里）与肯尼亚共和国（以下简称肯尼亚）于东非海岸相邻，其同为东非沿海国家，海岸线面向印度洋。两国同作为东非地区重要的国家，特别是

---

* 宋春雨，香港中文大学能源与环境法硕士。

索马里作为非洲海岸线最长的国家，彼此间在政治、经济领域都具有密切的合作关系。然而，两国长期以来未能就领海划界问题达成一致。2014年8月28日，索马里正式对肯尼亚向国际法院提起诉讼，其诉求是，根据国际法划分印度洋上属于索马里和肯尼亚的所有海域的单一海洋边界的完整走向，涉及两国领海、专属经济区和大陆架（包括200海里以外大陆架）的争端。此在海洋划界领域产生重大影响的案件由此拉开序幕。

在索马里起诉后，其援引两国分别于1963年4月11日和1965年4月19日根据《国际法院规约》第36条第2款所作的承认国际法院管辖权具有强制性的声明作为法院管辖权的依据。肯尼亚则针对索马里的反映提出了两项反对意见，一是国际法院并不具有管辖权；二是索马里的请求书并不具有可受理性。法院在2017年2月2日的判决（下称2017年判决）中驳回了肯尼亚提出的初步反对意见。而在具体的划界问题中，双方就争议区域的划界持根本不同的态度。索马里认为，两国之间不存在既有的海洋边界，要求法院采用等距/特殊情况法划定领海边界，采用等距/相关情况法划定专属经济区和大陆架。根据索马里的诉求，所有海域都有一条未经调整的等距离线，可以实现国际法要求的公平结果。肯尼亚则认为，索马里已经同意沿南纬1°39′43.2″的纬度平行线划定两国的海洋边界，根据地理环境和区域惯例，双方都认为是一个公平的界限。索马里同时指称肯尼亚违反其国际义务。针对具体划界问题，法院于2021年10月12日正式作出判决。在判决中，法院的判决结果和不同法官的意见，均存在值得讨论的空间。这些判决背后的法律原理，对中国处理海洋划界争端也具有一定的借鉴意义。

二、管辖权与可受理性分析

2017年判决书主要裁定了索马里和肯尼亚之间的管辖权和可受理性争端。在管辖权问题上，主要审查了两国之间是否存在关于海洋划界争端的"其他解决方法"。在可受理性问题上，主要审查了《谅解备忘录》和"清洁手"原则对可受理性的影响。

（一）国际法院是否具有管辖权

国际法院管辖权的前提是国家同意原则，即国际法院没有一般意义上的强制管辖权，对所涉及争端的管辖需要得到争端当事国的同意。[①]一般而言，国家可以通过以下三种形式同意国际法院的管辖："（1）当事国通过订立特别协议的方式将案件提交给国际法院；（2）依据现行国际条约中赋予国际法院管辖权的条款；（3）国家依据《国际法院规约》第2款作出接受国际法院强制管辖的声明，从而与其他同样作出该声明的国家之间的争端可由任一争端当事方提交国际法院。"[②]

在索马里诉肯尼亚海洋划界案中，双方的争议点在于，国际法院是否具有管辖权。索马里认为，国际法院具有管辖权，并援引两国根据《国际法院规约》第36条第2款所作的承认国际法院管辖权具有强制性的声明作为法院管辖权的依据。肯尼亚则认为，其接受法院强制管辖权声明中的一项保留，根据该保留，如果当事方同意"诉诸其他解决方法"，则国际法院不具有强制管辖权。肯尼亚声称，《谅解备忘录》和《海洋法公约》第15部分中关于争端解决的相关规定构成"其他解决方法"，本案不受国际法院管辖。[③]

1. 谅解备忘录是否构成"其他解决方法"

法院认为，要确定《谅解备忘录》是否对管辖权有影响，首先要确定其是否为有效条约。根据条约习惯法，国家之间以书面形式缔结并受国际法制约的国际协定构成条约。《谅解备忘录》确实是对双方具有约束力的条约，其中第六段中规定了关于海洋划界"其他解决方式"的内容。[④]然而，法院对

---

① 参见江国青、杨慧芳：《联合国改革背景下国际法院的管辖权问题》，载《外交评论》（外交学院学报）2012年第2期，第121—122页。

② 参见《国际法院规约》第36条。

③ Maritime Delimitation in the Indian Ocean（Somalia v. Kenya），Preliminary Objections, Judgment, I.C.J. Reports 2017, pp. 16—17.

④ Maritime Delimitation in the Indian Ocean（Somalia v. Kenya），Preliminary Objections, Judgment, I.C.J. Reports 2017, pp. 18.

《谅解备忘录》做了整体解释分析后认为其不构成"其他解决方式"。在解释《谅解备忘录》时,法院参照国际法上的通常做法,适用《维也纳公约》第31条和第32条的相互解释规则对文本进行解释。① 首先,《谅解备忘录》只涉及200海里以内大陆架的划定和200海里以外大陆架的划定,而本案需要解决的问题超过了其涵盖的范围。其次,从该备忘录签署的目的来看,其是为了使双方进行诚信谈判从而达成协议,并未排除国际法院的争端解决程序,只是对《海洋法公约》第83条第1款的反映。《谅解备忘录》并未约定双方达成协议的时间与规则、双方的义务和特定的争端解决方法,故谅解备忘录并不能构成关于海洋划界的"其他解决方式"。② 本努纳(Bennouna)法官则认为,国际法院一开始就确定了《谅解备忘录》第六段是管辖权争议点的核心,进而对第六段进行了解释,这违反了一般性的解释原理,存在颠倒推理之嫌。③专案法官纪尧姆(Guillaume)认为国际法院应当尊重《谅解备忘录》的法律效力,国际法院并不具有对本案的管辖权。④

笔者认为国际法院对《谅解备忘录》的解读并无问题,《谅解备忘录》不构成"其他解决方法"。首先,《维也纳公约》第31条规定:"应按照条约用语在其上下文中的通常含义,并根据其目的和宗旨,进行善意解释。"本案中,国际法院先对《谅解备忘录》的整体进行了解读,在理解《谅解备忘录》基本表述方式的基础上,对涉及本案争议核心的第六段和第二段进行了集中分析。国际法院的解释方式很好地遵循了《维也纳公约》的解释方式,体现了其力求准确的精神。而本努纳法官认为国际法院对《谅解备忘录》的解释

---

① Question of the Delimitation of the Continental Shelf between Nicaragua and Colombia beyond 200 Nautical Miles from the Nicaraguan Coast (Nicaragua v. Colombia), Preliminary Objections, Judgment, I.C.J. Reports 2016(I), pp. 116.

② Maritime Delimitation in the Indian Ocean (Somalia v. Kenya), Preliminary Objections, Judgment, I.C.J. Reports 2017, pp. 39.

③ Maritime Delimitation in the Indian Ocean (Somalia v. Kenya), Dissenting Opinion of Judge Bennouna, I.C.J. Reports 2017, pp. 59.

④ Maritime Delimitation in the Indian Ocean (Somalia v. Kenya), Dissenting Opinion of Judge Ad Hoc Guillaume, I.C.J. Reports 2017, pp. 79.

存在颠倒推理的观点，则是一种基于《维也纳公约》第31条的僵化理解。在本努纳法官的认知中，对条约的解释应该从含义有理解上的困难的用语开始，然后在必要时将这些用语放在其背景中。国际法院在本案中则是采取了先整体后局部的解释方法，所以本努纳法官会认为国际法院存在"颠倒推理"的嫌疑。然而，对《维也纳公约》第31条的理解不应局限于僵化的顺序，只要达到了理解条文目的宗旨和通常含义的效果，具体方式则可以灵活变通。其次，纪尧姆专案法官的理解具有片面性。大陆架委员会的作用只影响两国之间海洋边界的界定，并不实际影响划界问题。仅仅根据"两国只有在大陆架委员会提出建议后才能确定海洋边界"这一表述，并不能将《谅解备忘录》认定为一个时效性条款。这一表述只涉及定界问题，并没有给海洋划界问题增加时效性限制。国际法院将《谅解备忘录》第六段与《海洋法公约》第83条第1款进行类比，是因为它们本质内涵相同，都没有排除国际法院的争端解决程序。要正确看待国际法院的类比，不能因为条约细节上的不同之处而忽视其本质内涵的相同。因此，肯尼亚并不能以《谅解备忘录》构成海洋划界的"其他解决方法"为由来否认法院的管辖权。

2.《海洋法公约》第15部分是否构成"其他解决方法"

法院认为，《海洋法公约》第15部分也不属于对肯尼亚的任择条款声明的保留范围，必须驳回肯尼亚对法院管辖权的初步反对意见。[①]本文支持法院认可本院管辖权的观点。

法院的观点立足于对《海洋法公约》第15部分的解释。第15部分为"争议的解决"，其主要规定的内容为涉海国际争端中争端解决方法的选择等。以和平方式解决争端为原则和前提，在此基础之上当事国可以采用自己选择的任何和平手段。根据第15部分第一节的规定，缔约国在非诉讼方式没能解决争端的情况下，可以将争端提交至具有管辖权的司法机关解决。[②]然而，这一

---

① Maritime Delimitation in the Indian Ocean（Somalia v. Kenya），Preliminary Objections, Judgment, I.C.J. Reports 2017, pp. 51.

② United Nations Convention on the Law of the Sea, pp.143—144.

部分有一个排除条件，即若双方订立协议排除法院管辖，此协议有效。此类协议的认定标准是相对严格的，而与之相对的，约定可由法院管辖海洋边界争议案件的协议所适用的标准是宽松的，即只要两国所达成的约定符合"协议"的一般情形或含义，都可以认为有接受法院管辖的可能，其中包含的较为重要的方式便是任择条款声明。另外，若两国中的任何一国以保留的方式排除了某一种类型的争端所出现的可能性，那么"需要由法院解决的争端"本身就失去了事实基础，相应地就没有必要再讨论是否由法院管辖的问题。故在本案中讨论第15部分是否构成"其他解决方法"的一个前提是，本案属于两国所承认的需要解决的争端类型，故讨论其任择条款的性质是存在必要性的。

在本案中，法院应决定是否应当将肯尼亚进行保留的任何条款解释为属于第282条规定的范围之内。法院所作出的解释是，"通过任择条款声明对法院管辖权的协议属于该条的范围，并'代替'第15部分第二节规定的程序适用，即使这种声明含有与肯尼亚的保留相同的效果。"① 根据第282条，缔约国的任择条款声明构成"其他"达成的协议。另外，法院还采用了"类目的解释"的方法，即将缔约国声明的最初意图纳入考量范围。法院认为，如果裁定法院拥有管辖权，就能确保这一争端采用一种解决争端的方法，从而实现肯尼亚声明中反映的意图。

针对法院支持管辖权的主张，罗宾逊（Robinson）法官对此结论提出了不同意见，并且他着重对于《海洋法公约》第15部分不属于对肯尼亚任择条款的保留范围提出反对意见。罗宾逊法官指出，肯尼亚一项论点的实质是它的保留将使得缔约国同意诉诸其他解决方式的争端排除于法院的管辖权之外，这也与上文法院的解释相契合。但《海洋法公约》第287条第1款所规定的四种手段属于可以保留的范围，保留可以剥夺法院的管辖权。② 他认为法院对

---

① Maritime Delimitation in the Indian Ocean（Somalia v. Kenya），Preliminary Objections, Judgment, I.C.J. Reports 2017, pp. 46.

② Maritime Delimitation in the Indian Ocean（Somalia v. Kenya），Dissenting Opinion of Judge Robinson, I.C.J. Reports 2017, pp. 79.

"其他解决方法"的理解，不能解读为任何带有保留的任择条款都属于第282条"协议"的范围之内，否则意味着保留对任择条款的声明没有影响。

罗宾逊法官提到的此条所列举的四种方法分别涉及国际海洋法法庭、国际法院、仲裁法庭等，虽然包含了国际法院之外的机构，但从其规定来看并未排除法院的管辖权；另外，对于"以其他方式"的解读，本身就是宽松标准。在肯尼亚的保留中，虽然排除了法院对于"争端双方已同意或应同意诉诸某种其他方法的争端"的管辖权，但其并未明确选择一项"非法院"的方式，而是其对管辖权的接受适用于"所有争端"，故对其声明的解释也应当采用宽松标准，不可直接排除法院的管辖权。

笔者认为，与此问题中的反对意见相比，法院的观点更为全面和准确，同时运用了科学恰当的解释方法。法院对于任择条款声明效力的解释方式符合协议与声明认定的宽松标准，也即属于"以其他方式"达成的协议。宽松标准在国际法规则中的确定，其目的应为推动国际间争端解决的需要。国与国之间的争端不可避免，但在争端的解决层面，管辖问题所承载的功能是赋予争端解决机构层级的稳定性与精准性，同时树立其权威性。故管辖权问题是争端解决中的基础性问题，而非重点性问题。争端当事国对于管辖权所提出的异议，其本质上依然是否定另一当事国诉求的体现。对于两国间的争端解决依然应侧重于实质性解决，而非在形式性事项中占用过多资源。因此，在本案中，法院贯彻宽松原则适用，将"其他解决方法"作宽松标准解释，从而在管辖权方面得出了较为确定的结论。法院的这一主张同时有利于争端解决效率的提升。

国际法院的观点具有合理性的另一方面在于，"类目的解释"方法的运用堪称典范。缔约国通过任择条款所发出的保留声明，都是基于一定的理由和意图的，那么此种意图归根结底是为了争议的解决、本国利益的保护。由此，出现争端时，自然应由相应的争端解决机构或方式发挥作用。各种争端解决方式无明显的优劣之分，如果双方同意采取诉诸法院以外的争端解决方式，当然可以采用，这也说明此争端可以得到良好的解决；但在双方无此类约定的情况下，为了争端的解决、利益的保障，就应当认为法院对此类争端有管辖权，否则与当事国作出保留的意图有南辕北辙之嫌。此"意图"的含义，并非由当事国当下的诉求决定，而应当由此规范性文件颁布或声明的作出时所希求达到的目的决定，也即一种"一般含义"意义上的"目的"。因而，法院的意见正确地确定了本案的管辖权归属，本案应当由国际法院来管辖。

（二）索马里申请书是否具有可受理性

可受理性是对特定机构在相关争议请求上行使管辖权的一种评价手段，其在诉讼或纠纷解决机构中属于"主管"的范畴。[①]影响可受理性的因素要进行多重考虑。国际法院将可受理性障碍概括为以下四类情形：争端不存在、争端是政治争端而非法律争端、未用尽当地救济，以及请求国不具有诉讼能力。[②]肯尼亚根据以下两点认定索马里的请求书不具有可受理性：一是其认为《谅解备忘录》已经构成了双方之间的划界解决方法，二是其认为索马里违反"清洁手"原则而导致其请求书不可受理。[③]

1.《谅解备忘录》的效力是否影响可受理性

肯尼亚认为，索马里的申请书不具有可受理性，是基于其认为两国在《谅解备忘录》中就划界问题达成了划界解决协议，并且应该等待大陆架界限委员会对双方的划界行为给出建议。但国际法院已经否认了《谅解备忘录》构成两国处理划界问题的"其他解决方法"，故其认为肯尼亚从这一角度主张索马里的申请书不具有可受理性是无效的。[④]此处国际法院对可受理性的分析顺承了其在管辖权问题中对《谅解备忘录》的看法，因此自然会认为《谅解备忘录》的效力不影响索马里申请书的可受理性。

---

① SHANY Y. Questions of jurisdiction and admissibility before international courts [M]. Cambridge: Cambridge University Press, 1953: 155.

② 参见王铁崖：《国际法》，法律出版社1995年版，第568—569页。

③ Maritime Delimitation in the Indian Ocean (Somalia v. Kenya), Preliminary Objections, Judgment, I.C.J. Reports 2017, pp. 51.

④ Maritime Delimitation in the Indian Ocean (Somalia v. Kenya), Preliminary Objections, Judgment, I.C.J. Reports 2017, pp. 51.

2. "清洁手"原则是否影响可受理性

肯尼亚认为，索马里违反了在《谅解备忘录》中应当承担的义务，因此不应该向法院提出救济。根据肯尼亚的主张，索马里在寻求法院救济时应保持"双手干净"，索马里这一违背了"清洁手"原则的做法应当阻却其诉讼请求的可受理性。[①]而法院认为，当事国一方可能违反本案所涉及条约这一事实并不影响其行为的可受理性。并且，索马里并没有将《谅解备忘录》作为本案的实体法来源，也没有将其作为赋予法院管辖权的文书，所以索马里的请求具有可受理性。在这一点上，法院选择了忽视"清洁手原则"，以对其的宽松解释从另一个角度论证了案件的可受理性。法院认为，其管辖权并不是来源于《谅解备忘录》，故当事国在本案的情况下也可以不受《谅解备忘录》的约束，当事国是否违反其中的义务也不会影响本案的判决结果。[②]

"清洁手"原则也称"干净的手"原则，来源于英国衡平法，其主要含义为，当一国违反了衡平法中的原则时，它就不能主张衡平法中的救济或者使用衡平法来为自己辩护。[③]也即，起诉者自身需"洁白无瑕"。肯尼亚在本案中主张的索马里违反"清洁手"原则属于请求国不具有诉讼能力这一可受理性障碍的范畴。请求国不具有诉讼资格是一种程序意义上的可受理性障碍，它并不是指请求国自始就不具有诉讼资格，而是因为缺乏某种程序导致请求国无法对争端提起诉讼。在程序上的缺陷被补足后，请求国就可以获得对争端的诉讼资格。在本案中，肯尼亚和国际法院对"清洁手"原则是否影响可受理性这一问题持有不同看法，根源在于其适用不同的评价体系。在肯尼亚的评价体系中，《谅解备忘录》构成解决划界问题的"其他解决方法"，是处理本案争端的主要方式，具有重要性与不可替代性。索马里违反了这一争端解决方式中的行为准则，就会导致严重的后果，即其请求不具有可受理性。

① Maritime Delimitation in the Indian Ocean（Somalia v. Kenya），Preliminary Objections, Judgment, I.C.J. Reports 2017, pp. 51.

② Maritime Delimitation in the Indian Ocean（Somalia v. Kenya），Preliminary Objections, Judgment, I.C.J. Reports 2017, pp. 52.

③ 参见马迅：《论"干净的手"原则在国际仲裁投资中的适用》，载《现代法学》2016年第5期。

而在国际法院的评价体系中，《谅解备忘录》仅仅是案件相关的一个条约，强调了两国应当善意协商的义务，并没有对案件有实质约束力与重大影响。故在国际法院的判决中对"清洁手"原则做了淡化处理。在国际法院的评价体系下，违反不重要的相关条约并不能影响对实际案情的判决与处理。因此，在先前国际法院对《谅解备忘录》的定性基础上，国际法院作出的判决具有合理性，"清洁手"原则不影响索马里请求书的可受理性。在不同评价体系下，肯尼亚的主张不可能得到支持。

三、索马里与肯尼亚之间是否存在海洋边界默示协议

管辖与可受理性问题集中于2017年判决，而海洋划界问题主要在2021年的判决中得以解决。索马里和肯尼亚争议的起源在于，双方对海洋区域划界采用完全不同的做法。索马里认为，两国之间不存在海洋边界默示协议，应该由法院划定等距离线，进而实现双方划界的公平结果。肯尼亚则认为，两国之间已经存在一条商定的海洋边界，因为两国之间存在沿南纬1°39′43.2″的纬度平行线划定边界的默示协议。①

（一）默示协议的认定标准

默示协议对于建立永久海上边界具有十分重要的作用，因此，法院对默示协议采用严苛的认定标准，为默示协议的建立设定了一个很高的门槛。在索马里诉肯尼亚海洋划界案中，国际法院将默示协议认定为一种单方的非书面行为，而另一方则需要在合理期限内作出回应，否则就认为其默许了对方的行为。在海洋划界问题中，默示协议的基础在于当事国双方是否对其海洋边界有共同的理解。②在索马里诉肯尼亚印度洋划界案中，两国对其海洋边界有共同的理解，法院要做的就是在这一大前提下对划界立场的一贯性、对方

---

① Maritime Delimitation in the Indian Ocean（Somalia v. Kenya），Judgment, I.C.J. Reports 2021, pp. 19.

② Maritime Delimitation in the Indian Ocean（Somalia v. Kenya），Judgment, I.C.J. Reports 2021, pp. 22.

是否对此划界立场作出合理回应，作出进一步的审查。

1.肯尼亚的划界立场是否具有一贯性

划界主张的一贯性是认定默示协议的一项重要因素，所以应该结合默示协议认定的全部证据来综合判断。这些证据应当令人信服，并且能够表明肯尼亚的划界主张和相关行为是一贯坚持的，是需要索马里作出回应的。肯尼亚在其立法中强调沿中线和等距离线划界法，而在1979年和2005年的公告里都主张以纬度平行线为界。肯尼亚的主张与其1972年《领海法》、1989年《海洋区法》以及2009年向大陆架界限委员会提交的文件相矛盾。国际法院据此认定其划界立场不具有一贯性。[①]国际法院对肯尼亚划界立场一致性的判断符合程序要求与以往的判例。

2.索马里是否对肯尼亚的划界立场作出回应

国际法院认为默许是通过单方行为作出的默示承认，当一国作出默许后，需要相对国在一定期限内作出回应，两国之间才能达成默示协议。在本案中，国际法院通过对索马里行为的分析，判定索马里并没有默认肯尼亚的划界行为，而是通过明确回应，坚持主张两国之间存在海洋边界争端。[②]罗宾逊法官认为，法院在作出肯尼亚划界主张不具有一贯性的判决后，索马里自然不用对一个变化中的主张作出答复。对索马里行为的进一步分析则会导致国际法院的自身逻辑错乱。[③]本文认为，罗宾逊法官的主张失之偏颇。国际法院判定默示协议的标准在于，一是确定一国的主张是否要求对方进行回应；二是确定对方有没有在合理期限内进行回应，如果没有作出回应，则认为其默许相对方提出的主张。国际法院对索马里行为的分析证明了索马里并没有对肯尼亚的划界主张保持沉默，而是在合理的时间内作出了否定的回应，所以两国之间自然不存在海洋边界的默示协议。国际法院是通过对第二项条件的反方向论证而否定了默示协议的存在，并不存在逻辑偏差。罗宾逊法官的观点

---

① Maritime Delimitation in the Indian Ocean (Somalia v. Kenya), Judgment, I.C.J. Reports 2021, pp. 28.

② Maritime Delimitation in the Indian Ocean (Somalia v. Kenya), Judgment, I.C.J. Reports 2021, pp. 30.

③ Maritime Delimitation in the Indian Ocean (Somalia v. Kenya), Individual opinion, partly concurring and partly dissenting, of Judge Robinson, I.C.J. Reports 2021, pp. 20.

则为，在不满足第一项条件后，就不应该也没有必要对第二项条件进行论证。然而默示协议的两项成立条件是相互独立的，并不存在因果关系，罗宾逊法官的反对意见具有片面性。

四、索马里与肯尼亚印度洋边界的划定

索马里和肯尼亚均为《海洋法公约》的缔约国，因此，在进行海洋划界时，应当受《海洋法公约》的约束。在索马里诉肯尼亚海洋划界案中，国际法院的划界行为由以下两个部分组成：一是200海里内的专属经济区和大陆架的划界。在此部分中，国际法院首先确定划界相关地区的范围，然后使用了"三阶段划界法"作为判决依据。二是200海里外的专属经济区和大陆架的划界。在此部分中，国际法院参照了大陆外边缘的实际情况和《海洋法公约》的相关内容进行。[1]

（一）200海里内的专属经济区和大陆架的划界

在国际法院对200海里内专属经济区的划定中，首先确定了相关海岸和相关地区，然后用"三阶段划界法"确定了临时等距离线、判断是否需要调整临时等距离线，最后对等距离线进行了不相称性测试。[2]

1.相关海岸和地区的确定

两国对海洋边界的起点没有异议且意见一致，法院在确定起点后进而确定了相关海岸和相关地区。国际法院将本案中的"相关海岸"界定为，利用在200海里范围内重叠的径向预测后确定的可能重叠的海岸。相关海岸的识别作为进行不成比例检验的重要前提，同时可确定争端双方重叠海洋权利产生的范围。[3]因而，法院将"相关地区"界定为双方可能存在权利重叠的那一部

---

[1] Maritime Delimitation in the Indian Ocean（Somalia v. Kenya），Judgment, I.C.J. Reports 2021, pp. 33.

[2] Maritime Delimitation in the Indian Ocean（Somalia v. Kenya），Judgment, I.C.J. Reports 2021, pp. 43.

[3] 参见张国斌：《论海洋划界争端中"相关海岸"的识别》，载《中国海商法研究》2015年第2期，第55—56页。

分海洋空间。在划定相关海岸时，法院采用了径向投影的方式，认定相关地区的北部边界为肯尼亚和索马里海岸的海洋投影重叠处，南部则不包含肯尼亚和坦桑尼亚边界以南的海洋空间。[①] 对此，薛捍勤法官认为，径向投影后，很大一部分索马里的相关海岸并没有与肯尼亚的相关海岸产生权利重叠。因此她认为，在本案中，索马里一侧经过径向投影的区域超出了相关海岸的范围，法院使用这种方式确定相关海岸，是有些偏颇的。[②] 薛法官在本争议点中的意见是较为合理的。作为解决两国海洋争端的前置步骤，相关海岸的界定应当保持在合理的范围内。界定的区域过大或者过小都会直接影响判决结果。因此，相关海洋的界定应该充分考虑两国间的利益平衡，力求确定最合适与准确的范围。

法院随后将重点放在了领海的划界问题。对此两国的争议点在于：索马里认为应该根据《海洋法公约》第15条来进行划界，而肯尼亚则认为领海的海洋边界已经存在于纬线上。肯尼亚的观点已经在法院此前的判决中被否决。在本案中，索马里和肯尼亚分别提出了其认为合适的海洋划界基点，但是国际法院并没有采用任何一个国家的意见，国际法院最终以两国的地理环境为基础，并且利用适合该地理环境的基点划定了两国之间的等距离线。[③] 尤瑟夫（Yusuf）法官在其反对意见中指出，国际法院应遵守其判例或者其他法院的做法，参照测量领海宽度的低水线上的这些基点构建一条临时等距离线。在他看来，国际法院在本案中的基点选择是随机而又不符常规的。[④] 尤瑟夫法官的反对意见具有一定的合理性，就本案的基点选择来看，国际法院仅仅解释为在确定基点时将考虑到双方的建议，但如果其认为某个基点不合适，则不必选择该基点，即使双方在这方面达成了一致。法院可以选择一个双方都没

---

① Maritime Delimitation in the Indian Ocean（Somalia v. Kenya），Judgment, I.C.J. Reports 2021, pp. 46.

② Maritime Delimitation in the Indian Ocean（Somalia v. Kenya），Declaration of Judge Xue, I.C.J. Reports 2021, pp.2.

③ Maritime Delimitation in the Indian Ocean（Somalia v. Kenya），Judgment, I.C.J. Reports 2021, pp. 34.

④ Maritime Delimitation in the Indian Ocean（Somalia v. Kenya），Separate Opinion of Judge Yusuf, I.C.J. Reports 2021, pp. 3.

有提议的基点。①国际法院并没有为其违反常规和判例的基点选择方式提供具体的理由，其所谓的解释仅仅是对其做法的简单描述。单纯地强调以两国地理环境为基础选择适合的基点这个理由相对宽泛，国际法院在选择基点时应该提供更具有说服力的解释。在通常情况下，当两国就某一特定基点达成协定后，没有极其特殊的情况发生，国际法院应当尊重该协议。如果没有尊重两国之间的协议，最好补充说明相应的理由。

2. "三阶段划界法"的适用

《海洋法公约》第74条和第83条分别规定了专属经济区和大陆架划界的问题，但这两条的规定都较为笼统和宽泛，并不能为本案的划界问题提供实际有效的指导。对于两国的划界问题，法院的任务是为他们提供公平有效的划界方法，帮助当事国双方用合理的方式解决这个问题。

在本案中，国际法院采用了三阶段划界法，也即"等距离/相关情形"方法，此为近年来大多数海洋划界案件所使用的方法。②这一划界最初可见于罗马尼亚诉乌克兰黑海海洋划界案中：在第一阶段中，法院将从双方海岸选取一个最适当的基点来划定一条临时等距离线；在第二阶段中，法院将考虑是否有因素需要调整或者移动等距离线；在第三阶段中，法院将对在前两个阶段中确定的划界线进行不相称性测试。所谓不相称性测试，主要用于测试法院划定的分界线没有明显的不相称和不合理的情况，是法院用来确定划界是否公平合理的一种自我检测手段。三阶段划界法既结合了当事国双方的自然地理情况，又充分体现了法院致力于公平解决海洋划界争端的思想，是一种较为合理的划界方法。③

在本案中，法院在第一阶段结合划界区域的自然环境特征与划界在几何意义上的客观性确定了海洋划界的临时等距离线。④双方的争议点主要产生于

---

① Maritime Delimitation in the Indian Ocean（Somalia v. Kenya），Judgment, I.C.J. Reports 2021, pp. 40.

② 朱利江：《在原则与例外之间：油气因素对海洋划界的影响》，载《政法论坛》2019年第2期，第133页。

③ Maritime Delimitation in the Black Sea（Romania v. Ukraine），Judgment, I.C.J. Reports 2009, pp. 101.

④ Maritime Delimitation in the Indian Ocean（Somalia v. Kenya），Judgment, I.C.J. Reports 2021, pp. 52.

第二部分，索马里认为临时等距离线达到了公平划界的效果，无须进行调整。肯尼亚则从多个方面提出了对临时等距离线的调整建议。建议分为几个部分，法院对其中涉及沿纬线划定海洋边界、索马里安全局势和阻碍肯尼亚渔民获得资源的论点进行了否定，但是肯定了临时等距离线对肯尼亚的海岸具有截断效应。法院对于默示协议的否定自然否定了肯尼亚要求沿纬线划定海洋边界的诉求。法院认为，截断效应可能会导致肯尼亚潜在权利大幅缩减，根据截断效应的影响，决定调整临时等距离线。①尤瑟夫法官则认为，临时等距离线之所以会对肯尼亚的海岸产生截断效应，是因为肯尼亚与坦桑尼亚达成了协议，而该协对索马里和肯尼亚的海洋划界没有法律效力，等距离线的调整不应该受此标准影响。②在这个问题上，国际法院的做法更具合理性。尤瑟夫法官单纯地将两个不同的划界协议割裂开来，为了在相对意义上追求对索马里的公平，而造成了对肯尼亚绝对意义上的不公平。肯尼亚和索马里之间的等距离线，以及肯尼亚和坦桑尼亚之间的等距离线都对肯尼亚不利，肯尼亚的海洋权利因此而受到南北两个方面的挤压。由于肯尼亚的特殊地理位置，考虑肯尼亚地区的海岸凹陷或者切断效应时，根本无法将其与坦桑尼亚地区的海岸的相关情况排除在外。在这种情况下，有必要将第三国海岸的相关情况纳入考虑范围，在更广阔和完整的情况下来评估海岸地理结构。在综合考量上述全部因素后，国际法院对索马里和肯尼亚之间的等距离线进行调整是一个正确的做法。

（二）200 海里以外大陆架的划界

索马里和肯尼亚对 200 海里外大陆架有着相同的主张，即都主张其大陆架最远延伸至 350 海里。法院认为，应该将 200 海里内专属经济区和大陆架的分界线延伸至 200 海里外大陆架划界，直到双方的大陆架外部界限。③《海洋

---

① Maritime Delimitation in the Indian Ocean（Somalia v. Kenya），Judgment, I.C.J. Reports 2021, pp. 62.

② Maritime Delimitation in the Indian Ocean（Somalia v. Kenya），Separate Opinion of Judge Yusuf, I.C.J. Reports 2021, pp. 2.

③ Maritime Delimitation in the Indian Ocean（Somalia v. Kenya），Judgment, I.C.J. Reports 2021, pp. 69.

法公约》第76条规定了对200海里外大陆架权利划定的相关问题，在本案的划界过程中，索马里和肯尼亚都很好地遵循了《海洋法公约》所规定的义务。国际法院指出，没有划定外部界限并不妨碍在两个海岸相邻的国家之间划定大陆架。①

罗宾逊法官对国际法院的划界方法提出了反对意见。他认为，沿海国对200海里外大陆架的权利是由地质和地貌因素决定的，法院应该确保在划定200海里外大陆架界限之前存在这些因素。为了进行划界，法院必须有可靠的证据证实200海里外的区域存在大陆架。加纳科特迪瓦海洋划界案与孟加拉国缅甸海洋划界案的判决也对应当先判断是否存在地质地貌因素这一做法进行了确认。②在200海里外大陆架的划界过程中，国际法院在没有科学证据证明地质和地貌标准已经得到满足的情况下，就开始对这一地区进行划界，这一做法存在一定的瑕疵。此外，国际法院在200海里外划界问题上，应当补足一些对其划界方式公平性的论证。相比之下，其对200海里内划界方法具有公平性的详细论证更好地体现了判决的完整性。国际法院对不同问题的论证应当尽量保持同等水平的完整与均衡。

五、肯尼亚是否违反"不危害或阻碍义务"

"不危害或阻碍义务"（Obligation not to Jeopardize or Hamper）是指在达成最后海洋划界协议前，有关各国应该尽一切努力达成临时安排，并且在此期间不危害或阻碍最后协议的达成。③不危害或阻碍义务不仅是指对最后协议的达成不造成阻碍，还指有关各国在达成最终协议的过程中应该秉持谅解与合作的精神。不危害或阻碍义务可以理解为在划界过程中对当事国双方进行的一种限制，通过限制当事国双方，使其以合理的方式在合理的范围内行动，

---

① Maritime Delimitation in the Indian Ocean（Somalia v. Kenya），Judgment, I.C.J. Reports 2021, pp. 68.

② Maritime Delimitation in the Indian Ocean（Somalia v. Kenya），Individual Opinion, Partly Concurring and Partly Dissenting, of Judge Robinson, I.C.J. Reports 2021, pp. 2.

③ Maritime Delimitation in the Indian Ocean（Somalia v. Kenya），Judgment, I.C.J. Reports 2021, pp. 73.

从而为最终目的的达成增加了一层保障。

索马里认为，肯尼亚在有争议地区的单方行动侵犯了索马里的领海主权及其在专属经济区和大陆架的主权和管辖权，认为肯尼亚违反了"不危害或阻碍义务"。肯尼亚则认为，"不危害或阻碍义务"并不排除在有争议地区的所有义务，而是仅仅涉及在争议地区导致永久性物质变化的活动。法院从"不危害或阻碍义务"的适用范围、肯尼亚在过渡时期在争议海域内进行的活动的性质等方面，对该争议点进行了论证。①

（一）肯尼亚的行为是否导致海洋环境永久性物理变化

在判断行为是否导致海洋环境发生永久性物理变化时，国际法院并没有从行为性质的本身来判断其是否符合这一标准，而是通过活动发生的时间应在"过渡期"内这一前置条件、索马里没有明确的证据来表明肯尼亚在争议海域的行为具有导致永久物理变化的可能，从而排除了肯尼亚的责任。②在对一种行为进行归责时，首先要判断该行为是否发生在相应的期限和管辖区域内。其次如果没有充分的证据证明该行为处于争议区域内或者不能证明该行为确实发生，则不能轻易对该行为进行归责。肯尼亚在争议海域进行的勘测和钻探活动在索马里声称的海洋边界的等距离线以南，并且与该线保持了较远的距离。索马里没有确凿证据能够证明肯尼亚曾经在L-22区块进行过海底岩心钻探活动。因此，国际法院认为肯尼亚的行为并不会导致海洋环境永久性物理变化。③索马里无法证明肯尼亚的行为发生在"过渡期"内，也无法证明肯尼亚的行为发生在两国之间的争议海域。因此，在不满足时间条件和地域条件的情况下，肯尼亚的行为不应该受"不危害或阻碍义务"调整，也就不能进一步判定肯尼亚的行为是否导致海洋环境永久性物理变化。

---

① Maritime Delimitation in the Indian Ocean（Somalia v. Kenya），Judgment, I.C.J. Reports 2021, pp. 72.

② Maritime Delimitation in the Indian Ocean（Somalia v. Kenya），Judgment, I.C.J. Reports 2021, pp. 74.

③ Maritime Delimitation in the Indian Ocean（Somalia v. Kenya），Judgment, I.C.J. Reports 2021, pp. 75.

（二）肯尼亚是否妨碍双方达成海洋划界协议

根据索马里和肯尼亚的协商过程来看，2014年双方就海洋划界问题进行了谈判，2016年肯尼亚主动暂停了其在争议地区的活动，并且提出要与索马里达成关于海洋划界的临时安排。肯尼亚很好地满足了不危害或阻碍义务的两项要求：不危害或阻碍最后协议的达成、努力达成临时安排。由此可见，肯尼亚对双方达成海洋划界协议持积极态度，有主动协商的意愿。因此，法院认为根据现存的证据和肯尼亚行为的性质，无法认为肯尼亚妨碍双方达成海洋划界协议。[1]在一方态度足够明确、并且在达成协议方面有采取积极行动时，应当认为其促进了海洋划界协议的达成。

六、对我国的启示

自新中国成立以来，我国在海洋事业飞速发展的同时，与周边国家也产生了一系列海洋划界争端。作为1982年《海洋法公约》的缔约国，我国不仅积极发展、维护自身海洋权益，也积极履行各项国际义务，妥善处理与周边国家的相关海洋争议。但是，由于我国海陆邻国众多，涉及的具体问题差异性较大，加上目前国际形势日益复杂，我国在海洋事业中依然面临着较为严峻的挑战，这就要求我国要更好地掌握和利用国际规则，坚决维护自身利益。国际法院对海洋划界问题的裁决具有司法一致性，其判决对国家行为具有指导作用，可以在各国处理自身海洋划界事项时提供预期性指导。[2]因此，索马里诉肯尼亚印度洋划界案对我国的海洋划界问题具有指导意义。根据以上对案件的分析，我国可以从中获得以下启示：

第一，国际司法机构在违背国家同意原则的情况下对案件不具有管辖权。

---

[1] Maritime Delimitation in the Indian Ocean（Somalia v. Kenya），Judgment, I.C.J. Reports 2021, pp. 75.

[2] 张华：《争议海域油气资源开发活动对国际海洋划界的影响——基于"加纳与科特迪瓦大西洋划界案"的思考》，载《法商研究》2018年第3期，第169—170页。

在索马里诉肯尼亚印度洋划界案中，由于肯尼亚在保留声明中主张的《谅解备忘录》以及《海洋法公约》第15部分均不构成两国间海洋划界争端的"其他解决方法"，国际法院拥有对本案的管辖权。但是，当一国的保留声明能够有效排除国际司法机构的管辖时，国际司法机构则不能违背国家同意原则对案件进行强制管辖。在菲律宾单方提起的南海仲裁案中，仲裁庭在我国政府持"不参与、不接受"的态度下执意推进仲裁。我国在2006年已经提出了排除性书面声明，说明了在中菲两国无特殊协议的情况下，仲裁庭对案件无管辖权；同时，我国在2016年发表的声明中明确表态，我国不接受任何诉诸第三方的争端解决方式，也不接受任何强加于我国的争端解决方案。① 仲裁庭违反了国家同意原则，其仲裁结果对我国不具有法律约束力且自始无效。在没有充分理由证明一国的保留声明无效时，国际司法机构应对其持尊重态度，而不是直接无视其效力进行强制管辖。

第二，在对方违反诉讼程序和实质要求的情况下，应及时提出可受理性异议以维护自己的权益。本案中，肯尼亚认为，《谅解备忘录》是规范两国海洋划界争端的其他解决方式，索马里存在违背《谅解备忘录》的行为，并且不该越过《谅解备忘录》向国际法院提起诉讼。因此，肯尼亚对索马里的请求书提出了可受理性异议。虽然肯尼亚的可受理异议最终被法院驳回，但是其对我国处理海洋划界争端也有着一定的借鉴意义。在越南划界案以及越南与马来西亚联合划界案中，当事国在划界前都保证"划界区域与相关国家没有争议""不损害与相邻国家的划界"。事实上，其划界所涉及的区域严重侵害了我国在南海的主权和管辖权。② 对此，我国必须提高对规范性文件的解释能力、对国际法事项的应对能力。在当事国违反诉讼程序并且侵犯我国海洋权利的情况下，我国可以通过主张当事国的划界请求不具有可受理性来维护自身海洋权益。

---

① 金永明：《论南海仲裁案对海洋法的冲击》，载《政治与法律》2017年第7期，第107—109页。

② "中日双方通过平等协商，就东海问题达成原则共识"，http://www.gov.cn/jrzg/2008-06/18/content_1020543.htm，最后访问时间：2022年6月2日。

第三，国家在争议海域内的正当活动不违反"不危害或阻碍义务"。我国应当坚持捍卫自身权益，正常开展正当活动，不受他国干涉；同时，应合理允许他国的正当活动，加强海洋资源的开发与利用。在本案中，索马里认为，首先，肯尼亚在争议海域的行为违反了"不危害或阻碍义务"。而国际法院认为，不危害或阻碍义务并不是排除争议海域内的所有活动，而是要看该活动是否导致海洋环境发生永久性物理变化。其次，如前文所述，判断该义务的构成，主要应该参照三个方面，一是国家在争议海域的行为是否处于"过渡期"；二是当事国在争议海域的行为是否导致海洋环境永久性物理变化；三是是否妨碍双方达成海洋划界协议。我国在解决周边海洋争议时应当容许当事国在争议海域内进行正当的活动。事实上，我国在这方面已经有了一定的良好实践。在我国还没有与周边国家解决海洋划界问题时，与相关国家共同开发东海油气资源、与日韩签署黄东南海渔业协定等国家行为都属于此类实践。[1]有关对争议海域在划界前进行共同开发和利用并不会违反不危害或阻碍义务，反而有助于提升争议海域的利用率。因此，我国应该允许在争议海域内的正当活动，继续推进与相关国家的协商，对争议海域的海洋资源进行合理利用。

---

[1] 贾宇、密晨曦：《新中国70年海洋事业的发展》，载《太平洋学报》2020年第2期，第13—14页。

域外司法文书

英国"标准银行案":
《2010年贿赂罪法》暂缓起诉第一案

周振杰[*]

根据英国重大欺诈案件调查局（SFO）与英国标准银行达成并经法院批准的《暂缓起诉协议》（参见附件），本案的基本案件事实如下[①]：2012年6月1日至2013年5月31日，在预防坦桑尼亚斯坦比克银行有限公司（Stanbic Bank Tanzania Limited）和/或巴沙尔×阿瓦勒（Bashir Awale）和/或舒兹×希纳勒（Shose Sinare）等与其相关的人在业务行为中出于为标准银行获得或者保持业务或者优势而实施贿赂行为方面失职标准，具体而言：标准银行与斯坦比克银行在共同投标坦桑尼亚政府集资项目之际，承诺将总收益的百分之一支付给坦桑尼亚本地合作合伙人EGMA公司。在获得该项目后，标准银行与斯坦比克银行将600万美元支付给EGMA公司，而EGMA公司并未为此笔款项提供任何或者合理对价。在SFO根据《2010年贿赂罪法》第7条之规定对标准银行提出指控后，标准银行根据同条第2款的规定提出"适当程序"抗辩。但是，SFO指出了该交易中的合规程序不足以构成法定的抗辩。

根据该协议，标准银行应在协议有效期内，根据协议提供合作、支付600万美元的赔偿加上104.619658万美元的利息、支付1680万美元罚金、支付33万英镑的办案支出、上缴其840万美元的利润。同时，标准银行自行承担费用，

---

[*] 周振杰，安徽师范大学法学院教授、博士生导师，安徽师范大学司法案例研究中心主任，研究方向为比较刑法学、案例法学。

[①] Serious Fraud Office, Deferred Prosecution Agreement–SFO v ICBC SB PLC, at https://www.sfo.gov.uk/cases/standard–bank–plc/(visited on November 11, 2023).

实施有关遵守《2010年贿赂罪法》以及协议规定的其他有效反腐立法之现有内部反贿赂与反腐败控制、政策与程序的独立审查，并提交报告。

附件：

暂缓起诉协议

标准银行公众有限公司（Standard Bank PLC），现被称为工银标准银行公众有限公司（ICBC Standard Bank Plc），（以下简称标准银行），由其获标准银行董事会授权的指定代表与严重欺诈办公室（Serious Fraud Office，SFO）主任达成本《缓起诉协议》（本协议）。本协议自法院根据《2013年犯罪与法院法》（Crime and Courts Act 2013）表17，第8条（1）和（3）作出宣告之日起生效。

本协议的期限与条件如下：

指控与承担责任

1.标准银行承认，SFO将提出编号为U20150854的《起诉书草本》指控标准银行，内容如下：

罪行摘要

违反《2010年贿赂罪法》第7条，商业组织履行预防贿赂义务失职罪

事实陈述

标准银行公众有限公司（Standard Bank PLC），现被称为工银标准银行公众有限公司（ICBC Standard Bank Plc），于2012年6月1日至2013年5月31日，在预防与其相关的人等，即坦桑尼亚斯坦比克银行有限公司（Stanbic Bank Tanzania Limited）和/或巴沙尔×阿瓦勒（Bashir Awale）和/或舒兹×希纳勒（Shose Sinare），在业务行为中出于为标准银行获得或者保持业务或者优势而实施贿赂行为方面失职，具体如下：

（1）承诺给予和/或给予EGMA有限公司标准银行和斯坦比克银行已经或者将要为坦桑尼亚政府赚取金钱之1%，而EGMA有限公司并未为此笔款项提供任何或者合理对价，以及

（2）意图借此引诱坦桑尼亚政府一名或者多名代表不正当地履行职能或

者行为，也即，在指定或者保留过程中偏向于标准银行和斯坦比克银行，以赚取上述金钱。

2.标准银行承认事实陈述真实而准确。

3.在SFO有必要提起本协议所暂缓的指控过程中，标准银行同意不会在任何此类程序中质疑或者反对案件事实的可采性，包括认罪与量刑程序。案件陈述视同标准银行在所有指控其犯有起诉书载明之罪行的刑事诉讼程序中承认陈述中所载之事实。

协议期限

4.本协议从法院根据《2013年犯罪与法院法》表17，第8条（1）和（3）作出宣告之日起至2018年12月30日的3年内有效（有效期）。

协议范围

5.就本协议生效之日前标准银行未披露之任何行为，以及标准银行未来所实施之任何犯罪行为，本协议条款不提供任何不受指控之保障。此外，本协议条款不对标准银行任何现任或者前任官员、董事、雇员或者代理人提供不受指控之保障。

暂缓起诉

6.有鉴于：

（1）标准银行提供的下述A部分所列之过去与未来之合作；

（2）标准银行600万美元的赔偿加上104.619658万美元之利息；

（3）标准银行支付1680万美元罚金；

（4）标准银行支付33万英镑的支出；

（5）标准银行上缴其840万美元的利润；

（6）标准银行同意自行承担费用，实施有关遵守《2010年贿赂罪法》以及下文F部分规定的其他有效反腐立法之现有内部反贿赂与反腐败控制、政策与程序的独立审查，并提交报告。

SFO同意如果法院批准本协议，在本协议的有效期内，暂缓提起其计划中的编号U20150854的起诉书。

7.SFO继而同意，如果标准银行完全遵守本协议或者法院修订后批准的协议的所有义务，SFO不会根据U20150854号起诉书指控标准银行，在有效期满后，本协议失效。在本协议失效后30日内，SFO将向法院与标准银行发出通告，告知终止U20150854号起诉书的程序。

8.在本协议失效后，如果SFO相信在协商本协议的过程中，标准银行向SFO提供了不准确、误导性或者不完全的信息，而且标准银行知道，或者应当知道该信息是不准确、误导性或者不完全的，SFO得以启动新的程序。

条　款

A.合作

9.就全部与U20150854号及事实陈述相关事实之行为所涉事项，标准银行与SFO，或者按照SFO的指示，与其他任何国内或者国外机构、权力机关以及多边发展银行进行完全与诚实合作。

10.标准银行向SFO，或者按照SFO的指示，向其他任何国内或者国外机构、权力机关以及多边发展银行披露标准银行持有、留置或者控制，不受法定职业特权或者任何可适用之禁止披露的法律保护的有效请求之保护，与其活动及其现任或者前任董事、雇员、代理人、顾问、承办商、分包商的活动相关，涉及本协议与事实陈述中行为所有事项的所有信息与资料。

11.第9条或者第10条中的任何规定，都无意于削减标准银行在本管辖区或者其他管辖区，就事实陈述中的事项，在民事、行政与刑事诉讼中提出任何辩护或者提出肯定性申请的法律权利。

B.赔偿

12.SFO与标准银行达成协议，标准银行赔偿SFO初步为坦桑尼亚联合共和国政府之利益提出的600万美元款项，加上104.619658万美元之利息，未支付款项构成对本协议之违约。

13.根据下文第14条，标准银行在法院根据《2013年犯罪与法院法》（Crime and Courts Act 2013）表17，第8条（1）和（3）作出宣告之日起7日内，支付赔偿。

14.SFO可独自裁量决定在30日内延缓支付赔偿不构成对本协议之违约，但是应根据可适用于高等法院裁定债务之当前标准支付利息。

15.标准银行同意，不就上述赔偿在英国或者其他地区申请减税。

C.上缴利润

16.SFO与标准银行同意，从草拟起诉书与事实陈述中所载之犯罪中所获利润为840万美元。因此，标准银行同意上缴此款项，将之汇至统一账户。标准银行将在法院根据《2013年犯罪与法院法》（Crime and Courts Act 2013）表17，第8条（1）和（3）作出宣告之日起7日内支付此款项。除下文第17条规定之例外，未支付款项构成对本协议之违约。上缴利润是最终的，不会有返还。

17.SFO可独自裁量决定在30日内延缓交纳利润不构成对本协议之违约，但是应根据可适用于高等法院裁定债务之当前标准支付利息。

18.标准银行同意不就840万美元的上缴利润或者任何部分在英国或者其他地区申请减税。

D.缴纳罚金

19.SFO与标准银行同意，标准银行向SFO支付1680万美元罚金，汇至统一账户。未支付罚金构成对本协议之违约。

20.除第21条之例外，标准银行将在法院根据《2013年犯罪与法院法》（Crime and Courts Act 2013）表17，第8条（1）和（3）作出宣告之日起7日内支付罚金。1680万美元罚金是最终的，不会有返还。

21.SFO可独自裁量决定在30日内延缓支付罚金不构成对本协议之违约，但是应根据可适用于高等法院裁定债务之当前标准支付利息。

22.标准银行同意不就罚金款项在英国或者其他地区申请减税。

E.成本

23.SFO和标准银行同意，标准银行向SFO支付33万英镑，作为SFO调查与达成本协议的合理成本。标准银行将在法院根据《2013年犯罪与法院法》（Crime and Courts Act 2013）表17，第8条（1）和（3）作出宣告之日起7日内支付此款项，未能支付则构成对本协议之违约。支付成本为最终的，不会有返还。

24.SFO可独自裁量决定在30日内延缓支付成本不构成对本协议之违约，

但是应根据可适用于高等法院裁定债务之当前标准支付利息。

25.SFO不受在任何控诉中不要求法院命令支付更高成本之约束。

26.标准银行知晓在英国或者其他地区不得就成本支付令的任何部分申请减税。

F.公司合规计划

27.标准银行将进行审查，审查内容包括现有遵守《2010年贿赂罪法》及其他可适用反腐立法的内部控制、政策与程序等的实施情况。

28.具体而言，标准银行将自行承担费用：

（1）在1个月内委托撰写独立报告，在6个月内完成报告，报告范围应涵盖其与普华永道会计师事务所（Price Waterhouse Coopers LLP）及SFO达成一致的反贿赂与反腐政策（不包括客户了解程序或客户尽职调查程序）及其实施情况。报告应包括有关如下事项的适当意见与建议：

（i）与第三方中介机构（如介绍人、顾问与地方伙伴）介入交易有关的事项，标准银行为开展业务亦作为联盟或者其他形式联合的一部分参与了交易，无论这些主体与标准银行之间是否存在任何正式的合同或者直接支付关系。

（ii）为监督完成培训制定的反贿赂与反腐败培训制度措施，以及

（iii）所提供的反贿赂与反腐败培训的有效性以及在雇员中养成的反贿赂与反腐败意识水平。

（2）在3个月内，与普华永道会计师事务所及SFO就范围达成一致。

（3）在独立报告最终形成后的12个月内，实施独立报告所提出的意见或者建议，直至独立审查员满意。

29.标准银行将允许普华永道会计师事务所获得任何其所要求之材料，以收集信息，履行其职责。

30.标准银行将要求普华永道会计师事务所按照SFO的要求与其展开合作，在报告完成后立即提供给SFO，告知SFO标准银行在实施独立审查人建议过程中的位置，向SFO确认标准银行遵守上文第28条的规定。

31.识别、评估与解决风险的最终责任在于标准银行董事会。

32.实施额外的控制、政策与程序，就发生于实施之后的行为，在实施之后的任何程序中不自动提供法定辩护理由、豁免或者赦免。本条中的任何部分，都无意于减损标准银行将实施情况作为辩护理由的一部分提出，或者在与根据本协议进行的独立审查以及事实陈述中列明事项相关的民事、规制与刑事程序中提出肯定性索赔的权利。

违 约

33.在合同期限内，如果SFO相信标准银行未遵守本协议的任何条款，SFO得以向法庭提出违约申请。如果法庭终止协议，SFO得以申请取消与DPA相关的起诉书的暂缓，启动刑事程序。

34.如果SFO相信标准银行未遵守本协议的任何条款，SFO同意在启动未遵守协议招致的程序之前，向标准银行发出相应未遵守协议的书面告知。标准银行在收到该告知后14日内，有机会书面回复SFO，解释未遵守协议的性质与情景，以及标准银行已经采取的应对与救济该情形的行动。SFO在决定是否向法庭提出申请之际，将考虑其解释。

标准银行的出售或合并

35.标准银行同意，如果在本协议的有效期内，其出售、合并后者转让协议之日存在的所有或者实质上所有商业运营，无论出售、合并或者转让的是不是资产，都应在所有出售、合并或者转让合同中加入条款，约束购买者或者受让者接受本协议描述之义务。

公开声明

36.标准银行同意，其本身不会，也不会授权其现在或者未来任命的律师、官员、董事、雇员、代理人、母公司、姐妹公司、子公司、股东或者其他人员以标准银行的名义作出与事实陈述所描述事项相抵触之公开陈述。本条不适用于标准银行现任或者前任董事、官员、雇员或者代理人在针对其或者其本人启动的刑事或者民事程序中所作之陈述。

保 证

37.标准银行保证：

（i）在整个DPA协商过程中向检察官提供的信息以及构成本协议基础的

信息，不包括在其知情的情况下所提供的与标准银行向SFO披露的行为相关的不准确、误导性或者不完整的信息。

（ii）其将告知SFO并在被要求之际向之提供其在合同有效期内知道或者怀疑与起诉书列举的罪行相关的任何文件或者其他材料。

38.标准银行分别向其现任与前任法律顾问（英国史密夫斐尔律师事务所和美国众达律师事务所），以与上述37条（i）相同的表述作出保证。

签字同意

工银标准银行公众有限公司：

姓名：

职务：

日期：2015年　月　日

英国重大欺诈案件调查局：

姓名：

职务：

日期：2015年　月　日

日本被告人A职务侵占案

周振杰[*]

一、案件情况

国别/地区：日本

案例类别：刑事案例

案例名称：A职务侵占案

判决时间：2022年6月9日

文书编号：令和3年（あ）第821号

审判法院：日本最高法院第一小法庭

争议问题：如何确定无身份共犯公诉时效期间的计算基准？

二、基本事实

被告人A与总管股份公司B经理业务的公司执行董事兼经理总务部部长C（以下简称C）共谋，2012年7月5日，在该公司东京都的办事处，将为业务预留的由C保管的以公司名义开设的银行账户中的存款，通过C指示不知情的公司职员，将其中2415.2933元汇入C等管理的银行账户，以用于自己消费。

---

* 周振杰，安徽师范大学法学院教授、博士生导师，安徽师范大学司法案例研究中心主任，研究方向为比较刑法学、案例法学。

三、诉讼过程

一审判决认为，根据日本《刑法》第65条第1款、第60条，被告人A的行为构成《刑法》第253条规定的职务侵占罪。因为A不具有职务侵占者的身份，根据《刑法》第65条第2款的规定，应处以《刑法》第252条第1款规定的侵占罪的刑罚（以下简称拟适用规范）。根据日本《刑事诉讼法》第250条的规定，A的公诉时效期间应以被科处的刑罚为基准计算。如果以侵占罪的法定刑（5年以下惩役）为基准，A的公诉时效期间为5年（《刑事诉讼法》第250条第2款第5项）。从犯罪行为完成的2012年7月5日起至本案提起公诉的2019年5月22日止，公诉时效期间已经完成。因此，一审法院根据《刑事诉讼法》第337条第4项判决对A免予起诉。

检察官认为，A的公诉时效期间应以职务侵占罪，而非侵占罪的法定刑为基准计算，一审判决适用法律有误。二审判决认为，公诉时效期间应以所成立犯罪的刑罚为基准计算，根据上述犯罪事实与拟适用规范，应以职务侵占罪的法定刑（10年以下惩役），适用《刑事诉讼法》第250条，也即，A的公诉时效期间为7年，所以在本案提起公诉之际公诉时效期间尚未结束，并以适用法律有误为由撤销一审判决，判决被告人2年惩役。

辩护方向日本最高法院提出上诉，主张二审判决违反名古屋高等法院1969年判例（1969年（う）第140号判决）。在该案中，未占有他人之物者（非占有者）与利用职务占有该物者（以下简称职务占有者）共谋实施侵占，名古屋高院根据本案拟适用规范，判决对非占有者的公诉时效期间应以侵占罪的法定刑为计算基准。

日本最高法院第一小法庭认为，公诉时效制度的主旨，是调和处罚的必要性与法律的安定性，《刑事诉讼法》第250条是根据刑罚轻重确定公诉时效期间。因此，处罚的必要性（行为的可罚评价）反映在对犯罪科处的刑罚之中。在本案中，被告人是不具有职务占有者身份的非占有者，一审判决与二审判决根据《刑法》第65条第2款对A科处侵占罪的刑罚是正当的。根据该罪的5

年法定刑，将被告人的公诉时效期间确定为5年具有相当性。因此，法官全员一致认为，本案提起公诉之时，A的公诉时效期间已经完成，遂撤销二审判决，驳回检方控诉。

法学教育专题

加强涉外法治人才培养的意义、问题与思考

周振杰[*]

"坚持统筹推进国内法治与涉外法治"是习近平法治思想的重要组成部分，也是全面依法治国面临的迫切任务。为应对百年未有之大变局带来的不稳定性与不可预期性，以及国与国之间日益激烈的全方位竞争，习近平总书记在2020年11月16日至17日召开的中央全面依法治国工作会议强调："要坚持统筹推进国内法治和涉外法治"。之后，习近平总书记在2021年12月6日进行十九届中共中央政治局第三十五次集体学习时强调："从国际看，世界进入动荡变革期，国际竞争越来越体现为制度、规则、法律之争。"为此，我们必须坚持以习近平新时代中国特色社会主义为指导，加强涉外法治人才的培养。

一、加强涉外法治人才培养的重要意义

加强涉外法治人才培养，既是推进"一带一路"建设、保护中国海外投资的需要，也是参与全球法治治理、构建人类命运共同体的需要。

（一）推进"一带一路"建设的需要

2013年9月和10月，习近平总书记先后提出了"新丝绸之路经济带"和

---

* 周振杰，安徽师范大学法学院教授、博士生导师，安徽师范大学司法案例研究中心主任，研究方向为比较刑法学、案例法学。

"21世纪海上丝绸之路"的合作倡议。"一带一路"的倡议与联合国《2030年可持续发展议程》"都以可持续发展为目标，都试图提供机会、全球公共产品和双赢合作，都致力于深化国家和区域间的联系"，①因此迅速得到了国际社会的响应与欢迎。截至2022年8月，中国已与150余个国家、32个国际组织签署了200多份共建"一带一路"合作文件。②

随着"一带一路"建设的快速推进，涉外法律服务的重要性日益突出。因为"一带一路"沿线国家既有大陆法系国家，也有英美法系国家；既有发达国家，也有发展中国家；既有政治秩序长期稳定的国家，也有不断处于变革中的国家，因此各国的法律制度和法治发展情况存在较大差异。在推进各国基础设施"硬联通"的同时，必须加强对各国法律规范、政策标准等的研究，实现"软联通"。因此，需要加强涉外法治人才培养。

（二）保护中国海外投资的需要

自改革开放以来，尤其是党的十八大以后，中国企业与资本越来越快地走出国门。如图1所示，2010年我国的对外直接投资存量只有3100多亿美元，到了2020年，便增加了8倍多高达25800亿美元。占全球外国直接投资流出存量的份额由2002年的0.4%提升至6.6%，排名由第25位攀升至第3位。③同时，据商务部与国家外汇管理局统计，2021年，我国境内投资者共对全球166个国家和地区的6349家境外企业进行了非金融类直接投资，累计投资7331.5亿元人民币。④

---

① 联合国秘书长古特雷斯语。转引自陈积敏：《正确认识"一带一路"》，载《学习时报》2018年2月26日。

② "一带一路"官方网站：《已同中国签订共建"一带一路"合作文件的国家一览》，https://www.yidaiyilu.gov.cn/info/iList.jsp?cat_id=10037，最后访问时间：2022年9月13日。

③ 参见宁凯亮：《2021中国对外投资市场现状及区域格局分析 存量主要集中于亚洲发展中经济体》，https://www.qianzhan.com/analyst/detail/220/211101-97439f49.html，最后访问时间：2022年9月13日。

④ 参见商务部：《2021我国对外全行业直接投资简明统计》，http://www.mofcom.gov.cn/article/tongjiziliao/dgzz/202201/20220103238997.shtml，最后访问时间：2022年9月13日。

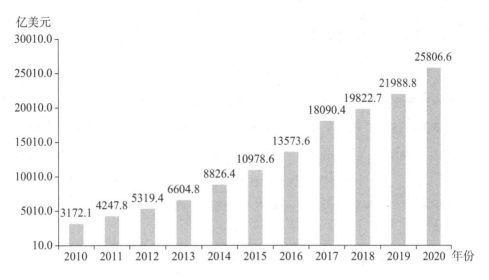

图1 2010—2020年中国对外直接投资存量变化

　　根据行为地法的原则，中国的企业和资本必须遵守所在国家和地区的法律，这就需要中国投资者在决策之前熟悉目标投资地的法律法规，以评估法律风险。但是，在这一方面我们做得还不够。例如，在2020年我国对外直接投资存量前20位的国家（地区）中，大部分是经济与合作组织成员国，包括美国、新加坡、澳大利亚、荷兰、英国、卢森堡、德国、加拿大、瑞典等。①在这些国家，企业进行合规治理既是法定的义务，也是避免承担刑事责任的重要路径。自20世纪90年代以来，企业合规得到了越来越多的国家、地区以及国际组织的认同，在全球范围内形成了一股潮流，②中国也非常重视。为了保护中国海外投资的合法权益，必须以企业的合规治理为原点，加强国别法律制度研究，而这也以涉外法治人才培养为前提。

---

① 参见商务部：《2021年我国对外全行业直接投资简明统计》，http://www.mofcom.gov.cn/article/tongjiziliao/dgzz/202201/20220103238997.shtml，最后访问时间：2022年9月13日。

② Gustavo A. Jimenez. Corporate Criminal Liability: Toward a Compliance-Orientated Approach［J］. Indianan Journal of Global Legal Studies 2019, 26.

（三）参与全球治理的需要

随着科技尤其是交通与通信技术的进步，地球已经成为阡陌相通、鸡犬相闻的地球村。因此，推动以规则为基础，构建全球治理体系和国际法治新秩序势在必行，就如习近平主席在第二届"一带一路"国际合作高峰论坛上指出的："规则和信用是国际治理体系有效运转的基石，也是国际经贸关系发展的前提"。习近平的重要论断体现在国际法治领域，就是软法成为推动全球治理的新形式，甚至成为"在全球各重大领域内的人类实践充分展现的总格局、新趋势"[①]。

在这一大的时代背景下，中国不应仅仅作为国际规则的接受者与适应者参与全球治理，而应该积极作为，成为国际规则的维护者和建设者，善于运用国际规则、采取法律手段，维护国家与公民的安全与利益，就如习近平指出的："中国走向世界，以负责任大国参与国际事务，必须善于运用法治"[②]。运用法治，尤其是国际法治，当然也离不开高素质的涉外法治人才。

（四）构建人类命运共同体的需要

马克思、恩格斯说："各民族的原始封闭状态由于日益完善的生产方式、交往以及因交往而自然形成的不同民族之间的分工消灭得越是彻底，历史也就越是成为世界历史。"人类只有一个地球，是我们共同也是唯一的家园。因此，习近平指出："人类生活在同一个地球村里，生活在历史和现实交汇的同一个时空里，越来越成为你中有我、我中有你的命运共同体。"[③] "当今世界充满不确定性，人们对未来既寄予期待又感到困惑。世界怎么了、我们怎么办？

[①] 顾宾：《软法治理与"一带一路"法治化和全球化》，https://www.guancha.cn/gubin/2022_07_21_650241.shtml，最后访问时间：2022年9月14日。

[②] 中共中央宣传部、中央全面依法治国委员会办公室：《习近平法治思想学习纲要》，人民出版社、学习出版社2022年版，第117页。

[③] 出自习近平在俄罗斯莫斯科国际关系学院的演讲。参见习近平著：《习近平著作选读（第一卷）》，人民出版社2023年版，第104页。

这是整个世界都在思考的问题，也是我一直在思考的问题。……中国方案是：构建人类命运共同体，实现共赢共享。"①

构建人类命运共同体，当然必须坚持民主、平等与正义，构建国际法治，以法律为共同准绳，就如习近平2017年1月18日在联合国总部日内瓦演讲时指出的："从三百六十多年前《威斯特伐利亚和约》确立的平等和主权原则，到一百五十多年前日内瓦公约确立的国际人道主义精神；从七十多年前联合国宪章明确的四大宗旨和七项原则，到六十多年前万隆会议倡导的和平共处五项原则，国际关系演变积累了一系列公认的原则。这些原则应该成为构建人类命运共同体的基本遵循。……各国以联合国宪章为基础，就政治安全、贸易发展、社会人权、科技卫生、劳工产权、文化体育等领域达成了一系列国际公约和法律文书。法律的生命在于付诸实施，各国有责任维护国际法治权威，依法行使权利，善意履行义务。"②构建以国际法规则为基础的人类命运共同体的前提，当然也是熟悉这些规则的法治人才。

二、加强涉外法治人才培养的当前问题

自改革开放以来，虽然中国在涉外法治人才培养方面付出了一定的努力，100余所科研院校都开设了国际法专业，但是客观地说，培养的效果并不尽如人意。以在国际组织中任职的中国人为例，"虽然中国在世界各地的影响力都在上升，但中国人在联合国的国际机构中只有占比很小的人员。公开资料信息显示，在主要国际机构中，只有不到3%的工作人员是中国人"③。"2019年中国对联合国会费的分摊比重从7.9%提升至12%，首次超过日本，成为仅次于美国的第二大会费国，中国在联合国教科文组织成为第一大会员国。然

---

① 出自习近平在联合国日内瓦总部的演讲。参见习近平著：《习近平著作选读（第一卷）》，人民出版社2023年版，第561页、第563页。

② 习近平著：《习近平著作选读（第一卷）》，人民出版社2023年版，第563页、第564页。

③ 人民网：《国际主要机构中的中国雇员比例不到3%》，http://world.people.com.cn/n1/2016/0322/c1002-28218604.html?from=timeline&isappinstalled=0，最后访问时间：2022年9月13日。

而，中国在联合国雇员总数中的比例只占1.46%（这一数字在2021年下降到了1.2%），总人数常年稳定在550人左右，排在第17名"。[1]那么，我们涉外法治人才培养的问题在哪里？问题当然有很多，如国际法学科地位有待提高、人才培养体系落后等。[2]在当前，如下四个方面的问题相对突出。

（一）同质化培养较为严重

涉外法治人才的培养，应该包括两个方面：国际法学人才培养与外国法学法治人才培养。国际法学主要研究国际法基本理论与国际法治、国际法的实施、国际人道法、海洋法、空间法、国际资源与环境法、联合国法、国际责任法、国际刑法、军事法、国际反洗钱与反恐怖主义法和国际人权法等，外国法学则主要研究具体国家与地区的法律制度。

虽然早在2011年，教育部就提出了"要培养一批具有国际视野、通晓国际规则，能够参与国际法律事务和维护国家利益的涉外法律人才"的目标。但是，"目前整个法学专业人才培养同质化的现象仍然十分普遍，各院校的培养计划和教学内容、方式方法等基本上都是一个模式，法学专业毕业生千人一面"，[3]培养同质化。一方面，如上所述，涉外法治人才培养的内容非常广泛，一所院校无法承担；另一方面，尺有所短，寸有所长，所有院校千校一面、教学内容相近甚至相同，不发挥自己的特色，也造成了资源浪费，低质量循环。

（二）培养模式存在缺陷

目前，100余所科研院校都在开展涉外法治人才培养，并形成了如下三种培养模式：

---

[1] 崔守军：《加强中国青年国际组织人才培养时不我待》，https://ishare.ifeng.com/c/s/v006c9lVc7jlL0jEQepK4b0KpIvlKLdnLHL2AWZjbMLtYAc__?spss=np，最后访问时间：2022年9月13日。

[2] 刘晓红：《以习近平法治思想为引领　加强涉外法治人才培养》，https://m.gmw.cn/baijia/2021-01/20/34557556.html，最后访问时间：2022年9月13日。

[3] 刘晓红：《以习近平法治思想为引领　加强涉外法治人才培养》，https://m.gmw.cn/baijia/2021-01/20/34557556.html，最后访问时间：2022年9月13日。

第一，法学院校与外语院校之间的合作培养模式。例如，中国政法大学与北京外国语大学于2020年9月签订了《中国政法大学与北京外国语大学涉外法治人才本硕贯通培养合作协议》。2021年5月，两校进一步签署《中国政法大学-北京外国语大学"法学+英语"联合学士学位培养项目合作协议》，以强强联合，充分发挥各自学科、专业和资源优势，携手培养出外语、法学双精通的复合型、应用型、创新型、国际型高端涉外法治人才。[①]

第二，同一院校内部的外语院系与法学院系的合作。例如，中国人民大学积极推进法学院和外语学院跨学院联合培养模式，"设计了'法律+外语+N'的课程体系、教学体系，致力于培养法律专业素质高、外语交流能力强的高层次涉外法治人才"。[②]

第三，"境内+境外"的联合培养模式。一是与境外高校开展联合培养，通过"3+2""4+1"学位培养方式或者暑期学校等研修方式，"积极推进教师互派、学生互换、课程互通、学分互认和学位互授联授等实质性合作"；二是与国际组织展开合作，如中国人民大学通过与日内瓦大学等高校合作，积极"推荐优秀学员赴世界贸易组织、联合国、欧洲人权法院等国际组织实习，培养了一批年轻的涉外法律人才"。[③]

以上三种模式当然各有优势，但是也存在问题。例如，并非所有特色院校，都能够与外语院校展开合作。又如，能够开展小语种国家法治人才培养的院校可能无法与外语院校进行合作。再如，因为学科实力不够强、与国际组织缺乏联系、预算短缺等原因，许多能够提供特色涉外法治培养的院校不能推荐学生到境外或者国际组织学习、实践。

（三）应用与实践能力不足

培养涉外法治人才，应"建立以实践为导向的涉外法治人才培养机制，

① 张静旖：《中国政法大学-北京外国语大学涉外法治人才联合培养班开班》，https://www.hubpd.com/#/detail?contentId=5476377146883177005，最后访问时间：2022年9月13日。
② 段世飞：《国际胜任人才培养的中国实践》，载《神州学人》2022年第3期。
③ 段世飞：《国际胜任人才培养的中国实践》，载《神州学人》2022年第3期。

主动服务国家战略，服务重点领域、新兴领域、涉外领域立法，为提升我国在国际法律事务和全球治理方面的话语权和影响力作出积极贡献"[①]。此外，应运用习近平法治思想，提高涉外法治人才观察、分析、处理复杂涉外法律问题的能力。目前，涉外人才培养中存在应用与实践能力不足的问题。

外语能力培养，尤其是法学专业外语能力培养，需要大量的课时安排。但是，囿于教学培养方案尤其是学分要求，法学专业的学生难以获得足以培养熟练专业外语能力的课时安排。因此，"法学院学生毕业后很难直接适应纯英语的工作环境，很多毕业生一门外语都无法做到熟练应用"[②]。

同时，国内一些名校已经建立起相应的机制，与国际组织、涉外法律机构合作，选送学生实习，提高实践能力。例如，上海交通大学成立学生赴国际组织实习、任职工作领导小组，划拨专项资金支持学生赴国际组织实习和工作。浙江大学整合校内相关院系和部门，形成了"培养—推送"全过程、"院系（部门）—基地—就业平台"一体化的顶层设计和运行机制。[③]但总体而言，能够建立并实施相应机制的院校还相对较少，限制了涉外法治人才培养的能力。

简言之，目前涉外法治人才培养院校"没有针对培养目标设计建构专门的培养体系和体制机制，国际法专业教学安排和教学内容与国际法实际脱节……不符合涉外法治人才培养的要求，涉外法治人才培养目标也难以达成"[④]。

（四）教学科研队伍的积极性不高

培养高素质的涉外法治人才，当然离不开高素质的涉外法治人才教师队

[①] 金歆：《以习近平法治思想为指导 推进涉外法治人才培养》，载《人民日报》2020年11月27日，第4版。

[②] 刘晓红：《以习近平法治思想为引领 加强涉外法治人才培养》，https://m.gmw.cn/baijia/2021-01/20/34557556.html，最后访问时间：2022年9月13日。

[③] 段世飞：《国际胜任人才培养的中国实践》，载《神州学人》2022年第3期。

[④] 刘晓红：《以习近平法治思想为引领 加强涉外法治人才培养》，https://m.gmw.cn/baijia/2021-01/20/34557556.html，最后访问时间：2022年9月13日。

伍，就如习近平总书记在2014年9月9日考察北京师范大学时指出的："国家繁荣、民族振兴、教育发展，需要我们大力培养造就一支师德高尚、业务精湛、结构合理、充满活力的高素质专业化教师队伍，需要涌现一大批好老师。"[①]但是，目前科研体制中的一些问题，尤其是评价体系问题导致涉外法治人才教师队伍的积极性不高。

培养涉外法治人才，需要借助国际与国外立法、司法以及法学文献。虽然联合国的相关文件有中文版本，但是许多国家，尤其是小语种国家的文献，并无中文版本，甚至缺乏英文版本。这就需要精通外语与专业的教学科研人员承担大量的翻译工作。然而，在当前的评价体系下，译作并没有受到重视，不能作为代表作参加职称晋升、难以获得科研奖励，甚至外语教师也面临"翻译不包含创新劳动，所以不能算科研"[②]的窘境。

三、加强涉外法治人才培养的思考

从以上问题出发，可以考虑从如下四个方面着手，来提高中国涉外法治人才培养的质量，推动涉外法治建设发展。

首先，破解同质化培养的困局，发挥不同高校的优势，在通识教育的基础上，发展特色涉外法治教育，避免千人一面。例如，双一流高校等高层次院校，在研究联合国等国际组织的法律制度方面，有自己的制度与平台优势；西南边疆地区的院校，在研究东南亚小语种国家的法律制度方面有特殊的优势；东北边疆地区的院校，在研究俄语系国家的法律制度方面有特殊优势，各自可以不同的侧重与优势，制订培养计划、设置涉外法治课程，优势互补、携手并进，避免资源浪费、闲置。

其次，在国家层面构建协调机制，为综合涉外法治人才培养院校的资源，

---

① 习近平：《做党和人民满意的好老师——同北京师范大学师生代表座谈时的讲话》，https://www.gov.cn/xinwen/2014-09/10/content_2747765.htm，最后访问时间：2022年9月13日。

② 姚远：《译作不算科研成果》，https://news.sina.com.cn/o/2011-04-12/091122277071.shtml，最后访问时间：2022年9月13日。

互联互通, 充分发挥各种培养模式的优势, 发挥龙头院校的优势, 带动地方院校尤其是特色院校发展提供机制。例如, 教育部、外交部、商务部以及其他相关部门, 可以共同建立涉外法治人才培养平台, 推动涉外人才培养单位之间的合作, 齐心协力办大事。

再次, 提高外语与专业实践能力。一方面, 可以在设置培养计划的时候, 降低与涉外法治培养距离较远的课程的学分要求, 增加外语的教学课时, 尤其是在小语种的场合, 应为小语种教学与应用创造有利环境; 另一方面, 在加大各类模拟教学、模拟比赛的同时, 推动国内实务机构与培养单位紧密合作, 让学生进入现场, 加大实践教学的力度。同时, 教育主管机关应联合相关机构, 根据培养内容, 为国内培养单位与联合国组织、国际法院以及相关国家的立法、司法与执法机关以及法治人才培养单位的合作提供政策、经费以及相关方面的支持, 让培养对象走出去。

最后, 改革评价体系, 提高译著的重要性, 增强涉外法治教学科研的积极性。一方面, 将译著列入科研业绩奖励的范围, 鼓励具有外语与专业优势的教学科研人员参与国外规范文件、法学文献的翻译; 另一方面, 设立涉外法治翻译与出版项目, 为教学科研人员参与翻译解决后顾之忧。

四、结语

推动涉外法治建设, 是学习贯彻习近平法治思想不可或缺的组成部分。涉外法治人才培养, 是推动涉外法治建设的必经之路。面对当前的问题, 我们必须积极作为, 迎难而上, 以实际行动践行习近平新时代中国特色社会主义思想。当然, 涉外法治人才在学习外语与专业技能的同时, 也必须培养坚定的理想信念。就如习近平总书记指出的, 要"努力培养造就更多具有坚定理想信念、强烈家国情怀、扎实法学根底的法治人才"[1]。

---

[1] 转引自金歆:《以习近平法治思想为指导 推进涉外法治人才培养》, 载《人民日报》2020年11月27日, 第4版。

论依法治校的正当程序

——以于某茹诉北京大学撤销博士学位案为视角

孙世民[*]

摘　要：正当程序不仅是依法治国、依法执政、依法行政的必然要求，也是新形势下推动我国高等院校依法治校的现实需要。在于某茹诉北京大学撤销博士学位案中，两级法院在法律法规没有明确规定高等院校应当如何履行撤销学位的正当程序的情况下，利用正当程序原则不仅明确了高等院校在处理涉及当事人重大的利益时具有充分保障当事人合法权益的义务，更阐释了高等院校保障这种义务的具体方法。该案件对于在依法治校过程当中全面保障当事人的知情权、保护当事人的参与权、完善对高等院校的监督权具有重要的意义和价值。

关键词：依法治校；正当程序；知情权；参与权；监督权

　　2020年11月召开的中央全面依法治国工作会议正式提出习近平法治思想，明确了习近平法治思想在全面依法治国、建设法治中国中的指导地位，这在马克思主义法治理论发展史和中国社会主义法治建设史上具有里程碑意义①。习近平法治思想的核心要义之一就是坚持依法治国、依法执政、依法行政共

---

* 孙世民，最高人民法院司法案例研究院助理研究员、法学博士，研究方向为司法案例学。

　本文为河南省教育厅2021年度教育法治专项课题研究项目"新形势下高等院校依法治校的实践路径"（2021-JYFZZXKT-047）阶段性成果。

① 《习近平法治思想概论》编写组：《习近平法治思想概论》，高等教育出版社2021年版，第1页。

同推进，法治国家、法治政府、法治社会一体建设。高等院校作为一个具体类型的社会组织，也应当贯彻落实习近平法治思想。正因如此，实现依法治校就成为建设法治社会不可或缺的重要一环。

一般认为，依法治校有两个方面的具体含义：一方面，依法治校意味着教育行政部门依照法律、法规以及规章等规范性文件实现对高等院校的各项法定管理职能，确保高等院校依法依规举办，同时依法维护高等院校法定的办学自主权；另一方面，依法治校则要求高等院校在内部运行中，依法、依规、依自身章程实现对师生员工的教学科研管理，维护师生员工的合法权益。而无论是教育行政部门对高等院校的行政管理，还是高等院校对内部师生员工的管理，正当程序都是在这两种管理过程当中实现依法治校的应有之义。

现实当中，依法治校的正当程序更偏向于高等院校对师生员工的管理。而且近年来不断出现的热点案件表明，高等院校对学生管理的正当程序往往更能引起社会的广泛关注。这就意味着，高等院校在作出任何使当事人遭受不利影响的决定之前，都应当充分听取当事人的意见，尤其是在作出影响当事人重大权益的决定前，要确保当事人知悉该行为的明确后果并且有充分发表意见的机会，保障当事人能够对决定的作出施加相应的影响，避免出现不利的舆情影响。而于某茹诉北京大学撤销博士学位案就是一起因为高等院校没有充分保障当事人的知情权以及保护当事人参与到对自己有重大影响的决定而导致高等院校被法院判决败诉的典型案件。正因如此，对于该案件的深入研究和分析有助于在新形势下推动我国高等院校依法治校的实践。

一、回顾：案件事实

2017年6月6日，北京市第一中级人民法院作出二审终审判决：驳回北京大学的上诉请求、维持一审判决结果。至此，曾经引起社会广泛关注的于某茹诉北京大学撤销博士学位案宣告终结。一言以蔽之，该案的起因是于某茹不服北京大学撤销其博士学位的决定，请求法院判决撤销北京大学校学位[2015]1号《关于撤销于某茹博士学位的决定》（以下简称《撤销决定》），并判令恢复自己博士学位证书的法律效力。

实际上，在向法院提起行政诉讼之前，于某茹先后向北京大学学生申诉处理委员会提出校内申诉以及向北京市教育委员会提出行政申诉，但是二者均未支持于某茹的相关请求。尤其是于某茹向北京市教育委员会提出行政申诉的过程可谓一波三折。[①] 于某茹于2015年3月1日向北京市教育委员会提交了行政申诉书；同年4月24日，北京市教育委员会以案情复杂为由决定延期对此作出答复；同年5月6日，北京市教育委员会驳回了于某茹要求公开听证的请求；同年5月22日，于某茹收到了北京市教育委员会驳回其行政申诉请求的答复意见书。随后，在用尽校内申诉程序和行政申诉程序之后，于某茹向北京市海淀区人民法院提起了行政诉讼。

（一）判决概要

北京市海淀区人民法院一审认为，根据《中华人民共和国学位条例》（以下简称《学位条例》），北京大学向于某茹作出的《撤销决定》，属于《中华人民共和国行政诉讼法》（以下简称《行政诉讼法》）规定的行政行为；于某茹不服该《撤销决定》而提起的诉讼，属于人民法院行政诉讼受案范围。虽然《学位条例》及相关法律法规未明确规定撤销博士学位的相应程序，但撤销博士学位对当事人的合法权益会造成极其重大的影响，因此应当遵循正当程序原则。一审法院最终作出了有利于于某茹的判决结果：一是撤销北京大学作出的《撤销决定》；二是驳回于某茹的其他诉讼请求。

一审判决以后，北京大学不服并提起上诉。北京市第一中级人民法院二审认为，在本案当中，北京大学作为法律、法规授权的组织，其在行使学位授予或撤销权时，亦应当遵守正当程序原则。即便相关法律、法规未对撤销学位的具体程序作出明确规定，北京大学也应自觉采取适当合理的方式来践行正当程序原则，以保证其决定程序的公正性。但是，北京大学在作出《撤

---

① 湛中乐、王春蕾：《于某茹诉北京大学案的法律评析》，载《行政法学研究》2016年第3期，第104页。

销决定》前，仅有的一次约谈并未告知本次约谈可能导致于某茹的学位被撤销，也并未给予于某茹进行充分陈述与申辩的机会，不足以认定其已经履行了正当程序。二审法院最终也作出了有利于于某茹的判决结果：驳回北京大学的上诉请求，维持一审判决。

由此可见，两级法院对待本案的裁判态度是基本一致的，也都作出了有利于于某茹的判决结果。换句话说，二审法院经过审查，不仅同意了一审法院对于证据的各项认证意见，并且基于证据以及各方当事人的陈述，也同意了一审法院查明的案件事实，最终作出了相似的裁判结果。无论是一审法院，还是二审法院，均认为北京大学在作出《撤销决定》时不仅没有引用明确的法律法规，也没有遵守在履行撤销他人博士学位的行政权力时应当遵守的正当程序，更没有保障当事人的知情权和参与权，忽视了当事人在被撤销博士学位的整个过程当中应当发挥的作用，最终都判决北京大学败诉。

（二）裁判分析

受案法院在这场行政诉讼案件当中判决北京大学没有遵守正当程序的法律基础是北京大学作出《撤销决定》时具有行政主体身份，行使的是行政权能。这是因为，一方面，根据《中华人民共和国教育法》（以下简称《教育法》）和《学位条例》的规定，学位由经国家依法授权的高等院校和科研机构授予，因此这是一种被授予的行政权力。另一方面，我国实行的是国家学位制度，高等院校和科研机构颁发、授予乃至撤销学位的权力权来自法律、法规的明确授权。在行使这一权力的过程当中，高等院校的角色定位应当是法律、法规授权行使行政权力的组织，因而具有行政主体地位，其作出的与学位授予、撤销相关的决定属于具体行政行为，具有可诉性。[①]

受案法院在这场行政诉讼案件当中判决北京大学没有遵守正当程序的司法逻辑是：首先，作为一所依法成立的高等院校，北京大学在行使学位撤销权时是履行法律法规赋予的行政职能，这是一种具体的行政行为，具有可诉

---

① 胡锦光：《北京大学博士学位案评析》，载《人大法律评论》2000年第2期，第282页。

性；其次，由于北京大学行使学位撤销权是一种具体的行政行为，因此在整个过程当中要遵守行政法中的正当程序，要充分保障当事人的合法权益；再次，虽然法律法规没有明确规定在撤销已经授予的博士学位过程中正当程序的具体内容和具体步骤，但是北京大学应当履行严格的程序才能最终作出《撤销决定》；最后，北京大学在事实上并没有履行严格的程序，具体体现在没有充分听取于某茹的言论和申辩，也没有充分保障于某茹的知情权和参与权。因此法院最终支持了于某茹的部分主张、判决北京大学败诉。

进一步分析，法律、法规将学位授予权授予高等院校和科研机构的本质是一种行政许可，即允许这些组织机构根据学生提出的申请和提交的学术成果，审核其学术水平和能力是否达到了相应学位所规定的要求，最后按照相应的程序授予其学位。实践当中，经过法律、法规授权、可以授予学位的高等院校授予在校学生学士、硕士、博士等学位的行为本质上属于行政确认行为，而撤销已经授予的这三种学位则属于撤销已经作出的行政确认，即行政行为的撤回行为。这是因为，行政确认一般指的是行政主体依法对行政相对人所申请的法律事项给予认定或者证明的具体行政行为。无论是行政确认，还是行政行为的撤回，都属于具体行政行为，都具有可诉性。

不仅如此，在学位授予当中，先由学生申请，后由高等院校对其学术水平进行相应的评价，显然是一种依申请而进行的受益性行政行为，是一种行政确认。[①]而撤销已经作出的行政确认则是出于某些原因对之前作出的行政确认的否定，二者是相反的过程。撤销已经授予的学位，往往是因为发现了在授予学位时未能发现的不应当授予学位的情况，这是一种侵益性行政行为。[②]具体到本案当中，北京大学撤销先前已经授予的博士学位正是对已经作出的行政确认的否定，所以应当严格遵循正当程序。

---

① 周叶中、周佑勇主编：《高等教育行政执法问题研究》，武汉大学出版社2007年版，第186页、第187页。

② 胡建淼：《"其他行政处罚"若干问题研究》，载《法学研究》2005年第1期，第77页。

二、检视：正当程序

综合本案一审法院和二审法院的裁判理由，准确理解正当程序对于认识和分析本案的裁判结果具有重要的意义和价值，这主要包括正当程序的内容、正当程序的意义以及北京大学作出《撤销决定》的程序是否符合正当程序原则这几个具体的问题。

（一）正当程序的内容

在现代汉语中，"正"有符合标准方向、合乎法度、基本的、主要的、恰好的等多种含义，"当"有相称、应该、合适、公正等几种解释，"程序"则指的是处理事情的先后顺序，那么，"正当程序"的字面意思就是按照符合法度的顺序去处理相关事项。而随着法治实践的深入发展，人们逐渐认识到程序对实现社会公平正义的保障作用，正当程序也应运而生。

正当程序又被称为"正当法律程序"，其最初源于英国的"自己不做自己的法官"和"对他人做出不利行为要事先告知、说明理由和听取申辩"的"自然正义"原则。[①]前者指的是在法院在裁判过程当中要保持中立性，不能偏私、不能带有偏见，其作出的裁判需要符合公允公正原则；而后者则指的是当事人不仅有申辩和陈述的权利，还有提出各种对自己有利的证据的权利，法院在作出任何不利于当事人的司法裁判之前都要保障和保护当事人的知情权和参与权，充分听取当事人的意见。

发展至今，正当程序原则不但从发源地英国传播到了美国，成为英美法系国家的一条重要的宪法原则，还成为世界各国维系法治国家、法治政府、法治社会运转以及保障公民基本权利的基石，而且在一些国际条约当中也有所体现。例如，在《公民权利和政治权利国际公约》第14条、《美洲人权公约》第8条、《欧洲人权公约》第6条等国际条约当中都体现了以公正审判权和最

---

① 江国华：《司法规律层次论》，载《中国法学》2016年第1期，第23页。

低限度标准为代表的正当程序原则。

　　一般认为，作为一项行政法的基本原则，正当程序指的是行政权力的运行必须符合最低限度地程序公正标准，其已经得到了我国理论界的普遍认同。[1]关于正当程序的具体内容和实质要求，不同的法系有不完全相同的立法规定，不同的人也会有不尽相同的认识。例如，丹宁勋爵认为，正当程序指的是为了保持日常司法工作的纯洁性而认可的各种方法：促使审判和调查公正地进行，逮捕和搜查适当地采用，法律救济顺利地取得以及消除不必要的延误等；[2]又如，王名扬先生认为，正当程序的核心要求是任何权力在剥夺私人的生命、自由和财产时，都必须听取当事人的意见，当事人也有要求听证的权利。[3]一般认为，行政法上正当程序保障的是当事人的知情权和参与权，强调的是当事人有权参与到对自己有重大影响的具体行政行为当中，通过表达自己的意见和想法，对最终具体行政行为的形成产生一定的影响，这些都是行政法上正当程序的应有之义。

　　不仅如此，正当程序还意味着依法拥有行政权能，能以自己的名义行使行政职权，并能独立对自己行使行政职权的行为产生的后果承担相应法律责任的机关或组织在行使行政权力的过程当中，尤其是在作出任何与行政相对人重大利益有关的决定时，还需要遵守法律规定的方式、方法、步骤以及期限，并且在这个过程当中实现程序正义。除此之外，正当程序还是程序正义的基石，严格遵循正当程序有助于实现程序正义，而实现程序正义的过程也是实现实体正义的过程。这是因为实体正义往往是看不见的，而程序正义则是能够被人们清楚地看到的。按照法律规定的程序作出减损当事人利益的决定，不仅有助于保护人权，还可以推动依法治国的进程。

（二）正当程序的意义

　　正当程序的确立和践行使得程序正义和实体正义能够有机地衔接，这就

---

① 周佑勇：《行政法的正当程序原则》，载《中国社会科学》2004年第4期，第121页。

② ［英］丹宁勋爵：《法律的正当程序》，刘墉安等译，群众出版社1984年版，第1页。

③ 王名扬：《美国行政法》，中国法制出版社1995年版，第383页。

是正当程序所具有独立意义和价值的生动体现。一旦正当程序不被遵守，程序正义就无从体现，实体正义也必将遭到人们的怀疑。在全面建设法治国家的当下，司法审判不再是以往的仅仅重视实体正义而忽视程序正义的过程，而是兼顾实体正义和程序正义的过程。甚至在程序正义尚未深入人心的国家，为了推动正当程序理念的深入，更是应当着重强调程序正义，否定那些未经法定程序就作出的处理结果，这样才能更好地实现公平正义。

虽然程序正义和正当程序都是西方国家的"舶来品"，但是其因循人类法治社会发展的基本规律，有助于尊重和保障人权，已经成为法治国家的必备要素。总体来看，行政法当中的正当程序主要有两个方面的意义：一方面，正当程序有助于遏制行政权力的滥用和腐败，推进依法治国、依法执政、依法行政，建设法治国家、法治政府、法治社会；另一方面，正当程序还可以充分保障行政相对人参与到对自己产生不利影响的具体行政行为当中，有助于保护行政相对人的合法权益，这也是尊重和保障人权的应有之义。简言之，正当程序不仅有助于行政相对人以看得见的方式去参与整个行政行为作出的全过程，增强具体行政行为的信服度，还有助于推动实体结果的正当性、合理性和合法性，最终实现具体行政行为中的实体正义。

不仅如此，正当程序的作用主要还体现在以下四个方面：一是对于恣意的限制；二是作为理性选择的保证；三是其作为国家与公民个体间联系纽带的功能；四是其反思性整合的特性。[1] 从第一个方面看，通过明确程序可以准确界定行政主体的权力和行政相对人的权利之间的界限，避免行政主体的权力和行政相对人的权利遭到滥用；从第二个方面看，通过明确程序可以清晰地将不确定的结果变得具有预测可能性，并以可以期待的结果固定选择的确定性；从第三个方面看，通过法定的参与和表达程序可以将国民的期望与国家的回应相结合，使得立法更加符合国民的要求；从第四个方面看，在行政决定作出之前，通过行政相对人的参与，可以防止行政权力的过度自由化和形式化。[2]

---

[1] 季卫东：《法治秩序的建构》，中国政法大学出版社1997年版，第15—19页。

[2] 杨清：《论刑事诉讼正当程序的宪政意义》，载《河北法学》2005年第10期，第81页。

（三）正当程序的适用

众所周知，1989年《行政诉讼法》第54条明确采用了"法定程序"一词，将具体行政行为是否符合法定程序作为其是否合法的要素之一，正当程序原则的基本内涵首次在我国法律体系当中出现。不仅如此，在《普通高等学校学生管理规定》第63条1款当中也采用了"程序正当"的表述。① 这些都是正当程序在依法治国、依法治校领域的生动体现。虽然目前我国尚未建立正当程序原则在司法实践当中的普遍适用，但是大量的实践表明，法院已经在"法定程序"的名义下创造性地运用正当程序进行判案。②

例如，在于某茹诉北京大学撤销博士学位案当中，在法律法规只是抽象地规定高等院校在撤销已经授予的学位时应当遵守正当程序的情况下，受案法院不是简单地将正当程序写入司法判决当中，也不是随意地一笔带过，而是结合整个案件的全过程发展对正当程序在案件当中的运用进行了相对全面的阐释和分析，对正当程序的法律基础、适用条件也进行了相对完整的论述和证成。更为重要的是，本案的判决书在阐明裁判理由的过程中，将正当程序的法律内涵与案件事实相结合，从北京大学作出《撤销决定》的具体过程当中论证正当程序阙如的法律后果，最终作出了既符合《行政诉讼法》的规定，又符合法律逻辑的司法判决。该案件已经成为"推动教育法治进程十大行政争议案件"。

三、思考：重要意义

作为一件因发表的科研成果存在学术不端而导致博士学位被撤销的案件，

---

① 《普通高等学校学生管理规定》第63条第1款规定："省级教育行政部门在处理因对学校处理或者处分决定不服提起的学生申诉时，应当听取学生和学校的意见，并可根据需要进行必要的调查。根据审查结论，区别不同情况，分别作出下列处理：（一）事实清楚、依据明确、定性准确、程序正当、处分适当的，予以维持；……"

② 周佑勇：《司法判决对正当程序原则的发展》，载《中国法学》2019年第3期，第27页。

于某茹诉北京大学撤销博士学位案不仅重申了田某诉北京科技大学拒绝颁发毕业证、学位证案以及刘某文诉北京大学学位评定委员会不批准授予博士学位决定纠纷案等起诉高等院校类行政诉讼案件中的正当程序原则，正式明确了正当程序原则适用于高校学位纠纷判决中，①还解决了在法律没有明确规定具体程序的情况下，高等院校应当如何正确处理撤销学位这一影响学生重大利益事项的问题，对于新形势下实现高等院校依法治校具有重要意义和价值。

（一）保障当事人的知情权

知情权指的是当事人有知悉、获取和得到相关信息的权利。一方面，明确知晓自身行为的后果是当事人捍卫自己合法权利的前提；另一方面，事先告知处理的进展情况也是高等院校在作出任何处理决定前应当保障的当事人权利。除此之外，当事人不仅需要知道事件处理的依据和程序，更应当及时知晓高等院校的处理结果。显而易见，保障当事人的知情权是为了当事人更好地参与到对自己的处理过程当中，从而保证处理结果的公开、公平和公正。

这就意味着，高等院校在作出处理撤销学位决定的整个过程中，都要及时履行告知义务。告知还是行政行为成立生效的必要条件之一，其在整个具体行为过程当中都具有重要的地位。没有告知或者不充分地告知，都会对行政相对人的合法权益造成消极的影响。②正因如此，为了充分保障学生的知情权，使得处理结果得到当事人的认可，高等院校在处理涉及撤销已经授予的学位等事项的过程当中要及时告知当事人相关事项的进展和最终的处理结果。

（二）保护当事人的参与权

保护当事人的参与权是正当程序原则的基本内容之一，其指的是当事人有权参与到对自己有切身影响的行政权力的运行过程当中，影响具体行政行

---

① 秦昀、高恒山：《高等院校学位纠纷处理中的正当程序研究》，载《中国高教研究》2018年第9期，第53页。
② 朱峰：《从刘燕文诉北京大学案看行政正当程序的评判标准》，载《政治与法律》2000年第5期，第71页。

为的作出。不仅如此，参与是为了更好地发出声音，而不是为了参与而参与，在参与过程当中当事人有权充分发表自己的个人意见和观点，并对处理结果产生一定的影响。换句话说，保护当事人的参与权，不是简单地实现当事人的参与，而是要确保当事人能够充分地参与到对自己的处理结果当中。

在于某茹诉北京大学撤销博士学位案中，北京大学虽然召开了多次关于于某茹抄袭问题应当如何处理的会议，但是于某茹未参与过其中的任何一次会议，仅参加过北京大学在调查初期指定的一次专家调查小组约谈，在本次约谈中于某茹对涉案论文是否存在抄袭的情况进行了说明，并且正如前文所说，本次约谈在形式上仅仅是北京大学专家调查小组向其了解情况，并未充分告知参与该次约谈的后果和可能面临的博士学位被撤销的处理决定，也未告知学位撤销与否的最终决定权在北京大学学位评定委员会。显而易见，北京大学对于某茹在本案当中参与权的保护是不到位的，并且于某茹也未能参加北京大学学位评定委员会对自己处理结果的讨论，未能在对自己是否会被撤销博士学位的会议上发表自己的陈述观点以及答辩意见。

根据《学位条例》第17条的规定，有权作出撤销博士学位决定的是北京大学学位评定委员会。[①]而于某茹并没有实际参与到关涉自己学位被撤销的北京大学学位评定委员会的讨论当中，也未能充分地表达自己的意见和观点，更不知晓委员会作出对自己不利决定的过程。显然于某茹的参与权没有得到充分的保障，其在处理过程当中一直处于弱势地位，其法定权利并没有得到尊重和保障。不仅如此，北京大学学位评定委员会未经相应的举证质证程序就否定了前期专家调查小组经过约谈于某茹后得出的初步意见，直接作出了《撤销决定》。除此之外，北京大学校学位评定委员会更是在《撤销决定》尚未送达于某茹之前，就将处理结果发布在互联网上，更是对于某茹合法权益的严重侵犯。[②]这些都是北京大学的上诉请求被法院驳回的重要原因。

[①] 《中华人民共和国学位条例》第17条规定："学位授予单位对于已经授予的学位，如发现有舞弊作伪等严重违反本条例规定的情况，经学位评定委员会复议，可以撤销。"

[②] 江国华、彭珮：《法治原则在大学治理中的适用——于某茹诉北京大学撤销博士学位案检视》，载《江汉大学学报（社会科学版）》2018年第2期，第20页。

（三）完善对高等院校的监督权

正如前文所述，依法治校的含义有两个方面，除了包括高等院校对师生员工的管理，还包括教育行政部门对高等院校的管理，显然在这两个方面当中实现依法治校都需要履行正当程序。培养人才、发展科学、为当时当地社会服务是高等院校的三个重要职能。[①]为了实现这三项职能，高等院校需要自治，学位授予权也是法律赋予高等院校的行政权力。但是在法治社会，高等院校的自治并不是绝对的、不受限制的，正如任何权力的行使都应当受到充分的监督，高等院校在行使撤销学位等影响学生自身重大利益的权力时既应当受到内部监督，又应当受到外部监督。

1.完善内部监督

在内部监督方面，根据《学位条例》和《学位条例暂行实施办法》的规定，高等学校可以内部规范性文件的形式制定本单位学位的授予和撤销的具体规定，这些共同构成了高等院校在撤销已经授予的学位方面的依据。然而，在现实当中这些文件往往忽视了在撤销学位过程当中正当程序的重要地位，体现了高等院校程序意识、程序规定的缺位。

在于某茹诉北京大学撤销博士学位案中，于某茹曾向北京大学学生申诉处理委员会提出内部申诉要求撤销《撤销决定》，北京大学学生申诉处理委员会对此不予支持。而根据《北京大学研究生基本学术规范》第4章的规定，北京大学学生申诉处理委员会的处理结果明显存在学术委员会审查学术不端行为、处理学术争议的功能未能实现、表决结果不合理、于某茹的听证权未得到充分保护等具体问题。[②]这表明，高等院校内部的监督往往流于形式、力有不逮。

有鉴于此，高等院校应当努力完善内部监督：一方面，要以校内规范性

---

① 潘懋元：《从"回归大学的根本"谈起》，载《清华大学教育研究》2015年第4期，第1页。

② 湛中乐、王春蕾：《于某茹诉北京大学案的法律评析》，载《行政法学研究》2016年第3期，第103页、104页。

文件的形式明确高等院校在行使撤销学位等影响学生自身重大利益的权力时应当履行的必要程序，如学生应当进行相应的陈述和申辩并有权要求召开听证会，如处理结果要第一时间送达给学生而不是在新闻媒体公开，要构建明确的撤销机制，既要保障当事人的知情权，又要保护当事人的参与权；另一方面，要明确主管部门的职责和权限，尤其是应当明确专业学术委员会的职能，发挥专业学术委员会的作用，这主要是因为对于文字抄袭、数据造假等学术不端行为，专业的学术委员往往比非本专业的学术委员会更加能够发挥专业的影响能力，其认定结论和处理结果也更能获得当事人认可。

2.健全外部监督

除了完善来自高等院校内部的监督，也要健全高等院校外部的监督。例如，在于某茹诉北京大学撤销博士学位案中，于某茹曾向北京市教育委员会提出行政申诉要求撤销《撤销决定》，北京市教育委员会也对此不予支持。而根据《普通高等学校学生管理规定》第63条1款的规定，北京市教育委员会应当对《撤销决定》的程序进行必要的调查。[①]而实践当中，北京市教育委员会是否能够对"副部级"的北京大学实现充分的监督也存在一定的问题。因此，可以从完善对高等院校的监督权这一角度入手，为以后类似案件的处理提供一种有效途径，具体可以通过修改完善《学位条例》的方式实现。

制定于1980年的《学位条例》仅在2004年被第十届全国人民代表大会常务委员会第十一次会议修订，其中的部分内容已经不符合新形势下高等院校依法治校的实践需要。不仅如此，《学位条例》始终保持着简单粗线条的立法状态，集中体现了"高权行政"的特点。[②]于某茹案、田某案、刘某文案等案件的出现证实了这一点。由此导致法院在对此类具体行政行为进行审查时常常遇到法律规定不明确的问题，使得法院在对高等院校撤销学位的行为进行

[①] 《普通高等学校学生管理规定》第63条第1款规定："省级教育行政部门在处理因对学校处理或者处分决定不服提起的学生申诉时，应当听取学生和学校的意见，并可根据需要进行必要的调查。根据审查结论，区别不同情况，分别作出下列处理：（一）事实清楚、依据明确、定性准确、程序正当、处分适当的，予以维持；……"

[②] 张勇：《我国高等院校学位授予权研究》，2014年上海交通大学博士学位论文，第5页。

审查时存在一定的困难。因此，《学位条例》应当明确规定高等院校拒绝授予学位或者撤销已经被授予的学位的具体程序，切实保障学生的知情权和参与权，并明确在这个过程当中教育行政主管部门的职责，以此建立健全对高等院校行使此类行政权力的监督，更好地保护当事人的合法权益。

除此之外，2017年修订的《行政诉讼法》第53条取消了法院以前只能审查具体行政行为的限制，授予法院对某些规范性文件进行司法审查的权力。[①]这就意味着，一旦涉及高等院校学位授予和撤销类案件被起诉到法院，当事人就可以要求受案法院附带审查高等院校自身制定的校规校纪，法院可以法律保留原则就这些校规校纪是否合法作出判断。[②]这样可以更好地保护当事人的合法权益，推动依法治校的进程。

四、结语

正当程序对于推动依法治校具有重要的意义和价值：一方面，正当程序可以保护高等院校的办学自主权不受教育行政部门的非法监督，实现各级教育行政部门的法定职能，推动法治国家和法治政府的建设；另一方面，正当程序还可以确保高等院校在作出诸如撤销已经授予的学位时切实保障当事人的合法权益，推动法治社会的建设。

作为法律、法规授权的组织，高等院校在作出类似于撤销学位的决定无疑履行的是行政权力，理应遵守正当程序。而在于某茹诉北京大学撤销博士学位一案当中，北京大学校学位评定委员在作出《撤销决定》之前，未能充分及时告知于某茹博士学位被撤销的理由和依据，未能充分听取于某茹的申辩和陈述，既没有保障当事人的知情权，也没有保护当事人的参与权；北京

---

① 《中华人民共和国行政诉讼法》第53条规定："公民、法人或者其他组织认为行政行为所依据的国务院部门和地方人民政府及其部门制定的规范性文件不合法，在对行政行为提起诉讼时，可以一并请求对该规范性文件进行审查。"

② 江国华、彭珮：《法治原则在大学治理中的适用——于某茹诉北京大学撤销博士学位案检视》，载《江汉大学学报（社会科学版）》2018年第2期，第16页。

大学校学位评定委员在作出《撤销决定》之后，未能及时向于某茹送达对其的处理决定，而是选择通过互联网发布。

总而言之，北京大学在本案中的这些做法都违反了行政法中的正当程序原则，构成了对于某茹合法权利的侵犯，最终导致法院撤销了北京大学所作出的《撤销决定》。于某茹诉北京大学撤销博士学位案一方面全面阐释了高等院校在依法治校过程当中遵守正当程序的意义和价值；另一方面明确了在高等院校依法治校过程中应当如何实现正当程序，那就是充分保障当事人的知情权、依法保护当事人的参与权以及完善内部监督、健全外部监督等，这些做法和步骤都有助于推动当前新形势下高等院校依法治校的实践。

安徽师范大学司法实验班人才培养成效提升研究（2013—2022）

陈银珠*

摘　要： 从2013年至今，安徽师范大学司法实验班走过了9年，已经完整培养了6届学生。司法实验班在生源和选拔、人才培养目标和方案、课程改革、定期举办学术沙龙和个性化指导、辅导员或者班主任的组织者角色等方面，进行了大量的探索。这些探索取得了较好的成效，也遇到了困惑和瓶颈，如司法实验班定位模糊、价值观培养不足、学生学习投入不足、人才培养方案和教学改革不足等。根据国家和社会对法治人才的需求，结合安徽师范大学的实际，院校应当将司法实验班定位为教学改革的"实验班"，通过优化人才培养方案、充分挖掘教师资源、营造良好的班级氛围等方面，提升人才培养质量。

关键词： 司法实验班；培养特色；培养成效；提升路径

一、前言

2013年10月27日，国家"2011计划"司法文明协同创新中心安徽省卓越司法人才培养基地签约暨揭牌仪式在安徽师范大学举行。这是司法文明协同创新中心在全国高校设立的首个专项工作基地，2013级卓越司法人才培养试

---

* 陈银珠，安徽师范大学法学院副教授、安徽师范大学司法案例研究中心副主任、法学博士、硕士研究生导师，研究方向为中国刑法学、案例法学。

本文为安徽省省级教学研究一般项目《法学实验班人才培养成效的提升与推广研究》（项目编号：2020jyxm2247）的阶段性成果。

验班成为该基地在我校设立的首个实验班。

从2013年到2022年，将近10年的时间里，安徽师范大学法学院已经完整培养了6届实验班毕业生。从2013年司法实验班成立到现在，司法实验班的培养过程和成效需要总结。很多高校都在办法学实验班，有哪些培养经验是可以借鉴的，或者我们的10年探索为我国法学教育做了哪些贡献？在人才培养过程中，对于司法实验班的培养观念开始出现分化，如实验班的目标是追求卓越还是追求教学改革，如果是前者的话，那么就应当把人财物等教学资源向实验班倾斜；如果是后者的话，那么重点不是资源的倾斜而是应当把更多的教学改革放到实验班，将成熟的或者形成共识的教学改革成果推广到法学普通班。这些涉及人才培养理念和方向的问题亟须通过讨论和探索形成共识。

自2013年以来，国家和社会对法学人才的需求发生了很大的变化。2021年1月，中共中央印发《法治中国建设规划（2020—2025年）》。其中明确了法治中国建设的总体目标，即到2035年，法治国家、法治政府、法治社会基本建成，中国特色社会主义法治体系基本形成，人民平等参与、平等发展权利得到充分保障，国家治理体系和治理能力现代化基本实现。并且专门提到法学教育的改革内容：坚持以习近平新时代中国特色社会主义思想为指导，坚持立德树人、德法兼修，解决好为谁教、教什么、教给谁、怎样教的问题。深化高等法学教育改革，优化法学课程体系，强化法学实践教学，培养信念坚定、德法兼修、明法笃行的高素质法治人才。该规划设立的目标和法学教育改革内容为我国高等学校法学教育提供了方向，法学教育需要主动满足国家和社会需求。

二、司法实验班人才培养特色

安徽师范大学在司法实验班生源和选拔、人才培养方案、核心课程授课和考核方法改革、学术沙龙和个性化指导、班级组织等方面做了很多探索。

（一）生源和选拔

选拔环节关乎生源的质量，因此至关重要。如何既能扩大生源的范围，又能保证选拔的公平性，这是关键的问题。司法实验班的生源，除了个别时期限于法学院大一本科生以外，主要是安徽师范大学全校大一本科生。新生开学伊始，学院在学校主页发布司法实验班招生通知，经过学生报名、学院审核、笔试和面试环节，最后发布录取名单。学院在设置报名条件时侧重英语成绩，主要考虑到为未来考研深造奠定基础。笔试重考查学生的价值观、思维能力和写作能力。面试重考查学生的个人品质、表达能力和反应能力。笔试由专业老师出题，面试主要由学院专业教师和实务部门业务专家组成，有时也会邀请学院主管学生工作的领导或者学校教务处的领导参加。

（二）培养目标和方案

根据《安徽师范大学法学院法学专业（实验班）人才培养方案》（2019年修订版），司法实验班的培养目标是：本专业充分发挥安徽师范大学多学科的优势，坚持厚基础、宽口径，以应用型、复合型卓越法律人才的培养为方向，培养、造就具有较高人文情怀、职业素养、职业操守以及较强专业实务技能，能胜任立法、执法、司法、法律服务和法律教育研究等工作的高素质法律专门人才。简言之，司法试验班的宗旨在于培养高素质的法律实务人才。"应用型""复合型"培养方向强调的是，加强法律学习的实践特色，加强法律与其他学科的协同效应。"应用型"实践特色体现为，邀请实务专家进课堂、利用两个暑假进行实习、暑期实践活动、法治教育进校园活动、"未来律师辩论赛"等。"复合型"特色体现为，邀请理论名家举办讲座、邀请法学家定期授课、专门设置中国哲学史、西方哲学史、政治学原理、大学语文等通识课程。在实践中，这些活动和课程分别进行，成效如何缺乏客观的评估。我的个人感受是，这些活动和课程协同效应有待发挥。应当有个组织者或者协调者，课程的授课老师或者活动的组织者和参与者应当自觉地有方向地围绕着"应用型""复合型"法律人才努力。

（三）课程改革

司法实验班的特色除了对课程体系进行改革以外，还有授课和考核方式改革。2014年彭凤莲教授和陈银珠副教授主持的《刑法分论》课程改革，改革的目标是激发学生学习兴趣，改革的内容是丰富课堂形式和探索全过程考核方式。通过课堂辩论、课堂讨论、学期论文等形式丰富课堂形式。最终成绩由四个部分构成：平时课堂表现成绩、学期论文成绩、期末笔试成绩、口试成绩，这四个部分成绩在总成绩中比重分别为20%、30%、30%、20%。这次课程改革的特色在于重视平时学习和口头表达能力，无论是课堂辩论、课堂讨论、期末口试等都在此意。它的现实意义在于，纠正学生平时不努力学习，只到期末临时抱佛脚的学习意识和习惯；纠正学生考试前只管死记硬背，不重视理解和表达的学习意识和习惯。该项改革被证明有利于激发学生的学习兴趣，有利于引导学生积极地把时间和精力投入平时学习过程中，取得了良好的成效，达到了预期目标。

小班授课有利于提升人才培养质量。相对于普通班80人左右，实验班的人数是39人或者40人。小班授课，学生不容易走神。既有利于老师捕捉学生听课的感受，从而改变上课的方式、节奏；又有利于师生互动，为学生的课堂发言、课堂讨论提供可能。小班更容易形成良好的学习和合作氛围。同伴对个人的影响是潜移默化的，无论是在学习上还是在人格塑造上。在与学生的交流过程中，大多数同学认为同伴对自己具有重要的影响。

（四）定期举办学术沙龙

以班级为单位，定期举办学术沙龙。主要集中在大一、大二两个学年。举办学术沙龙的目的在于激发学习兴趣、训练学习方法。内容包括阅读经典著作、讨论学习方法、讨论热点案件、邀请即将毕业的学生举办考研交流等。以2013级实验班为例，共组织学术沙龙16场。学术沙龙的特色在于，专业教师的指导和学生参与。选择学生感兴趣的主题和老师，部分活动由学生参与组织和主持等，旨在激发学生的积极性和主动性。学术沙龙活动在课堂外，为学生提供了学习和锻炼的新途径，客观上营造了追求卓越的班级氛围。班级氛围好像是"说不清、道不明"的，但是它很重要，它存在于课堂上、班级活动中，洋溢在每个学生的脸上和眼睛里。良好的班级氛围会使每一位同学获得敢为人先的勇气和坚持不懈的品质。每个人都可以从中感受到积极向上的氛围和正能量。

（五）个性化指导

这个活动主要集中在大三和大四上半学期。以4人为一组，由辅导员和专业课老师对学生进行个性化指导。每次见面，都要讨论两个内容：第一，每人提前阅读一本名著，进行汇报；第二，讨论学习规划和毕业方向。这样做的目的在于，一方面鼓励、引导学生继续阅读名著；另一方面为学生职业规划提供有针对性的指导。相对于学术沙龙而言，个性化指导的参与人数更少，使得指导更具有针对性。在个性化指导过程中，我的感受是会发现学生更多的闪光点，被忽略的学生或者学生身上被忽略的长项。专业老师能够及时发现，并能够给予及时的鼓励和引导，会增强学生的自信心。

（六）辅导员或者班主任的组织者角色

辅导员或者班主任是实验班与学校学院领导、授课教师、校外理论和实务专家沟通的桥梁。辅导员或者班主任是协调者、组织者、执行者，甚至是探索者。辅导员或者班主任要把学校和学院的资源调动起来，服务于人才培养。学生需要具备哪些素质和能力，如何培养，需要什么活动，需要哪些师资等，辅导员或者班主任对这些问题要心里清楚。辅导员或者班主任需要从四年甚至更长时间来看待学生培养，为每个学期制定好规划。在实验班运行过程中，经常面对各种困难或者"路径依赖"的羁绊，辅导员或者班主任需要通过创新和试错的方式去推进。辅导员与班主任由一位老师担任较好，在班级规划和方向上不会发生冲突。但现实情况是，大多数辅导员刚刚毕业或者不是法学专业的，而专业老师又不愿意担任辅导员，担心花费四年甚至更长时间从事很多琐碎的事情会影响科研工作。一个解决问题的办法是，由刚入职的教师既担任辅导员又担任班主任。新入职教师担任辅导员和班主任，虽然会影响科研工作，但是有利于了解教学和学生，有利于了解学校和学院的情况，2013级司法实验班就是这样做的。另一个解决问题的办法是，辅导员和班主任由两人担任，由专业教师担任，班主任负责学生的学习，辅导员负责其他事项，2014—2021级司法实验班就是这样做的。后一种做法更符合现实，但是班主任的工作容易虚置，没有发挥应有的功能，所以学校和学院应当制定和完善制度措施加强班主任的权力和职责。

三、司法实验班人才培养成效

到目前为止，安徽师范大学法学院共毕业6届法学实验班学生。本文以2017—2022届法学实验班学生为样本，评估法学人才培养的成效。

（一）学生考研情况

以考研录取率作为主要评价标准。虽然仅仅以这个标准评价培养成效不全面，但是这是重要的参考标准。2017—2022届司法实验班的考研（包括保研）录取率分别为59%、54%、56%、35%、32%、43%，平均为47%。普通班的考研（包括保研）录取率分别为39%、32%、39%、26%、30%、27%，平均为31%。（见表1）简言之，实验班将近一半的学生能够攻读研究生，普通班将近三分之一的学生能够攻读研究生。这个指标表明司法实验班的考研人数和比例，代表着考研的数量。司法实验班的名校考研（包括保研）录取率分别为46%、36%、36%、28%、19%、21%，平均为31%；普通班的名校考研（包括保研）录取率分别为18%、15%、23%、16%、21%、10%，平均为17%。（见表2）这里的名校包括985院校、211高校、西南政法大学、华东政法大学和西北政法大学。这个指标代表着考研的质量。无论是从考研录取率还是名校考研录取率，实验班都比普通班明显要高。

表1　2017—2021届法学专业学生考研录取率[①]

类别	2017届	2018届	2019届	2020届	2021届	2022届	平均
实验班	59%	54%	56%	35%	32%	43%	47%
普通班	39%	32%	39%	26%	30%	27%	31%

表2　2017—2021届法学专业学生名校录取率[②]

类别	2017届	2018届	2019届	2020届	2021届	2022届	平均
实验班	46%	36%	36%	28%	19%	21%	31%
普通班	18%	15%	23%	16%	21%	10%	17%

（二）攻读博士的学生较多

到2022年，司法实验班共有三届学生硕士毕业，其中有6人攻读博士。（见表3）攻读博士的人数和学校代表实验班培养的学生发展潜力较大。

表3　司法实验班毕业生攻读博士情况

班级	姓名	读博学校	专业	备注
2013级实验班	周小凡	华东政法大学	法制史	上海交大凯源法学院博士后
	杜浩鹏	中国政法大学	宪法学	
	丁庭威	中国人民大学	经济法学	
2014级实验班	王祚远	中国政法大学	行政法学	
2015级实验班	吴庆棒	西南政法大学	刑事诉讼法学	
	黄丛浩	中山大学	刑事诉讼法学	

---

① 这里的考研录取率，是指考研、保研和出国学习的学生人数除以学生总人数的比例，该指标衡量的是攻读研究生的数量。

② 这里的名校录取率，是指被国内985、211院校和西南政法大学、华东政法大学、西北政法大学等高校录取的学生人数除以学生总人数的比例，该指标衡量的是攻读研究生的质量。这个指标也存在缺陷，因为有的高校虽然是985或者211大学，但是法学专业很弱。总而言之，该缺陷并不影响该指标的意义。

（三）教学成果推广情况

实验班的教学成果得到一定的推广。当实验班的教学改革被证明效果较好时，一般会推广到普通班。在9年的培养过程中，在司法实验班进行了较多的教学改革和探索，形成了系列改革成果。

（1）有的课程已经推广到普通班。比如，《外国法律思想史》的课程，2013—2015级只对实验班学生开设。从2016级开始，该课程推广到普通班。针对学生不读书、不读经典书、碎片化阅读的现实状况，该课程有助于激发学生阅读经典的兴趣，引导和培养阅读经典的方法和习惯。

（2）有的改革效果较好，但由于成本较高不易推广。比如，2014年彭凤莲教授和陈银珠副教授主持的《刑法分论》课程改革，由于教师投入较多，平时成绩比例受限，面试的人财物成本较高等原因，不易推广。虽然不易完全推广，但是对其他教师和课程会产生示范效应，不同程度鼓励教学改革。

（3）有的改革效果较好，但是需要有专业教师的参与，如定期举办学术沙龙和个性化指导。专业教师的参与是学术沙龙和个性化指导发挥作用的关键，仅靠学生自己组织或者辅导员带着学生组织，效果大打折扣。现实是专业教师参与不足，主要原因是学生与专业教师之间缺乏平台和制度化渠道，学术沙龙和个性化指导主要依靠个别专业教师的兴趣和自觉。从考核角度而言，这些属于非量化的活动，难以纳入考核制度之中。

四、司法实验班的发展瓶颈

在探索过程中，虽然取得了较大成效，但是逐渐遇到困惑和发展瓶颈。在外在和内在环境稳定的情况下，人才培养成效保持稳定。当外在环境日益严峻时，如果内在环境不改变，人才培养成效就会不容乐观。尤其是近几年，由于新冠疫情导致国内考研压力增大，司法实验班的研究生录取率在下滑。唯有分析清楚内在环境存在的问题，才能为提高人才培养质量奠定坚实的基础。

（一）实验班的定位模糊

与普通班相比，司法实验班是否应当获得更多的人财物资源和保研、国家奖学金等政策资源？司法实验班应当与普通班趋同还是应当有特色？司法实验班的方向和特色应当是什么？司法实验班除了小班授课以外，越来越缺少特色，如人才培养方案、授课方式和考核方式等都在趋同。这些问题不清楚，司法实验班的下一步就不知道该怎么走。

（二）价值观培养不足

大学不仅是学知识的场所，更是品格塑造、价值观塑造的场所。[1]我国本科教育存在重知识传授、轻素质教育，重人才培养、轻人生教育的倾向。[2]实验班培养的学生不能仅仅是专业知识比较多的学生，还应该是合作意识和服务意识比较强的学生。学生经过笔试和面试，进入试验班。进入试验班后，有的学生会自觉或不自觉地，不同程度地为自己贴上"卓越"的标签。骄傲和自满不仅是为学的大忌，也是为人的大忌。学生与学生、学生与教师、学生与学院管理人员相处过程中，以及学生活动过程中暴露的价值观问题，需要引起重视。

（三）学生学习投入不足

（1）学习兴趣不足，学习潜力发挥不充分。学生学习具有狭隘的功利主义观念，有用的事情舍得花时间，无用的事情不肯花时间。这里的"有用""无用"被狭隘地界定为对提高绩点有用还是无用，对考研或者找工作有用还是无用。

（2）经典著作阅读不足。根据课堂调查发现，有的班级一半以上的学生一个学期没有阅读一本教材之外的著作，只有很少的学生一个学期阅读了一

---

① 钱颖一：《大学的改革》（第四卷·学子篇（本科生）），中信出版集团2021年版，第84页。
② 钱颖一：《大学的改革》（第二卷·学院篇），中信出版集团2016年版，第25页。

本以上的著作，阅读经典著作的学生就更少了。学生的大量时间被各种各样的活动和过多的课程占据，没有心境和时间去读书。再加上手机的普及，导致碎片化阅读占据了学生的注意力和很多时间。

（3）课程投入不足。从与学生举行座谈会得知，有些男生除了上课以外大部分时间都用于一起打游戏。大部分学生的学习停留在上课记笔记、考前背教材和笔记的被动和应试模式。

（四）人才培养方案和教学改革的不足

（1）讨论课偏少。从课程体系或者授课方式来看，讨论课偏少，学生与老师互动偏少甚至完全没有。法学教学方式与小学、中学的教学方式几乎没有变化，都是老师主讲、学生边听边记、考试主要依靠学生背诵记忆上课内容。

（2）学生写作能力不足。主要表现为学位论文质量偏低，高质量的论文缺乏。还表现为在各种比赛当中，写作的内容观点不清、论证不充分、逻辑不清晰。

（3）师生互动不足。师生互动不足是高校普遍性的问题，根据清华大学的调查，清华大学经常与任课老师交流的学生比例很低，最高的文科院系学生不到30%，理工科甚至不到20%，作为直接面向同学的班主任老师，实际与学生互动的情况也不理想，平均而言43.8%的清华学生本学年从未与班主任交流过。[1]根据笔者多年授课经验，实验班每个学期与授课教师互动比较多的学生不超过5人，而且有些互动还是授课老师主动提出的，主动发起互动的学生数量和频次非常少。授课老师与学生的互动状况能够衡量学生学习的积极性和主动性，互动人数和频次越少表明学习积极性越低、学习兴趣越低迷。

（4）批判性思维不足。批判性思维旨在培养学生根据论据和推理进行论证和反证的能力，体现为善于对已证结论进行质疑和挑战，能够对同一个问题从不同的角度进行分析和判断。根据布卢姆分类学将学习的认知过程分为

---

[1] 钱颖一：《大学的改革》（第四卷·学子篇（本科生）），中信出版集团2021年版，第130—131页。

知识、理解、适用、分析、归纳、评价。何美欢教授认为，中国法学生只达到知识和某种程度的理解的水平，缺少对法律其他更高层次的了解。[①] 从课堂互动、平时书面作业和期末试卷来看，司法实验班的学生对于法律的学习程度与何美欢教授的判断一致。

五、提升路径

无论是实验班还是普通班，都需要形成统一的或者稳定的人才培养理念。司法实验班的人才培养理念定位为：为人先于为学、基础知识优于前沿知识、通识教育与专业教育相结合、知识与技能相结合。根据这些理念，对司法实验班进行合适的定位、优化人才培养方案、鼓励教学改革、营造班级氛围，以达到提升人才培养质量的目的。

（一）实验班应当定位为教学改革的"实验"班

司法实验班不能成为"特权班"，即不能把所有的人财物资源和保研指标、国家奖学金等向实验班集中，否则可能引发不平等和不公平的争议。司法实验班也不能成为人数较少的普通班，即除了小班授课以外，没有任何特色，否则就没有存在的意义。我觉得，司法实验班应当定位为法学教学改革的"试验场"，新的教学理念和方法应当得到鼓励、项目支持和经费保障。本科生导师制、班主任制、跨学科研究、双师同堂、翻转课堂、互动式教学、案例教学、全过程考核制等都值得在实验班率先探索。每项教学改革应当形成书面报告，进行共享。实验效果较好的教学改革可以向普通班或者其他学院推广。

（二）优化人才培养方案

课程优化应当体现重质优于重量、重本优于重新。

---

① 何美欢等：《理想的专业法学教育》，中国政法大学出版社2011年版，第5页。

（1）加强通识性课程。增加中国历史、西方历史、中国文学、西方文学、中国哲学、西方哲学、社会科学核心知识、自然科学核心知识等。法学与其他学科的知识是联系在一起的，如果缺乏其他学科的核心知识，那么对于法学的学习很难深入和长远。一个人只要一开始决心做学问，他首先发现的第一个现象是：各门学科之间是有联系的，因而是互相启发、互相补充和互相阐释的，谁也离不开谁。尽管人由于精力所限不能把所有的学科知识全部掌握，而只能把其中的一种作为主要研究的对象，但是如果他对其他的学科一点也不了解，那他对主攻的那门学科也往往会遇到难以弄懂的问题。①

（2）完善选修课的课程内容和授课方法。选修课应当以社会问题为导向，形成教学内容。新文科的基本特征是问题导向，为了解决问题而进行多学科、跨学科的密切合作以及对未来进行创造性构想。②既可以通过跨学科的教师同堂授课，也可以通过组织研讨会的形式授课。

（3）教师课堂授课与课外指导相结合。在保留讲课作为部分课程的教授方法的同时，应该承认讲课方法的局限性，即它不能培养更高层次的技能，也不能保证学生学习到正确的知识，因为学生学习到的不是教师所说的，而是学生本人所听到的，是经过他本身释义的，有保留错误知识的风险。③课外指导通过学生完成老师安排的任务、老师指导、分组讨论等弥补讲课方法的不足。它主要包括三个方面，指导学生阅读经典著作、写作案例分析报告、写作论文等。阅读经典著作是打基础，写作案例分析报告是训练法律思维和法律方法，写作论文是锻炼提出问题和研究问题的能力。

（4）探索授课方法和考核方法改革。开放式教学法、全过程考核，引导学生把学习时间和精力放到平时，而不是最后期末考试。

（5）搭建更多学生与专业教师沟通的平台。学生在四年的学习过程中，经常感到迷茫，遇到学习障碍、专业困惑等，需要专业老师提供专业的和及

---

① （法）卢梭：《忏悔录》（上册），李平沤译，商务印书馆2019年版，第298页。

② 季卫东：《新文科的学术范式与集群化》，载《上海交通大学学报》（哲学社会科学版）2020年第28卷，第12页。

③ 何美欢等：《理想的专业法学教育》，中国政法大学出版社2011年版，第19页。

时的回应。应当建立更多的渠道，把专业教师与学生联结起来。每个学期至少有两次专业教师与学生的集体沟通活动。学院领导、辅导员或者班主任甚至学生组织和班级负责人等都可以积极主动地搭建这种平台。

（三）充分挖掘教师资源

提倡和探索本院教师与其他学院教师、实践部门教师的融合，优势互补。本院专业教师具有专业性、稳定性和体系性，而其他学院教师具有灵活性和跨学科性，实践部门教师具有实践性、前沿性和多元性。应当发挥他们的长处，将这些资源融合起来，提升教学质量。将其他学院教师和实践部门教师引入教学过程的形式灵活多样，值得探索。比如，实践性较强的课程每个学期举行一次实务专家进课堂，也可以法学院老师与其他老师"双师同堂"，还可以围绕重大或者热点问题组织小型研讨会，或专门开设选修课等。

（四）营造良好的班级氛围

实验班的学生都是经过笔试和面试，从全校选拔出来的，具有较好的思维能力、口头表达能力和学习能力。如何把这些能力和潜力激发出来，是一个重要课题。学习氛围说起来抽象，实际上客观存在的。如果能够从这个班级同学的表现中感受到鼓舞和激励，就是氛围好；如果从班级及其同学中感受到挫败和丧气，那么氛围就不好。班级氛围对每个同学和授课老师都有重要的影响，需要学院、辅导员、专业老师和同学共同去营造。我认为，良好的班级氛围包括，给学生营造较为宽松的环境，给学生选择和参与的机会。能够激发学生学习的积极性和主动性，这是大学与中小学最大的不同。给学生宽松的环境不是放任自流，而是要求学院领导、老师和辅导员或者班主任做得更多。尤其是指导老师激发学生学习兴趣、引导学习方向、训练学习方法、培养学习习惯。

刑法教学思政要素融入现状与规范化探索

张 磊[*]

摘 要： 刑法教学与课程思政的结合是当今复杂国际局势下应对刑事法治风险变化、培养"德法兼备"高素质法律人才的必然发展方向。以立德树人为目标，刑法教学与课程思政在本质上具有契合性，二者共同传播社会主义核心价值理念。当前，刑法学课程思政仍处于局部探索阶段，在认知一致性、规范性和长效性方面还存在不足。在全课程育人理念指导下，刑法学思政元素融入的规范化，应当从三个方面入手，包括刑法学教师思政能力的提升；运用历史思维、体系思维与文化思维，挖掘刑法的思政价值；以案例法教学为抓手，挖掘刑事案例中的思政元素。

关键词： 刑法教学；课程思政；立德树人；规范化

习近平总书记在2016年12月全国高校思想政治工作会议上强调，高校其他课程要与思想政治理论课同向同行，形成协同效应。2018年9月，习近平总书记在全国教育大会上强调，要坚持立德树人，加强学校的思想政治工作。2020年5月，教育部印发了《高等学校课程思政建设指导纲要》（以下简称《纲要》），要求课程思政要全程融入课堂教学建设。2022年10月，党的二十大再次强调，育人的根本在于立德，要全面贯彻党的教育方针，落实立

---

* 张磊，安徽师范大学教育科学学院博士研究生，安徽师范大学法学院讲师，安徽师范大学司法案例研究中心研究员，研究方向为刑事执行法学、教育政策与法学。
本文为安徽师范大学2021年度党建和思想政治工作理论与实践研究项目"党的百年奋斗史融入大学生思想政治教育：价值意蕴与路径创新"（2021xjdjsz07）的阶段性成果。

德树人根本任务，培养德智体美劳全面发展的社会主义建设者和接班人。毋庸置疑，人才培养要牢固树立德才兼备、以德为先、以德为本的标准。课程思政与法学专业培养"德法兼修"高素质法治人才的使命高度契合。刑法作为法学专业的一门核心课程，应当顺应时代要求，打破惯有的冷静和威严，挖掘其背后的人性元素，为丰富课程思政内容与促进刑法知识体系转型做出探索。

一、刑法教学思政要素融入现状与问题

自2005年以"学科德育"为核心理念的课程改革，到2014年课程思政的专业育人探索，及至2017年以来课程思政的蓬勃发展，激发专业学科的育人力量、提升全学科育人功能的政策宣传备受关注，并在一些试点城市取得了良好效果。但普遍情况是，我国的专业课程一贯重视知识技能传授、弱化思政引导的状况并未出现根本改观，表现在刑法专业教学领域，课程思政教学尚未形成具有示范效应和较大影响力的大规模推广应用，至少通过现有关于刑法课程思政教学研究数量极少的现状，[①]可以推知课程思政仍处于局部探索阶段。笔者所在学院刑法教学团队通过《刑法学》《外国刑法学》《犯罪学》等课程的课堂教学、专业实践、课题申报、论文指导、辩论比赛等多种方式以及线上、线下多种渠道进行了思政育人的尝试和探索，在培养学生法学专业素养的同时，还提升了学生的爱国情怀和道德素养，与学校的思想政治理论课之间做到了一定程度的衔接。但是，在认知一致性、规范性和长效性方面还存在不足。

一是刑法学教师对课程思政的认识不一致，导致实际运用因人而异。有的认为专业课应当保持自身的学科属性，课程思政就是上思想政治教育课，没有必要过多重复，在教学中，依然是重专业知识传授，轻思政教育融入。

---

① 笔者在中国知网以"刑法""思政"为关键词搜索，仅找到26篇与刑法课程思政直接相关的研究文章。

有的认为课程思政就是传播正能量，将感人故事、做人道理融入刑法教学，教学时泛泛而谈，重复说教。还有的认为要结合专业教学中的部分知识点对学生进行思想引导，但思政教育切入点具有随意性和偶然性，未实现规范化与长效性设计。

二是全课程育人的观念尚未完全确立。课程思政兼具知识育人与立德树人相结合的育人理念，目的是实施全课程育人。课程思政教学改革对专业课教学提出了更高的要求，意味着专业课程需要在原来专业知识教育的基础上增加思想政治教育的任务，这对原有的教学模式产生了较大冲击，因而刑法课教师对改革的主观意愿不强，全课程育人观念尚未完全建立。

三是刑法教学（学习）与课程思政之间的关系没有理顺。刑法是保障社会安全的最后一道防线，历来以弘扬正义为目标。张明楷教授认为，刑法是"最考验正义感的学科之一"，"学习刑法的过程，就是追求正义的过程"。[①]但是，对于刑法教学的双方（教师与学生）而言，历来注重理性思维与价值判断，较少关注刑法及其案例对教学双方自身的道德意义。因而，往往忽略刑法教学（学习）与思想政治教育之间的内在联系。刑法课教师和学生还未建立起对课程思政的正确认知，一般认为思政课程与课程思政没有区别，后者不过是对前者的重复。加之，有限的专业课学习时间与思政精髓的融合亦并非易事，因而，课程思政的效果也就可想而知。

虽然课程思政的实施存在诸多困难，但是课程思政的实施乃大势所趋。习近平总书记多次强调德法共治的治国理念，"德才兼备""德法兼修"是实现德法共治的人力保障，是全面推进依法治国的必备条件。[②]刑法教学与课程思政的结合是当今复杂国际局势下应对刑事法治风险变化、培养学生刑事法治道德素养的必然发展方向。下面，笔者将结合刑法教学予以分析阐明，并提出课程思政与刑法学融合的规范化路径。

---

① 张明楷：《张明楷刑法学讲义》，新星出版社2021年版，第1页。
② 张拓：《以"德才兼备"为指引的刑法学教学改革研究——以课程思政建设为契机》，载《北京警察学院学报》2022年第5期，第2页。

二、刑法教学与课程思政在本质上的契合性

课程思政理念源自2014年上海在教育教学改革中打破思政理论课孤岛困境的尝试，构建思想政治理论课、综合素养课、专业教育课三位一体的大思政教育体系，开启了从"思政课程"到"课程思政"的改革探索。[①]课程思政建设的逻辑起点，是实现专业课与思想政治理论课同向同行的协同效应，为党育人，为国育才，培养既具备深厚学科知识、精深技术技能、较强专业素养和实践动手能力，又具有家国情怀、国际视野、创新精神和使命担当的堪当民族复兴大任的时代新人。[②]申言之，课程思政意在以专业知识为载体，将专业课程中的思政元素融入课程教学的各个环节，厚植学生的爱国情怀，进行思想价值引领，以达到协同育人的目的。教师根据课程特点，提炼出本民族在道路、理论、制度和文化上的自信元素，对学生的情感、行为和认知作出正确引导，以此培养具有家国情怀的高素质人才。是以，课程思政的本质和目标是立德树人。对于新时代高等教育而言，做好课程思政工作，既有利于充分发挥高校作为大学生思想政治教育的主阵地作用，也有利于切实解决好中国特色社会主义建设者和接班人的培养问题。因此，在高等学校中，每一门课程都有育人的功能，每一位教师都肩负育人的责任。[③]

刑法学作为高等学校法学专业核心课程之一，以刑法为研究对象。刑法是规定犯罪与刑罚的法律规范，是维护社会秩序、保障公民权利的最后一道防线，其以公平正义为尺度，关涉人的自由与生命，背后承载着民族人文精神的主流价值观。每一个公正的判例，都是一场浸润人心的普法宣传；每一次捍卫公平正义，都在为法治信仰的大厦增砖添瓦。[④]因此，刑法教学肩负

---

① 高毅德、宗爱东：《从思政课程到课程思政：从战略高度构建高校思想政治教育课程体系》，载《中国高等教育》2017年第1期，第43页。

② 张大良：《课程思政：新时期立德树人的根本遵循》，载《中国高教研究》2021年第1期，第5页。

③ 《中共中央 国务院关于进一步加强和改进大学生思想政治教育的意见》（中发〔2004〕16号）。

④ 《以公正司法的担当坚定法治信仰》，载《人民日报》，2019年3月21日。

着主流价值观宣传与教育的历史使命，传授刑法知识本身就是对大学生法律素质和辨别是非能力的培养和提升。但是，在对大学生人格引领和意识形态的塑造上，仅仅依靠传授刑法知识本身还远远不足。从人性的角度来看，犯罪行为是人性善恶较量的结果。每一个跃入我们视野的刑事案件，都关系着案件背后当事人的人生境遇。我们并非仅仅是运用逻辑推理和法律条文进行案件分析的讨论者，我们也是同胞人生经历的旁观者。如何秉持正义的态度，在惩治犯罪与保护人权之间保持平衡？如何以案件为鉴，避免自己陷入犯罪的深渊？这些都值得授课教师和学生深入思考。在刑法教义学时代，对刑法本身的信仰和对刑法背后所暗含的人性关怀的探寻，是刑法学教师应当努力的方向。因此，刑法学不仅是一门关于判断罪与非罪、此罪与彼罪以及刑罚裁量的精细的技术课程，还应探索犯罪与刑罚背后的人性因素。因此，我们给予学生的引导就不能只是专业知识的传授，还应包含对人生价值的思索和对社会、对国家的深切关注。

刑法的发展与社会主义法治的进步，与新中国经济、社会、文化的发展一路同行，体现了人民对美好社会和生活的向往与追求，也体现了社会主流价值观的变迁过程。可以说，刑法文化与思政教育存在天然的契合性。在刑法的教学过程中，融入思政理念与思政元素，能够突出我国社会主义法治的特色和优势，有助于学生坚定社会主义法治信仰，成为德法兼修的人才。故而，可以确定刑法教学与课程思政共同的价值目标是"立德树人"，两者都致力于解决教育中"培养什么人、怎样培养人、为谁培养人"的根本问题。但是，应当厘清的是，课程思政并不是随意说教，专业课也并非等同于思政课，其实质是一种隐性价值理念的传递。"大思政"格局下，刑法课仍然是教授专业知识的"刑法课"而不是"思政课"，刑法学"课程思政"不是"刑法课的思政化"或"思政课的刑法化"，二者相互影响不能相互混淆。① 以思想价值为导向，教师在传授专业知识的同时，自身树立正确的价值取向，进而引领

---

① 冀洋、刘艳红：《全面推进"课程思政"时代刑法学的教学逻辑》，载《法学教育研究》2021年第3期，第115—131页。

学生同向同行，健康成长。教师言传与身教的统一，知与行的统一，是课程思政最大的魅力。课程思政并非只是为了教导学生，更是在多元复杂的社会背景下，师生思想共同提升的过程。

三、刑法学思政元素融入的规范化路径

（一）刑法学教师思政能力的提升

2015年，联合国教科文组织发布了一份题为《反思教育：向"全球共同利益"的理念转变？》的报告，高瞻远瞩地关注了人类的可持续发展问题，重申人文主义教育观、价值观与方法论，并提出"教育作为全球共同利益"的构想，为各国教育的发展提供了行动指南。在此基础上，课程"育人"的内涵也在不断拓展，有关大学教育理念与课程价值的反思与诠释势在必行。当前，在深入实施人才强国战略与民族复兴背景下，个体发展与民族发展应当同向同行。大学课程应当且必须回归育人初心，重申知识、美德与价值的内在逻辑，转识为智、化识为德，[①]培养并造就一大批德才兼备的高素质人才，以实现国家和民族的长远发展规划。

课程思政建设的基础在课程，根本在思政，重点在课堂，关键在教师，成效在学生。[②]教师承担着教书育人的重要使命，作为课程思政教育的主体，高校专业课教师首先要树立课程思政理念，明确高校课程思政定位，继而不断自我教育和终身成长，才能肩负起新时代育人重任。当代大学生思想活跃、信息来源广泛、价值观多元化，对他们的人文关怀、精神塑造和价值引领尤为重要。教师进行价值引领首要在于自身人格的完善。"其身正，不令而行；其身不正，虽令不从。"[③]思政元素的融入目标是引导学生修身正己，树立法治

---

① 聂迎娉、傅安洲：《课程思政：大学通识教育改革新视角》，载《大学教育科学》2018年第5期，第42页。
② 张大良：《课程思政：新时期立德树人的根本遵循》，载《中国高教研究》2021年第1期，第6页。
③ 《论语·子路》。

信仰，培养"德法兼修"的社会主义法治人才。因此，刑法学教师应当从提高自身修养出发，以积极的人生态度，坚定的法律信仰和正义的法律精神唤醒和引领学生。具体可以通过以下三种途径：首先，以习近平法治思想为指导，既要研读马克思主义经典著作和中华优秀传统经典，又要紧密结合最新的立法和司法动态，以经典为基，紧跟时代节拍，加强学习，不断思考，更新知识体系。其次，深刻领悟社会核心价值观和"四个自信"理论的精神内核，并将其有机地融入教学过程中，使学生更清晰地了解我国国情，感受我国刑法的人文关怀，建立对我国法律制度和法律文化的自信，自觉自愿地在日常生活中践行社会主义核心价值观。最后，加强自身实践，到司法实务部门挂职锻炼或者调研学习，以实践问题反哺理论教学，寻找恰当的视角提高学生指导的针对性和有效性，帮助解决学生的人生困惑和专业学习困惑，引领学生完成法律职业精神的塑造。

（二）刑法学思政元素的挖掘与运用

深入挖掘刑法学中的思政元素可以从思维方式与具体运用两个方面着手。

1. 运用历史思维、体系思维与文化思维，挖掘刑法的思政价值

首先，运用历史思维挖掘刑法的思政价值。新中国的刑法是随着国家的政治、经济和社会发展而发展的。1979年第一部刑法典是改革开放之后第一批通过的法律，意义巨大，影响深远。它是司法机关办理刑事案件的强大法律武器，也是教育广大公民提高法治观念、预防违法犯罪的上好教材。为了更加有效地发挥刑法的社会调整功能，更好地保护社会和保障人权，1997年刑法典作了全面修订，这部刑法典更具体系性、平衡性与可操作性。[①] 随着社会的改革与进步，根据同犯罪做斗争的需要，从1998年至今，全国人大常委会先后通过了1个单行刑法和11个刑法修正案，在刑法典总则及具体罪名上作了一系列修改补充。通过剖析我国刑事立法的发展脉络，可以发现我国刑法在立法理念层面，兼顾秩序维护与自由保障；在内容上，更具备体系化、

---

① 高铭暄：《中华人民共和国刑法的孕育诞生和发展完善》，北京大学出版社2012年版，第1—3页。

科学化、人性化特征；在技术上，由粗放化向精细化转变。[①]新中国的刑法在继承本民族优良刑法文化传统、兼收并蓄国外先进文明成果、注重刑法本土化建设的基础上，不断朝科学、文明和人道方向发展。刑法的历史发展也是我国法治发展的一个缩影，体现了我国法治水平不断提升，人民权利意识不断增强。对刑法史的阐述，就是运用历史思维培养学生的社会主义法治理念与爱国主义情怀。

其次，运用体系思维挖掘刑法的思政价值。当前，以宪法为核心的中国特色社会主义法律体系已经基本形成，部门法之间的逻辑联系更为紧密。国家和社会生活总体上实现了有法可依，但法律的平稳实施需要全体公民对法律的信仰与遵循。《韩非子·有度》云："国无常强，无常弱。奉法者强则国强，奉法者弱则国弱。"[②]在全面推进依法治国的新形势下，尊法、学法、守法、用法成为全体公民最核心的任务。我国刑法作为社会主义法律体系的重要组成部分，是保护人民、惩罚犯罪最有力的武器，是整个社会主义法律体系的底线。刑法以宪法为依据，与其他部门法共同维护社会的稳定与安全。运用体系思维可以发现，遵守刑法必定需要遵守宪法，运用刑法即说明已经穷尽其他部门法的救济途径。因此，不应孤立地、片面地挖掘刑法的思政价值，应当把刑法放到中国法律体系的大家族中，推动学生整体法治意识的提升。首先，应当强调宪法权威，捍卫宪法尊严。习近平总书记指出，"宪法的生命在于实施，宪法的权威也在于实施"。全社会应当形成弘扬宪法精神、维护宪法权威、尊崇宪法意识的氛围。另外，应当引导学生养成法治思维，增强法治参与意识。法律的构建终究在于国家法治精神的养成。刑法授课的深层意蕴在于传播以宪法为核心的法律体系的公正价值与法治精神，引导学生运用法治思维和法治方式解决经济社会问题与个人生活中遇到的问题。这与思政教育中引导学生注重理性、强调自律的价值取向高度契合。

---

① 文立彬：《刑法学课程与思政教育相融合的方法与实践》，载《广西政法管理干部学院学报》2021年第4期，第125页。

② 《韩非子·有度》。

最后，运用文化思维挖掘刑法的思政价值。在世界法制史上，存在警察国、法治国与文化国三种刑法文化模式。一般认为，警察国以专制与人治为特征，法治国以民主与法治为特征，文化国以科学与实证为特征。①根据我国当前的情势，最符合我们特征的是法治国的刑法文化。在此文化背景下，需要防止西方文化国家历史虚无主义与新自由主义的侵蚀，应趋向挖掘中国刑法文化之真善美，"忠实"于社会问题或社会现象的本来面目，及至发挥刑法效用的刑法之善，终至表征着人的终极关怀和圆满至境的刑法之美。②刑法文化之真善美与思政教育中引导学生成为真善美之公民亦高度契合。

2.以案例法教学为抓手，挖掘刑事案例中的思政元素

课堂是思想政治理论传播的主渠道，专业教学应当以课堂为主阵地，将思政元素潜移默化地渗透到教学中。案例是刑法教学的灵魂，以案例法教学为抓手，结合刑法史和当代形势介绍，深入挖掘刑法学中的思政要"点"，由点成线，有助于实现刑法学课程思政的过程性与系统性。以刑法总论为例，在课程思政板块的总体设计上，可以与《高等学校课程思政建设指导纲要》保持一致，分为政治认同、家国情怀、法治意识、道德修养和文化素养五大思政板块。

在刑事立法进程与发展史的总体介绍部分，侧重于政治认同与家国情怀的思政供给。如前面关于利用历史思维挖掘思政价值的论述，刑法制定和历次修订的历史背景以及国际国内形势的阐述，有助于学生理性认识到现行刑法是继承本民族优良法文化传统，融合国外先进合理法文化的成果。学生只有在了解国情、世情和民情的基础上，才能对刑法的历史变迁、社会主义刑法制度的选择和刑事罪名的变化给予深切的政治认同、思想认同和情感认同。

在刑法的基本原则部分，侧重于法治意识的思政供给。例如，通过对罪刑法定原则国际历史变迁的回顾和我国1997年罪刑法定原则确立的介绍，以

---

① 陈兴良：《法治国的刑法文化——21世纪刑法学研究展望》，载《人民检察》1999年第11期，第11—12页。
② 胡祥福、马荣春：《论刑法之真———刑法文化的第一个勾连》，载《南昌大学学报（人文社会科学版）》2014年第2期，第109—110页。

及对赵作海、佘祥林等重大冤假错案和王力军收购玉米案、新冠疫情防控期间相关刑事热点案件的讨论和分析，引导学生遵循客观理性的立场，避免一旦发生人心冲动的事件就失去理性、急于归责，树立现代刑法尊重和保障人权的理念和方法[①]，深刻思考惩罚犯罪与保障人权的价值平衡，坚定社会主义法治理念，提高运用法治思维解决实际案件的能力。对刑法基本原则思政元素的挖掘和运用，不仅关系到法律案件的思考和处理方式，对于学生处理自身的人生境遇也是极为重要的参考，遇事保持冷静，不抱怨，不苛责，理性寻找解决问题的方法。

在犯罪论部分，注重政治认同、法治意识、家国情怀和道德修养的综合供给。在对犯罪成立条件进行理论分析的同时，结合相关知识点，运用案例给予学生价值引导。尤其是以近年来最高人民法院、最高人民检察院发布的指导性案例和典型案例为重点，以生动、现实的案例阐明刑事法治理念和法治规则的变化，使学生通晓刑法理念和刑法规则背后的常识、常理、常情，在丰富学识的同时，增加对世界的认知，塑造优良品格。

在刑罚论部分，注重思政元素的综合供给。通过引发社会广泛关注的药家鑫、林森浩、吴谢宇等大学生犯罪案例的分析和法学专业实践等活动，引导学生遵循法治立场、反思人性弱点、关注社会现实、参与社会实践，培养学生专业过硬、诚实做人、踏实做事的职业品格。同时，引导学生将个人理想与民族复兴大业融合到一起，与社会主义核心价值观保持一致。

如著名哲学家冯契所说的"化理论为德性"和"化理论为方法"，挖掘刑法学的思政内涵，实质是在挖掘刑法背后的人性元素，探寻"铁面"背后的"温情"，达到专业教育与伦理教育相融合，以凸显思政教育的深化之效。

[①] 周光权：《现代刑法的理念与方法》，载《法治研究》2020年第6期，第4—5页。

青年法学园地

生态指导性案例的功能研究

——以最高人民法院发布的相关指导性案例为样本

张　衡[*]

摘　要： 生态指导性案例的颁布对于环境保护具有重大意义，现有的生态指导性案例具有集中发布的趋向性，规模结构的失衡性，裁判要点用语的趋同化等特点。生态指导性案例的主要功能分为四个方面：一是实现"同案同判"；二是填补法律不足，提高司法效率；三是规范法官自由裁量权行使；四是通过司法场域反馈环境保护。然而生态指导性案例功能的发挥面临着三大困境：一是规模效应难以凸显；二是援引率不高；三是文本内部逻辑性较弱。对于此，可以通过三种路径进行解决：一是增加指导性案例的发布规模；二是建立指导性案例监督及失效机制；三是加强文本部分之间的关联性。生态指导性案例功能的有效发挥能够为司法治理助力环境保护提供渠道，有利于实现案例指导制度的完善和环境治理的双向正循环。

关键字： 生态指导性案例；案例功能；保护环境；司法治理能力

一、生态指导性案例的发布现状

（一）对最高人民法院已发布的18个生态指导性案例的统计分析

鉴于生态诉讼一词的含义较广，为保证研究的广泛性和有效性，笔者将

---

* 张衡，华东政法大学法学理论专业硕士研究生，研究方向为法学理论。

与环境相关的指导性案例均纳入本文的研究样本之中，以"生态指导性案例"指代。截至2022年8月，最高人民法院共颁布18个生态指导性案例，其中包括环境民事公益诉讼案件、环境行政公益诉讼案件、环境行政处罚案件、生态环境损害赔偿案件、环境污染责任纠纷案件等，笔者以提起诉讼的主体为分类标准，整理如表1所示。

表1 生态指导性案例分类

序号	原告	案例名称	案例类型	发布时间
1	政府	指导案例129号"江苏省人民政府诉安徽海德化工科技有限公司生态环境损害赔偿案"	生态环境损害赔偿诉讼	2019年12月26日
2		指导案例130号"重庆市人民政府、重庆两江志愿服务发展中心诉重庆藏金阁物业管理有限公司、重庆首旭环保科技有限公司生态环境损害赔偿、环境民事公益诉讼案"	生态环境损害赔偿诉讼、环境民事公益诉讼	2019年12月26日
3	检察院	指导案例133号"山东省烟台市人民检察院诉王某殿、马某凯环境民事公益诉讼案"	民事公益诉讼	2019年12月26日
4		指导案例135号"江苏省徐州市人民检察院诉苏州其安工艺品有限公司等环境民事公益诉讼案"	民事公益诉讼	2019年12月26日
5		指导案例137号"云南省剑川县人民检察院诉剑川县森林公安局怠于履行法定职责环境行政公益诉讼案"	行政公益诉讼	2019年12月26日
6		指导案例172号"秦某学滥伐林木刑事附带民事公益诉讼案"	刑事附带民事公益诉讼	2021年12月1日
7		指导案例175号"江苏省泰州市人民检察院诉王某朋等59人生态破坏民事公益诉讼案"	民事公益诉讼	2021年12月1日
8		指导案例176号"湖南省益阳市人民检察院诉夏某安等15人生态破坏民事公益诉讼案"	民事公益诉讼	2021年12月1日

续表

序号	原告	案例名称	案例类型	发布时间
9	社会组织	指导案例75号"中国生物多样性保护与绿色发展基金会诉宁夏瑞泰科技股份有限公司环境污染公益诉讼案"	民事公益诉讼	2016年12月28日
10		指导案例131号"中华环保联合会诉德州晶华集团振华有限公司大气污染责任民事公益诉讼案"	民事公益诉讼	2019年12月26日
11		指导案例132号"中国生物多样性保护与绿色发展基金会诉秦皇岛方圆包装玻璃有限公司大气污染责任民事公益诉讼案"	民事公益诉讼	2019年12月26日
12		指导案例134号"重庆市绿色志愿者联合会诉恩施自治州建始磺厂坪矿业有限责任公司水污染责任民事公益诉讼案"	民事公益诉讼	2019年12月26日
13		指导案例173号"北京市朝阳区自然之友环境研究所诉中国水电顾问集团新平开发有限公司、中国电建集团昆明勘测设计研究院有限公司生态环境保护民事公益诉讼案"	民事公益诉讼	2021年12月1日
14		指导案例174号"中国生物多样性保护与绿色发展基金会诉雅砻江流域水电开发有限公司生态环境保护民事公益诉讼案"	民事公益诉讼	2021年12月1日
15	法人/自然人	指导案例127号"吕某奎等79人诉山海关船舶重工有限责任公司海上污染损害责任纠纷案"	民事侵权诉讼	2019年12月26日
16		指导案例128号"李某诉华润置地(重庆)有限公司环境污染责任纠纷案"	民事侵权诉讼	2019年12月26日
17		指导案例138号"陈某龙诉成都市成华区环境保护局环境行政处罚案"	行政诉讼	2019年12月26日
18		指导案例139号"上海鑫晶山建材开发有限公司诉上海市金山区环境保护局环境行政处罚案"	行政诉讼	2019年12月26日

从表1可知，人民检察院和社会组织是提起生态环境诉讼的主力军，共占比66.7%；然后是法人／自然人提起的生态环境诉讼，占比22.2%；政府提起的生态环境诉讼最少，占比11.1%。

（二）已发布生态指导性案例的特征

1.集中发布的倾向性

生态指导性案例的发布逐渐具有常态化、成批次性的特点，如指导性案例75号是有关生态环境的第一个指导性案例，但其难以有效发挥指导性案例统一法律适用的规模效用。指导性案例127号至139号则是均在2019年12月26日经最高人民法院审判委员会讨论通过后发布的同一批有关环境侵权的指导性案例，172号至176号指导性案例也是同批次发布的环境民事公益诉讼和行政处罚案件，均在2021年12月1日经最高人民法院审判委员会讨论通过后发布。由此可见，生态指导性案例的发布样态从起初的零散和无规律性向系统、成批次性转变，体现了最高司法机关通过案例指导制度助力环境保护的宏观意旨以及审慎、稳妥地推动案例指导制度发展的微观立场。此外，从上述表1可以发现，目前已发布的生态指导性案例包括的诉讼类型渐趋多样化。2022年1月1日修订施行的《民事诉讼法》第55条、2015年1月1日修订施行的《环境保护法》第58条、2017年修订的《行政诉讼法》第25条第4款、2021年1月1日实施的《民法典》第1234条和第1235条、2018年1月1日实施的《生态环境损害赔偿制度改革方案》以及2019年6月5日最高人民法院《关于审理生态环境损害赔偿案件的若干规定（试行）》等文件先后确立了环境民事诉讼、环境行政诉讼和生态环境损害赔偿诉讼等多项制度，形成了"'三诉并行'的生态环境损害司法救济体系"①。

2.规模结构的失衡性

当前生态类指导性案例规模结构的失衡性主要体现在以下两个方面：一

---

① 于文轩、孙昭宇：《生态环境损害司法救济体系的优化路径》，载《吉首大学学报》2022年第4期，第37页。

方面，已发布的生态指导性案例的数量规模和各级法院的受审数量规模相差巨大。根据最高人民法院发布的报告显示，2021年全国各级法院共受理环境资源一审案件297492件，审结265341件，同比分别上升8.99%、4.76%。[①]由此可知，以十数件的指导性案例来指导数十万全国各级法院受审的环境资源类案件明显入不敷出。为使样本的分析更具象化，笔者在威科先行·法律数据库中心以"环境公益诉讼"为关键词进行检索发现，截至目前，近五年以来的环境公益诉讼审理案件数量共计485件（如图1），而当前已发布的环境公益指导性案例仅有13件，由此也可以看出指导性案例的数量和审理案件数量之间的规模差距。此外，从已有的指导性案例内部来看，目前已发布了185件指导性案例，生态指导性案例有19件，仅占比10%。构建生态文明体系，实现"碳中和、碳达峰"的目标，离不开法治的保驾护航，正如习近平总书记强调："只有实行最严格的制度、最严密的法治，才能为生态文明建设提供可靠保障。"[②]因此，案例指导制度的健康运行亟须更多高质量生态指导性案例的注入。

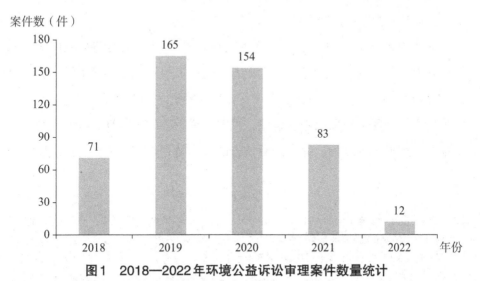

案件数（件）

图1　2018—2022年环境公益诉讼审理案件数量统计

①《最高法发布〈中国环境资源审判（2021）〉》，http://cenews.com.cn/news.html?aid=981328，最后访问时间：2022年8月12日。

② 孙秀艳、刘毅、寇江泽：《用最严格制度最严密法治保护生态环境——牢固树立绿水青山就是金山银山理念述评（二）》，http://politics.people.com.cn/n1/2020/0816/c1001-31823625.html，最后访问时间：2022年8月12日。

　　另一方面，已发布的生态指导性案例提起主体多为检察院和社会组织，个人提起的环境诉讼指导性案例较少。从提起诉讼的主体结构来讲，环境公益诉讼的提起主体是社会组织和人民检察院，[①]而生态环境损害赔偿诉讼的主体是政府及其指定部门[②]。个人可以提起环境污染侵权案件，如指导案例127号"吕某奎等79人诉山海关船舶重工有限责任公司海上污染损害责任纠纷案"以及指导案例128号"李某诉华润置地（重庆）有限公司环境污染责任纠纷案"。尽管如此，针对个人提起的涉及自身利益的环境侵权案件在司法实践中仍有法律缺位现象，亟须指导性案例进行指导和补充。以"李某诉华润置地（重庆）有限公司环境污染责任纠纷案"为例，光污染在环保方面没有具体的标准及相关规范和技术标准，据此，该指导性案例的裁判要点指出"法院应根据专家意见、光辐射的长期危害，是否干扰他人正常生活、工作和学习，以及是否超出公众可容忍度等要素综合认定被告行为对环境造成了损害"，进而为全国各级法院审理类似案件提供了明确指导。

3.裁判要点用语的趋同化

　　从法律语言学的角度观察，笔者发现生态类指导性案例存在用语趋同化的倾向，即多个指导性案例在裁判要点中采取了"综合判断""综合考虑""综合认定"等语义相近的用词，如指导案例173号的相关表述为"人民法院应当从被保护对象的独有价值、损害结果发生的可能性、损害后果的严重性及不可逆性等方面，综合判断被告的行为是否具有《最高人民法院关于

---

① 《中华人民共和国环境保护法》第58条第1款规定："对污染环境、破坏生态，损害社会公共利益的行为，符合下列条件的社会组织可以向人民法院提起诉讼：（一）依法在设区的市级以上人民政府民政部门登记；（二）专门从事环境保护公益活动连续五年以上且无违法记录。"
　　《人民检察院提起公益诉讼试点工作实施办法》第1条第1款规定："人民检察院履行职责中发现污染环境、食品药品安全领域侵害众多消费者合法权益等损害社会公共利益的行为，在没有适格主体或者适格主体不提起诉讼的情况下，可以向人民法院提起民事公益诉讼。"

② 《最高人民法院关于审理生态环境损害赔偿案件的若干规定》第1条第1款规定："……省级、市地级人民政府及其指定的相关部门、机构，或者受国务院委托行使全民所有自然资源资产所有权的部门，因与造成生态环境损害的自然人、法人或者其他组织经磋商未达成一致或者无法进行磋商的，可以作为原告提起生态环境损害赔偿诉讼……"

审理环境民事公益诉讼案件适用法律若干问题的解释》第1条规定的"损害社会公共利益重大风险"。① 指导案例132号的相关表述为"人民法院可以综合考虑超标排污行为的违法性、过错程度、治理污染设施的运行成本以及防污采取的有效措施等因素，适当减轻污染者的赔偿责任"。② 指导案例129号的相关表述为"人民法院可以综合考虑企业事业单位和其他生产经营者的主观过错、经营状况等因素，在责任人提供有效担保后判决其分期支付赔偿费用"。③ 指导案例128号的相关表述为"人民法院认定光污染损害，应当依据国家标准、地方标准、行业标准，是否干扰他人正常生活、工作和学习，以及是否超出公众可容忍度等进行综合认定。"④ 诸如此类的还有指导案例175号"江苏省泰州市人民检察院诉王某朋等59人生态破坏民事公益诉讼案"和指导案例176号"湖南省益阳市人民检察院诉夏某安等15人生态破坏民事公益诉讼案"等。笔者认为，出现这种语用状态的原因主要有两个方面，一方面，"综合考量""综合认定"的对象往往涉及损害赔偿额度的认定、赔偿责任的承担以及环境损害的程度等方面，这些方面因地域性特征显著、环保水平差异等原因难以作出统一、细化的规定。以指导性案例134号"重庆市绿色志愿者联合会诉恩施自治州建始磺厂坪矿业有限责任公司水污染责任民事公益诉讼案"为例，法院判定建始磺厂坪矿业有限责任公司停止生产的原因是"地处喀斯特地貌山区，裂隙和溶洞较多，暗河纵横，而其中的暗河水源正是千丈岩水库的聚水来源，污染风险明显存在。考虑到建始磺厂坪矿业有限责任公司的违法情形尚未消除、项目所处区域地质地理条件复杂特殊，在不能确保恢复生产不会再次造成环境污染的前提下，应当禁止其恢复生产"。由此可见，地理环境的复杂性和特殊性影响了法院对案件的处理。故而，此类案件

---

① 参见指导性案例173号"北京市朝阳区自然之友环境研究所诉中国水电顾问集团新平开发有限公司、中国电建集团昆明勘测设计研究院有限公司生态环境保护民事公益诉讼案"。

② 参见指导性案例132号"中国生物多样性保护与绿色发展基金会诉秦皇岛方圆包装玻璃有限公司大气污染责任民事公益诉讼案"。

③ 参见指导性案例129号"江苏省人民政府诉安徽海德化工科技有限公司生态环境损害赔偿案"。

④ 参见指导性案例128号"李某诉华润置地（重庆）有限公司环境污染责任纠纷案"。

不宜在责任承担和损害程度等方面确定整齐划一的标准，而应尊重法官自由裁量权的发挥，通过综合性的考虑进行处理较为妥当。另一方面，是由于现行法律法规的缺位所导致的。仍以指导性案例128号为例，该指导性案例的难点在于"当光污染的标准没有法律界定而公众又切实受到光源的损害时如何认定光污染损害的问题"，正是因为当面临没有明确法律规范对相关情况进行调整时，法官出于审慎的考量，既要坚守司法者而非立法者的定位，又要使得案例对司法实践产生指导力，故而需要将多种相关情节作为考虑因素，以求作出的裁判具备公正性、说理性的同时，又能经得起时间的考验。

二、生态指导性案例的功能指向

（一）实现"同案同判"

案例指导制度设立的初衷之一即统一法律适用，实现"同案同判"，生态类指导性案例作为案例指导制度的一部分，自然也担负着指导各级人民法院司法审判工作，促进"同案同判"目标实现的功能。诚如张志铭教授所言："从最直接而显著的意义上说，指导性案例所追求的价值目标就是'同案同判'"。[①]具体而言，生态指导性案例大体通过两种方式发挥统一法律适用的功能，一方面，确立符合法理及科学实际的标准，为后案法官提供参照。以指导案例175号"江苏省泰州市人民检察院诉王某朋等59人生态破坏民事公益诉讼案"为例，该指导性案例为生态资源损失的程度认定确立了标准，即"应当结合生态破坏的范围和程度、资源的稀缺性、恢复所需费用等因素，充分考量非法行为的方式破坏性、时间敏感性、地点特殊性等特点，并参考专家意见，综合作出判断"[②]。指导案例176号"湖南省益阳市人民检察院诉夏某安等15人生态破坏民事公益诉讼案"确立了非法采砂所造成的生态环境损失认定的标准，即"应当根据水环境质量、河床结构、水源涵养、水生生物资

---

① 张志铭：《司法判例制度构建的法理基础》，载《清华法学》2013年第6期，第97页。
② 参见指导性案例175号"江苏省泰州市人民检察院诉王某朋等59人生态破坏民事公益诉讼案"。

源等方面的受损情况进行全面评估、合理认定"。①虽然这类标准仍留给法官以较大的自由裁量余地，但相较于相关领域无章可循的现状，这类确定新标准的指导性案例无疑推动了法制的完善，使得亟待解决而又存在法律空白的问题的处理有章可循。另一方面，通过"事实拘束力"促使类案法官参照适用。仅有明确的标准尚不足以实现法律的统一适用，正所谓"徒法不足以自行"，因此，生态指导性案例功能的发挥需要"事实拘束力"的保障。关于指导性案例的效力问题，有学者将目前的学说划分为"事实上拘束力说"和"准法律权威说"，②"准法律权威说"的代表是张骐教授，他认为："指导性案例的说服力产生的权威是理性的权威，是'理由产生权威'，同时，指导性案例也是'经最高审判组织确定认可的程序安排'，这是一种制度权威"。③大多数官员与学者则认为指导性案例具有事实拘束力，胡云腾大法官认为，"所谓事实上的拘束力，是指本级和下级法院'必须'充分注意并顾及，如明显背离并造成裁判不公，将面临司法管理和案件质量评查方面负面评价的危险，案件也将依照法定程序被撤销、改判或者被再审改判等。法官也将面临司法管理和案件质量评查方面负面评价的危险"。④笔者赞同"事实拘束力说"，出于体制内的制度性约束以及增加裁判说服力的考虑，后案的法官在审理与前案相类似的案件时会主动参照适用相关的指导性案例。而指导性案例也可以提示法官当遇到法律规定模糊的情况时，应当接受案例的指导，作出合法入情的裁判。

（二）填补法律不足、提高司法效率

胡云腾大法官曾经指出："具有指导作用的案例，则是在适用法律方面具有独到特色的案例，这个特色既可能表现在公正适用法律方面，也可能表现

---

① 参见指导性案例第176号"湖南省益阳市人民检察院诉夏某安等15人生态破坏民事公益诉讼案"。
② 泮伟江：《论指导性案例的效力》，载《清华法学》2016年第1期，第104页。
③ 张骐：《再论指导性案例效力的性质与保证》，载《法制与社会发展》2013年第1期，第93页。
④ 胡云腾、于同志：《案例指导制度若干重大疑难争议问题研究》，载《法学研究》2008年第6期，第10页。

在填补法律空白方面"。①申言之，生态指导性案例对法律的填补功能主要体现在三个方面：一是进一步阐明司法解释的相关内容。在已发布的生态指导性案例中，指导性案例75号是对《最高人民法院关于审理环境民事公益诉讼案件适用法律若干问题的解释》（以下简称《解释》）第4条②有关提起公益诉讼的社会组织条件的细化阐明。③指导性案例131号是对《解释》第1条规定的"具有损害社会公共利益重大风险的污染环境、破坏生态的行为"一种解释，即将"企业事业单位和其他生产经营者多次超过污染物排放标准或者重点污染物排放总量控制指标排放污染物，环境保护行政管理部门作出行政处罚后仍未改正"④的行为纳入该条所调整的范围之内。值得注意的是，这种解释并不等同于司法解释，在我国目前的法律规范体系中，司法解释的效力与法律等同，而指导性案例"本身没有独立的法律地位，没有独立的规则效力，其本质是对法律法规条文或者法律规范的一种解释，最多是对法律法规进行

① 胡云腾：《一个大法官与案例的38年情缘》，http://e.mzyfz.com/mag/paper_17462_9647.html，最后访问时间：2022年8月5日。

② 《最高人民法院关于审理环境民事公益诉讼案件适用法律若干问题的解释》第4条规定：社会组织章程确定的宗旨和主要业务范围是维护社会公共利益，且从事环境保护公益活动的，可以认定为环境保护法第五十八条规定的"专门从事环境保护公益活动"。社会组织提起的诉讼所涉及的社会公共利益，应与其宗旨和业务范围具有关联性。

③ 指导性案例75号的裁判要点为：1.社会组织的章程虽未载明维护环境公共利益，但工作内容属于保护环境要素及生态系统的，应认定符合《最高人民法院关于审理环境民事公益诉讼案件适用法律若干问题的解释》（以下简称《解释》）第4条关于"社会组织章程确定的宗旨和主要业务范围是维护社会公共利益"的规定。2.《解释》第4条规定的"环境保护公益活动"，既包括直接改善生态环境的行为，也包括与环境保护相关的有利于完善环境治理体系、提高环境治理能力、促进全社会形成环境保护广泛共识的活动。3.社会组织起诉的事项与其宗旨和业务范围具有对应关系，或者与其所保护的环境要素及生态系统具有一定联系的，应认定符合《解释》第4条关于"与其宗旨和业务范围具有关联性"的规定。

④ 指导性案例131号"中华环保联合会诉德州晶华集团振华有限公司大气污染责任民事公益诉讼案"的裁判要点为：企业事业单位和其他生产经营者多次超过污染物排放标准或者重点污染物排放总量控制指标排放污染物，环境保护行政管理部门作出行政处罚后仍未改正，原告依据《最高人民法院关于审理环境民事公益诉讼案件适用法律若干问题的解释》第1条规定的"具有损害社会公共利益重大风险的污染环境、破坏生态的行为"对其提起环境民事公益诉讼的，人民法院应予受理。

一定程度的补充，而不是修改或新立"。①二是对适用法律问题进行明确指导，即当两部或者两部以上的法律均对案涉法律关系进行调整时，适用哪一部法律更为恰当的问题。以指导性案例139号"上海鑫晶山建材开发有限公司诉上海市金山区环境保护局环境行政处罚案"为例，该指导性案例涉及选择适用法律条款问题，即在《固体废物污染环境防治法》第68条第1款第7项、第2款及《大气污染防治法》第99条第2项之间的选择适用问题，裁判理由部分对两个法条的内容、规制行为和行为构成要件之间进行了比较，最终明确适用《大气污染防治法》更为妥当。②该案的指导意义在于将来的法官在面临类似案件时，可较快适用《大气污染防治法》进行处理。三是弥补法律的不足。比如，前文所举指导性案例128号，该指导性案例确定了光污染的损害认定标准，填补了《环境保护法》的空白，为审理类案的法官提供了依据。除此之外，还存在创新"赔偿方式"的指导性案例，指导性案例129号的法官在综合考虑要求被告短期内一次性支付全部损害赔偿额度可能造成被告企业破产的情况下，允许"责任人提供有效担保后分期支付赔偿费用"。③由此可见，生态指导性案例的功能指向已不再仅停留在弥补法律漏洞方面，更在于"用已决案例指导待决类似案件的裁判，可以在'抽象到具体'的法律适用中，增加一个"具体到具体"的参照，有助于缩短办案时间，提高司法效率"④。

（三）规范法官自由裁量权行使

环境类司法案件大多涉及生态损失、侵权行为的认定、赔偿责任的履行等情节，对于此，立法者往往难以作出十分细致的规定，而是留待将来的法官运用自由裁量权作出符合个案情况的裁判。正如拉伦茨所指出："法官在适用法律时，必须对法律进行解释；如果他发现法律'有缺漏'，那么还必须予

---

① 胡云腾：《打造指导性案例的参照系》，载《法律适用》2018年第14期，第4页。
② 参见指导性案例139号。
③ 参见指导性案例129号。
④ 周强：《充分发挥案例指导作用 促进法律统一正确实施》，载《人民法院报》2015年1月4日，第2页。

以补充。法律适用法律的过程，也就是他发展法律的过程"。① 然而，法官自由裁量权的规范行使需要指导性案例的指导，在生态环境诉讼领域，这种指导主要体现为生态类指导性案例为后案法官确立了处理新型案件或疑难类案件的标准。以生态损害损失的计算方法为例，由于影响环境的因素复杂多样，加之损害评估标准的更新和有关科学认知的嬗变等原因，即使业内的专家也很难对环境损害作出精确的数据估量，更遑论业外的判案法官。因此在明确生态环境损失的计算方式，认定损害赔偿额度方面，法官具有较多的裁量余地，需要指导性案例的辅助。在现有的生态类指导性案例中，主要存在两种生态损害计算方式：一种是提供明确的参考计算公式，另一种是结合相关因素的综合计算方法。第一种方式的典型是指导性案例131号，其针对污染物超标排放时间段、污染物排放量、单位污染物处理成本等进行了分别计算，最终按照虚拟成本治理法计算出各个污染物的治理成本。同样运用虚拟成本治理方法的还有指导性案例130号至135号。第二种方式的代表是指导性案例175号，该案明确生态环境损失的确定应当结合"生态破坏的范围和程度、资源的稀缺性、恢复所需费用等因素"，同时还应该"充分考量非法行为的方式破坏性、时间敏感性、地点特殊性"等特点。同样采用综合考量方式的还有指导性案例128号、129号、132号、173号、176号等。据此，指导性案例通过提供明确的生态损害计算标准，为类案法官审理案件提供了有效助力，确定了自由裁量权行使的边界，正如胡云腾大法官指出："指导性案例是认定事实证据的模范，是正确适用法律的模范，是展示法官正确行使自由裁量权的模范"②。

（四）通过司法场域反馈环境保护

我国目前已建立起环境民事诉讼、环境行政诉讼、生态环境损害赔偿诉讼等诉讼制度，然而，既有的诉讼制度仍然存在衔接断层、落实不到位的问题，有学者指出："损害救济受制于诉讼时效的漫长性导致难以及时实现环境公共

---

① 卡尔·拉伦茨：《德国民法通论》（上册），王晓晔等译，法律出版社2003年版，第14页。
② 胡云腾：《案例指导制度的构建意义深远》，载《法制资讯》2013年第10期，第52页。

利益的救济，审结后的案件容易受制于原告身份的局限性导致在执行阶段面临监督不力、资源有限等现实困境"[①]。指导性案例137号"云南省剑川县人民检察院诉剑川县森林公安局怠于履行法定职责环境行政公益诉讼案"有力地说明了这一点。在该案中，正是由于"剑川县森林公安局没有督促玉鑫公司和王寿全履行'限期恢复原状'的行政义务"[②]，进而导致所破坏的森林植被迟迟难以恢复。欣慰的是，此类指导性案例的发布不仅能够为后案法官提供指导，更能向相关履职部门发出提醒，督促其切实履行好环境保护的法定职责。与此功能相类似的是，指导性案例还可以通过兼顾公私益的处理模式助力环境保护。自然人或社会组织提起的环境侵权诉讼，名义上是为保护私益，但侵权行为的客观结果和司法裁判对环境的倾向性保护均指向公益，而此类公私益混合的环境诉讼案件正是法院面临的新类型案件，亟须权威性的指导，这方面的模范是指导性案例130号和127号，在前一案例中，行政机关和社会组织就同一污染行为分别提起了生态损害赔偿诉讼和环境公益诉讼，鉴于诉求基本相同，法官对二者进行了合并处理。后者是自然人提起的海上污染责任诉讼，法院的判决直接保护了吕某奎等79人的受损渔业利益，也间接制止了侵权主体山船重工公司的海洋污染行为，客观上起到了环境保护的效果。这两种司法治理途径为审理类似案件提供了新思路。由此可见，生态指导性案例的发布为环境诉讼制度的高效运转注入了强劲动力，案例指导制度和环境公益诉讼、环境行政诉讼、生态环境损害赔偿诉讼等制度共同从司法场域以司法力量反馈环境保护。

三、生态指导性案例功能发挥的局限性

（一）规模效应难以凸显

规则之治要避免出现两大极端，一是规则过多，如此则易导致规则体系

---

① 廖华：《生态环境损害赔偿的实践省思与制度走向》，载《湖南师范大学社会科学学报》2021年第1期，第50—59页。

② 参见最高人民法院指导性案例137号。

的混乱和重复规定的紊乱局面；二是规则过少，如此则无法使规则有效辐射现实中的各类复杂案件。目前生态类指导性案例面临的即数量过少和结构不合理的窘境。如前所述，2021年全年受理及审结的案件均高达26万余件。截止到2019年12月26日，最高人民法院仅发布了18个生态类指导性案例，由如此悬殊的数量对比可知，指导性案例的规模效应显然没有被发掘到位，而且数年之前的指导性案例能否有效指导当前复杂的环境治理问题仍有待实践的检验。生态类指导性案例规模效应的实质性发挥依赖其所提取的规则输出，《〈最高人民法院关于案例指导工作的规定〉实施细则》（以下简称《细则》）明确了指导性案例的参照适用部分为"裁判要点"，[①]故而，"裁判要点"是指导性案例所抽象出的规则的集中表达，环境审判法庭的法官在审理类案时也主要是根据"裁判要点"所确立的规则处理案件。然而，既有生态指导性案例的规则规模受制于数量规模，导致既有的指导性案例不敷使用，难以发挥出指导性案例的规模效应。此外，根据表1统计情况来看，环境刑事犯罪的生态类指导性案例极少，不符合当下刑事立法对生态环境类犯罪案件的重视程度。而且，自然人提起的环境诉讼也占比稀少，在实际上，自然人提起的环境诉讼并不占少数，但却很少被遴选为指导性案例。由此，生态指导性案例的案由和主体结构方面的失衡也是指导性案例规模效应难以发挥的原因之一。

（二）援引率不高

指导性案例之所以能够发挥其指导作用，就在于能够被后案法官援引，切实地为类案法官提供解决问题的新思路、新方法，这也是实现"同案同判"的应有之义。然而，从司法实践情况来看，指导性案例实际功能的发挥并不如制度设计之初所预估的那样理想。从2020年的司法实践情况来看，在环境诉讼领域，尚未被援引的生态指导性案例就有127号至137号、139号

---

① 《〈最高人民法院关于案例指导工作的规定〉实施细则》第9条规定："各级人民法院正在审理的案件，在基本案情和法律适用方面，与最高人民法院发布的指导性案例相类似的，应当参照相关指导性案例的裁判要点作出裁判。"

等。① 同样未被援引的还有指导性案例63号、84号、112号、117号等，除却未被援引的外，还有一些案例被隐性援引，隐性援引是指"在审判过程中，检察人员建议或诉讼参与人请求法官参照指导性案例进行裁判，法官对此在裁判理由部分未明确作出回应，但是其裁判结果与指导性案例的精神是一致的情况"。② 隐性援引的指导性案例较多的是24号、23号、15号、60号及72号。③ 此外，在指导性案例中使用"环境民事公益诉讼"词汇的数量仅有七次，④ 可见，尽管环境类指导性案例的颁发数量逐渐增多且有集中发布的趋势，但仍需给予较多的关注和重视。

（三）文本内部逻辑性较弱

笔者发现，指导性案例的裁判理由往往是裁判要点产生的背景，其交代了裁判要点的来龙去脉，并对相关法理进行释明。这一现象也符合指导性案例体例设计的原理。⑤ 然而，现有的指导性案例存在裁判理由和裁判要点关系弱化的情况，直接体现为裁判理由未对裁判要点的产生原因进行充分的说理释明。以指导性案例130号为例，该案裁判要点的第2条是有关生态损害计算方法的规则，具体表述为"污染者向水域排污造成生态环境损害，生态环境修复费用难以计算的，可以根据环境保护部门关于生态环境损害鉴定评估有关规定，采用虚拟治理成本法对损害后果进行量化，根据违法排污的污染物

---

① 郭叶、孙妹：《最高人民法院指导性案例2020年度司法应用报告》，载《中国应用法学》2021年第5期，第125页。

② 郭叶、孙妹：《最高人民法院指导性案例2020年度司法应用报告》，载《中国应用法学》2021年第5期，第126页。

③ 郭叶、孙妹：《最高人民法院指导性案例2020年度司法应用报告》，载《中国应用法学》2021年第5期，第126页。

④ 郭叶、孙妹：《最高人民法院指导性案例2020年度司法应用报告》，载《中国应用法学》2021年第5期，第127页。

⑤ 《最高人民法院研究室关于印发〈关于编写报送指导性案例体例的意见〉、〈指导性案例样式〉的通知》第7条规定：根据指导性案例具体情况，可以针对控（诉）辩意见论述，也可以针对裁判要点涉及问题直接论述。

种类、排污量及污染源排他性等因素计算生态环境损害量化数额"。①按照体例设计的一般逻辑，裁判理由部分应当对"为何采用虚拟成本治理法"这一问题进行详细论述，然而在该案中，相关表述仅有一句语义简单的阐述："鉴于本案违法排污行为持续时间长、违法排放数量大，且长江水体处于流动状态，难以直接计算生态环境修复费用，故《鉴定评估报告书》采用虚拟治理成本法对损害结果进行量化并无不当"。同样未对虚拟成本治理方法进行充分论述说明的还有指导性案例131号、132号、133号等。众所周知，生态损害评估方法涉及侵权者赔偿责任的承担、环境是否能够恢复原样、裁判是否公正等众多问题，因此，对生态损失计算方法的采纳适用应该是法官进行释法说理泼墨最多之处，也是实现服判息诉效果的关键点，然而，此寥寥数语并非说理充分的有力体现。此外，笔者通过查阅环境保护部于2014年发布的《环境损害鉴定评估推荐方法（第Ⅱ版）》发现，生态环境损害评估方法包括替代等值分析方法和环境价值评估方法，替代等值分析方法包括资源等值分析方法、服务等值分析方法和价值等值分析方法。环境价值评估方法包括直接市场价值法、揭示偏好法、效益转移法和陈述偏好法。②而虚拟成本治理法仅仅是后者中揭示偏好法所包括的方法之一。同时也并非生态环境损害评估方法的优先选择方法，《环境损害鉴定评估推荐方法（第Ⅱ版）》确定了"替代等值分析方法为主，环境价值评估方法为辅"的原则，如果替代等值分析方法不可行的情况下，建议先后采用环境价值评估方法中的直接市场价值法、揭示偏好法和陈述偏好法，③由此可知，虚拟成本治理法既非主要评估办法，也非优先适用方法，因此，裁判文书对虚拟成本治理法的采用更应该着重论述以凸显其应用的合理性。显然，现有的生态指导性案例尚有改进的空间。

---

① 参见最高人民法院指导性案例130号。

② 参见《环境损害鉴定评估推荐方法（第Ⅱ版）》。

③ 《环境损害鉴定评估推荐方法（第Ⅱ版）》8.3.1.3.1规定：优先选择替代等值分析方法中的资源等值分析方法和服务等值分析方法。8.3.1.3.3规定：如果替代等值分析方法不可行，则考虑采用环境价值评估方法。以方法的不确定性为序，从小到大依次建议采用直接市场价值法、揭示偏好法和陈述偏好法，条件允许时可以采用效益转移法。

四、生态指导性案例功能发挥的实现路径

（一）增加生态指导性案例的发布规模

生态指导性案例功能的发挥建立在"存在生态指导性案例且形成一定规模"的基础之上，如果寄希望于数量稀少的指导性案例能够指导每年以数十万计的环境类诉讼案件，无异于天方夜谭。具体而言，应该从两个方面扩展生态指导性案例的规模：一方面，应该在保证质量的前提下提高生态指导性案例的数量；尽管当前的生态指导性案例数量稀少，但不能为了塑造指导性案例的形式规模外观而牺牲了指导性案例本应该有的高标准和严要求，否则会导致案例质量参差不齐的情况产生。值得探索的路径是发布常态化指导性案例，即在确定的时间段集中发布一批环境类热点案例。这样做的益处有二，首先，指导性案例不同于法律与司法解释的特点和优势就在于其即时性和灵活性，常态化发布生态指导性案例能够及时有效地指导法律规定不明确而又亟待调整的诉讼案件，为法官提供指引；其次，有助于促进公众和专业人士对规范形成稳定性预期，进而提高公众向原审法院推荐指导性案例[①]的积极性。较为有益的探索是在"世界环境日"集中发布一批指导性案例，如2022年6月5日，浙江高院发布全省环境资源典型案例，涉及污染环境、非法捕捞、非法狩猎、滥伐林木等方面，充分展示了浙江法院"共建清洁美丽世界"的司法担当[②]。这种方式能够赋予司法治理以更多的环保意义，体现司法的社会功能。另一方面，促进生态指导性案例结构的多元化。目前生态指导性案例存在两大特点，一是刑事类案件过少；二是自然人提起的指导性案例

[①]《最高人民法院关于案例指导工作的规定》第5条规定："人大代表、政协委员、专家学者、律师，以及其他关心人民法院审判、执行工作的社会各界人士对人民法院已经发生法律效力的裁判，认为符合本规定第二条规定的，可以向作出生效裁判的原审人民法院推荐。"

[②]《2022年浙江法院环境资源审判典型案例》，https://www.thepaper.cn/newsDetail_forward_18435615，最后访问时间：2022年8月4日。

较少。这两大特点导致了生态指导性案例结构的畸形化发展，使其既与刑事立法严厉打击环境犯罪的理念相龃龉，也难以指导实践中自然人为原告的诸多环境诉讼案件。故而，应当增加刑事类生态指导性案例，将更多原告为自然人的典型案例遴选为指导性案例，充分调动公众利用法律武器保护环境的积极性，以此增加指导性案例的数量，形成正向反馈循环。唯有如此，才能充分发挥生态指导性案例应有的功能，优化生态指导性案例结构，同时也能为学界和实务界提供足够多的研究样本，繁荣法学研究。

（二）建立指导性案例监督及失效机制

针对生态指导性案例在司法实践中援引率不高的问题，有学者建议"构建案例指导的激励机制"，[①]通过改革法官绩效考核与评价机制调动法官适用和推送指导性案例的积极性。诚然，这种方法能够在一定程度上增加指导性案例的援引频次，给外界展现出一种案例指导制度功能充分发挥的局面。但笔者担心激励机制会导致案例指导制度的畸形化发展，主要原因有二：一是目前对指导性案例的效力规定表述是"应当"参照，[②]"应当"的内涵指即使没有外在的激励机制，法官也应该在审理类案时适用，其对应的是法官应履行的义务。如果在此之外另行构建激励机制，则有悖于《最高人民法院关于案例指导工作的规定》所内含的法理逻辑。二是指导性案例的主要功用在于"参照"。胡云腾大法官认为，"总结审判经验是案例指导制度的根本意图"。[③]由此可知，指导性案例的主要意义是提取审判规则，总结审判经验，为审理类案的法官提供有益的指导，故而，不应该"只见应当，不见参照"，指导性案例应该是法官审案的有力助手，而非妨碍司法审判的阻力。"要切实通过案例

---

① 王彬：《指导性案例的效力困境及其解决》，载《河南大学学报（社会科学版）》2017年第4期，第72页。
② 《最高人民法院关于案例指导工作的规定》第7条规定："最高人民法院发布的指导性案例，各级人民法院审判类似案例时应当参照。"
③ 胡云腾等：《关于案例指导工作的规定的理解与适用》，载《人民司法》2011年第3期，第37页。

指导来提升环境治理的效力，归根结底还依赖于指导性案例自身的质量"①指导性案例虽然不是法律，却与法律共享一些属性，如"不适宜当下经济社会发展的规范需要废止"等，故而，笔者建议通过建立生态指导性案例监督及失效机制，对不合时宜的指导性案例及时进行修改或者废止，提高指导性案例的质量和水准。《细则》第12条规定了两种指导性案例失效的情形，②但目前尚未有对该条应用的实践。面对将来指导性案例数量增多的情况，亟须提前"建立指导性案例的整理与变更流程和制度化体系，保证指导性案例与法律、指导案例之间保持体系性统一"③。

（三）加强文本部分之间的关联性

指导性案例的文本应该是有机整合的整体，各个部分之间应该存在特定的逻辑。从《细则》的规定来看，裁判要点是对具有指导意义的裁判规则、理念或方法的凝练和抽象概括，字面意思与法律或者司法解释并无二致。然而，指导性案例区别于司法解释的关键之处在于其形象化，即指导性案例以故事的形式为类案法官提供了具体的场景描述和规则适用前提，正是由于这种特性和优势，指导性案例的编辑者更应该突出裁判要点和裁判理由的关联性，使得指导性案例的受众不仅知其然而且知其所以然，避免上述生态损害评估办法论证阙如的情况发生。文本之间的逻辑关联既是指导性案例体例本身科学构成的体现，也是提高质量，进而增加指导性案例援引率的客观要求。具体到环境诉讼领域，裁判要点常常是对法律规则的弥补、突破或者延展，很少是对现有规则的简单重复，这就决定了裁判要点的作出必然需要充分的

---

① 孙光宁：《指导性案例推进环境治理的方式及其完善》，载《山东法官培训学院学报》2022年第3期，第37页。
② 《〈最高人民法院关于案例指导工作的规定〉实施细则》第12条规定："指导性案例有下列情形之一的，不再具有指导作用：（一）与新的法律、行政法规或者司法解释相冲突的；（二）为新的指导性案例所取代的。"
③ 张生：《中国律例统编的传统与现代民法体系中的指导性案例》，载《中国法学》2020年第3期，第47页。

理由支撑，以此来证明裁判要点作出的科学性与合理性。

五、结语

现代社会是法治社会，环境问题的解决需要借助法治手段，生态指导性案例从设计初衷和实施效果两个方面体现出司法与环境之间的紧密关系。生态指导性案例作为司法治理助力环境保护的一种新形式，对于法官素质的提升、环境保护水平的提高、案例指导制度的完善等均有积极的意义，值得引起司法理论界和实务界乃至环保部门的高度关注。同时，生态指导性案例也成为促进环境保护的一种新措施，故而有关生态指导性案例的相关探索需要更多的实证研究，包括各级法院的适用情况、法官对生态指导性案例的适用态度、域外相关的经验、生态指导性案例对环境保护的实效等方面，相信对生态指导性案例的充分研究既能起到完善案例指导制度的效果，也能为保护环境开拓更有益的新模式、新思路。

合同案件的刑民界限在于非法占有目的的有无

——以宋某合同诈骗案为例

张万红*

摘　要：区分合同诈骗、合同欺诈、合同纠纷的关键在于非法占有目的的有无。合同诈骗罪的非法占有目的属于行为人的主观心理，应当从行为人两个阶段的客观行为来推定：一是签订合同阶段，是否有欺骗行为；二是合同履行阶段，查明行为人的履行态度以及不能履行合同的真正原因。二者缺一不可，否则不能认定行为人具有非法占有目的，构成合同诈骗罪。

关键词：非法占有目的；推定；刑事诈骗；民事欺诈

民事欺诈和刑事诈骗的界分是刑法中争议最大的问题之一。民事欺诈与刑事诈骗都是以欺诈为行为特征，有相似之处，但在诸多方面又有显著不同。民事欺诈可以分为民事违约的欺诈和民事侵权的欺诈；刑事欺诈可以分为虚假陈述的欺诈犯罪和非法占有的刑事诈骗。[①]本文中刑事欺诈特指非法占有的刑事诈骗，即合同诈骗罪。除了合同欺诈，合同诈骗也经常与其他合同纠纷相混淆，往往成为疑难的刑民交叉案件。实际上，三者区别十分明显和清晰，区分的关键是"非法占有目的"的有无。然而理论和实践中总是陷入区分三者的纠葛之中，究其根本，并非三者的定义与相似之处造成此种困境，而是

---

* 张万红，北京师范大学法学院2021级刑法学硕士研究生。
① 陈兴良：《民事欺诈和刑事欺诈的界分》，载《法治现代化研究》2019年第5期，第1页。

司法实践中所使用的关于"非法占有目的"的推定思路存在不妥之处，直接导致罪与非罪、此罪与彼罪界限不清。

本文拟以"宋某合同诈骗案"①为例，以实质解释论为基础，分析合同诈骗罪中"非法占有目的"的推定思路。

一、基本案情及争议焦点

（一）基本案情

被告人宋某系两家有限公司的控股股东。2009年8月，相关部门同意甲煤业有限公司和乙煤矿整合为丙煤业有限公司。2010年3月，相关部门同意丙煤业有限公司利用乙煤矿主立井和回风斜井进行联络巷道施工，同时要求乙煤矿在2010年12月底前关闭。被告人宋某与丙煤业有限公司达成口头协议，由被告人宋某承包该联络巷道工程，并负责办理乙煤矿延迟关闭手续。2010年5月，被告人宋某组织施工队入驻乙煤矿，进行施工前准备工作。2010年7月，李某在看过被告人宋某向其出示的相关政府文件、下井实地查看后，与被告人宋某签订了工程承包协议。李某之后多次向被告人宋某支付保证金，共计400万元。2010年11月17日、18日，被告人宋某受丙煤业有限公司委托，向相关部门层报了延期关闭乙煤矿的请示，但未获得批准。2010年12月15日，乙煤矿被关闭。李某要求被告人宋某退还保证金。被告人宋某在公安机关立案侦查前，退还保证金共计35万元；在第一次对其讯问前，退还保证金20万元；在被采取强制措施后，退还了剩余的保证金。

一审法院以合同诈骗罪判处被告人宋某有期徒刑10年，并处罚金15万元。被告人宋某不服，提出上诉。二审法院审理后，改判被告人宋某无罪。

---

① 《晋城市法院发布2021年度十大典型案例》，https://www.sohu.com/a/523493682_121019331，最后访问时间：2022年7月28日。

（二）争议焦点

本案在侦查、审查起诉、审判过程中，罪与非罪的争论一直贯穿始终，办理本案的司法机关存在不同的认识。一审法院认为被告人宋某利用合同骗取财物，具有非法占有目的，构成合同诈骗罪。二审法院则认为，首先，宋某签订合同之前，已组织施工队入驻乙煤矿并进行施工前的准备工作，签订合同后，积极向相关部门层报申请矿井延迟关闭，因此其利用签订、履行合同获取正当经济利益的意图明显，证明被告人宋某非法占有目的的证据不足；其次，被告人宋某在与李某签订、履行合同过程中无虚构事实、隐瞒真相的行为。综上，被告人宋某的行为不构成合同诈骗罪，仍属普通民事合同纠纷。

本文支持二审法院的观点，认为宋某的行为不构成合同诈骗罪，同时也不属于民事欺诈行为，本案属于一般的合同纠纷。本案区分罪与非罪的关键在于非法占有目的的有无。实践中，对合同诈骗罪中的非法占有目的推定陷入困境的原因并不是合同诈骗与合同欺诈、合同纠纷界限不清，而是现有推定思路错误。应当从合同诈骗罪的定义出发，以实质解释论为基础，坚持主客观相统一原则，对行为人的行为进行相应评价。

二、法理分析

（一）合同诈骗与合同欺诈、合同纠纷的界分

合同诈骗罪，是指以非法占有为目的，在签订、履行合同过程中，骗取对方当事人财物，数额较大的行为。[①]"诈骗"，是指虚构事实或者隐瞒真相的行为。民事合同中共有两种性质的欺诈：一种是指缔约责任上的欺诈，包括"假借订立合同，恶意进行磋商""故意隐瞒与订立合同有关的重要事实或者

[①] 张军主编：《刑法分则及配套规定新释新解（第9版）（中）》，人民法院出版社2016年版，第878页。

提供虚假情况"等其他违背诚实信用原则的行为,实质上属于侵权法意义上的欺诈;另一种是关于合同效力的欺诈,是指一方当事人故意告知对方虚假情况或者故意隐瞒真实情况,诱使对方当事人作出错误意思表示,侵犯对方意思表示自由的行为。①合同纠纷则是指因合同的生效、解释、履行、变更、终止等行为而引起的合同当事人的所有争议,即合同纠纷包括合同欺诈所导致的纠纷和其他合同纠纷。本文若无特指,所述合同纠纷皆为不包括合同欺诈在内的其他合同纠纷。

合同诈骗、合同欺诈、合同纠纷在客体、客观、主体、主观等方面都有区别,②但是最关键的区分是主观方面"非法占有目的"的有无,合同欺诈与合同纠纷不具有"非法占有目的"。实践中总是混淆三者的原因,是现有的关于合同诈骗罪中"非法占有目的"的推定思路错误,使用正确的推定思路可以顺利地解决罪与非罪、此罪与彼罪的问题,而不用纠结三者在各个方面究竟有何种区别。

(二)合同诈骗罪中非法占有目的产生时间

"非法占有目的",是指行为人意图使财物脱离相对人而非法实际控制和管理,并且意图非法所有或者不法所有相对人的财物,为使用、收益、处分之表示。③"非法占有目的"是一种犯罪目的,是盗窃、诈骗等财产类犯罪的主观要件要素。④关于合同诈骗罪中"非法占有目的"何时产生这一问题,学界一直存在争议,主要有以下两种观点:一是认为"非法占有目的"只能产生于签订合同时或者之前;⑤二是认为"非法占有目的"可以产生于签订、履

---

① 朱广新:《合同法总则研究(上册)》,中国人民大学出版社2018年版,第852页。

② 陈兴良:《民事欺诈和刑事欺诈的界分》,载《法治现代化研究》2019年第5期,第7—12页。

③ 高憬宏、杨万明主编:《基层人民法院法官培训教材(实务卷·刑事审判篇)》,人民法院出版社2005年版,第231—235页。

④ 张明楷:《论财产罪的非法占有目的》,载《法商研究》2005年第5期,第72页。

⑤ 吴巍、黄河:《合同诈骗罪犯罪故意形式新论》,载《国家检察官学院学报》2000年第4期,第61页。

行合同之前,也可以在签订、履行合同过程中。^①有些学者将"非法占有目的"的产生分为几个阶段,有三阶段^②、四阶段^③、五阶段^④说,本质上同第二种观点无区别,都是认为非法占有目的可以产生于"签订、履行合同过程中"。本文赞成第一种观点,认为合同诈骗罪的"非法占有目的"只能产生于签订合同时或者之前。

犯罪目的是犯罪人主观上通过犯罪行为所希望达到的结果或形成的状态,目的只能是行为时的目的,目的的有无以及目的的内容都应以行为时为基准进行判断。^⑤合同诈骗罪是诈骗罪的特殊形式,行为模式同诈骗罪,即①有利用经济合同进行欺骗的行为;②该行为致使对方产生或者维持错误认识;③对方基于该认识错误处分财产;④行为人取得财物;⑤对方遭受财产损失。^⑥合同诈骗罪的客体是经济合同管理秩序和公私财物的所有权。^⑦因此可以明确得知,合同诈骗罪是"利用合同欺骗","非法占有目的"必然是在行为前或者行为时就已经存在。如果是在履行阶段才产生"非法占有目的",合同都已经签完了,又怎么能够说是"利用合同欺骗",明显违反了行为与责任同时存在原则。因此,在履行阶段产生"非法占有目的",根据犯罪构成,可能构成诈骗罪或者侵占罪,而不是合同诈骗罪。有学者认为"非法占有目的"绝对不能仅限于签订合同时或之前,理由是《刑法》第224条规定的合同诈骗罪发生于合同签订或者履行过程中,因此可以产生于合同签订之后,否则将导致合同诈骗罪法益保护的范围过窄。^⑧然而,"在签订、履行合同过程

---

① 高憬宏、杨万明主编:《基层人民法院法官培训教材(实务卷·刑事审判篇)》,人民法院出版社2005年版,第231—235页。

② 邓忠:《合同诈骗罪"非法占有目的"产生时间的司法认定》,载《河南司法警官职业学院学报》2012年第4期,第64—65页。

③ 李振杰:《合同诈骗罪中非法占有目的的认定》,载《人民司法》2019年第10期,第66—67页。

④ 孙国祥:《论合同诈骗罪主观目的形成时间》,载《法学论坛》2004年第4期,第70—72页。

⑤ 张明楷:《合同诈骗罪行为类型的边缘问题》,载《东方法学》2020年第1期,第44页。

⑥ 张明楷:《刑法学》,法律出版社2021年版,第1303页。

⑦ 周峰主编:《新编刑法罪名精释》(第2卷),中国法制出版社2019年版,第929页。

⑧ 李振杰:《合同诈骗罪中非法占有目的的认定》,载《人民司法》2019年第10期,第65页。

中"，并不是指"非法占有目的"产生的时间，而是指行为人实施非法占有公私财物这一行为的期间或者行为人实施合同诈骗案发的时间——即行为人产生非法占有之目的后，可能在签订合同阶段案发，也可能在履行合同阶段案发。[1]

（三）合同诈骗罪中非法占有目的的推定

1.现有非法占有目的推定思路及问题

由于"非法占有目的"是人的主观心理活动，肉眼不可见，因此通过其客观表现即人的行为来"推定"非法占有目的的有无。合同诈骗罪中"非法占有目的"主要是根据《刑法》第224条规定的5种行为方式来推定。而对于兜底条款"以其他方法骗取对方当事人财物的"，目前并无相应的司法解释进行规定，实务中主要是参照《全国法院审理金融犯罪案件工作座谈会纪要》中"金融诈骗罪中非法占有目的的认定"、[2]《最高人民法院关于审理非法集资刑事案件具体应用法律若干问题的解释》第7条、[3]《最高人民法院关于审理诈骗案件具体应用法律的若干问题的解释》第2条[4]等相关规定。而根据最高人民法院的观点，实践中通常是从以下八个方面来综合推定非法占有目的的有无：①主体资格是否真实；②行为人有无履约能力；③行为人有无采取诈骗的行为手段；④行为人有无实际履行行为；⑤行为人没有履行合同的原因；⑥行为人履行合同的态度是否积极；⑦行为人如何处置财物；⑧行为人事后态度是否积极。[5]实际上此种推定思路存在诸多不妥之处，在实践中往往出现

---

① 吴巍、黄河：《合同诈骗罪犯罪故意形式新论》，载《国家检察官学院学报》2000年第4期，第61页。

② 《全国法院审理金融犯罪案件工作座谈会纪要》，法〔2001〕8号，2001年1月21日发布。

③ 《最高人民法院关于审理非法集资刑事案件具体应用法律若干问题的解释》，法释〔2022〕5号，2022年2月23日发布。

④ 《最高人民法院关于审理诈骗案件具体应用法律的若干问题的解释》，法发〔1996〕32号，1996年12月16日。

⑤ 高憬宏、杨万明主编：《基层人民法院法官培训教材（实务卷·刑事审判篇）》，人民法院出版社2005年版，第231—235页。

仅以其中一个条件来对行为人的行为进行不法评价的情况，并未坚持主客观相统一，从而陷入罪与非罪的纠葛之中。

比如，仅考虑行为人的履约能力，混淆合同诈骗与合同欺诈。广东省高院2020年7月23日发布的"广东法院服务保障民营企业健康发展典型案例之二：潘某某合同诈骗无罪案"，[①]该案经历了一审、二审、再审，最终法院认为被告人潘某某虽然没有建筑施工企业资质，但具有一定的建设施工经历和能力，主观上有履行目的，客观上有履行行为，不具有非法占有目的的特征，不构成合同诈骗罪。该案被告人隐瞒了自己不具备建筑资质事实，在合同签订时属于没有履约能力的表现，但是，其最终按照合同约定实际履行了合同。一审、二审中，法院主要是依据行为人履行能力瑕疵这一民事欺诈行为来进行罪与非罪的区分，而忽略了行为人的实际履行情况。现实中的经济生活纷繁复杂，行为人在从事经济活动的伊始可能具有履行能力，也可能没有或者仅有部分履行能力，但是可能并不会影响之后的履行行为。因此行为人的履约能力有无不应当成为非法占有目的推定的条件之一。

又如，仅依据行为人对财物的处置推定非法占有目的，如考察行为人是否有挥霍行为。在"陈某甲合同诈骗案"中，[②]公诉机关认为陈某甲在合同履行过程中没有履行诚意，将客户定金用于赌博等行为，进行大肆挥霍，构成合同诈骗罪。一审、二审法院均认为陈某甲无罪，其中，二审法院认为"货币是种类物，陈某甲对其账户内资金的使用有支配权，资金的使用不能当然地反推认为陈某甲有非法占有的故意，不能客观归罪，应采取主客观相一致的归罪原则"。

如前文所述，可以发现现有推定思路出现了逻辑不清的情况。研究表明，法官在审理案件时会有选择性地适用法律条文等来正当化、合理化自己的判

---

① 《广东法院服务保障民营企业健康发展典型案例》，http://www.gdcourts.gov.cn/index.php?v=show&cid=170&id=55485，最后访问时间：2022年8月15日。

② 《大肆挥霍定金同时也有履约行为不能认定非法占有目的，不构成合同诈骗罪》，https://www.sohu.com/a/400333544_120068718，最后访问时间：2022年8月15日。

决。①所谓"综合推定"，到底是就一个条件还是多个条件进行判断，在实践中会导致司法机关有选择性地对"非法占有目的"进行推定，这就造成了罪与非罪之间的界限模糊甚至没有界限。在法的确定性存疑的情况下，坚持罪刑法定原则与实质解释论将有利于司法公正的实现。

2.正本清源：非法占有目的推定的正确思路

合同诈骗罪的非法占有目的应当通过以下思路来推定：首先，根据前文所述，坚持非法占有目的在行为时或者行为前即具有；其次，从合同诈骗罪的定义出发，以实质解释论为基础，将合同诈骗行为分为"签订合同""履行合同"两个阶段，从这两个阶段的行为来推定非法占有目的的有无，且两个阶段的行为必须全部具备，才能够认为非法占有目的存在。否则，则可能落入民事范畴，构成合同欺诈、合同纠纷；或者可能构成诈骗罪、侵占罪。

首先，在合同签订阶段，考察行为人是否有欺骗行为。根据刑法第224条的规定以及参照前述司法解释中对金融犯罪"非法占有目的"的规定，合同签订阶段的欺骗行为具体来说可以是以下几种：①是否以虚构的单位或者冒用他人名义签订合同；②是否使用伪造、变造、作废的票据或者其他虚假产权证明进行担保；③是否隐瞒实际履行能力；④其他类似行为。值得一提的是，对于《刑法》第224条第4项："收受对方当事人给付的货物、货款、预付款或者担保财产后逃匿的。"这一行为模式只对履行合同阶段的行为作出了规定，根据合同诈骗罪的构造，本文认为只有当行为人在签订合同阶段有欺骗行为，才能认定此种类型的合同诈骗罪。也有学者指出，从文字表述来看，《刑法》第224条第4项规定的行为类型并不是一种完整的独立行为类型②。前述司法解释中也有类似规定，均作此种处理，不再赘述。

其次，在合同履行阶段，考察行为人履行态度以及不能履行合同的真正原因。第一，考察行为人的履行态度。如果行为人不具有非法占有目的，一

---

① 李学尧、刘庄：《矫饰的技术：司法说理与判决中的偏见》，载《中国法律评论》2022年第2期，第91页。

② 张明楷：《合同诈骗罪行为类型的边缘问题》，载《东方法学》2020年第1期，第44页。

般会积极地履行合同义务，因此在合同履行过程中应考察行为人是否有以下几种行为：①取得对方财产后逃匿；②隐匿财产拒不返还；③抽逃、转移资金、隐匿财产，逃避返还资金；④隐匿、销毁账目，或者搞假破产、假倒闭，逃避返还资金；⑤拒不交代资金去向，逃避返还资金；⑥其他类似行为。第二，考察行为人不能履行合同的真正原因。如果合同不能履行是因为意外、不可抗力、第三人的原因等，而非行为人主观所致，则不能认为其行为构成犯罪。比如，在"何某与刘某合同纠纷案"①中，检察机关认为行为人未按时履行合同是由于疫情这一不可抗力所致，因此本案不属于刑事案件。

行为人只有在前述两个阶段均有相应的行为时才可以认为其具有合同诈骗罪的"非法占有目的"，而不能仅从一个阶段来看。举例说明：第一，如果行为人在合同签订阶段没有欺骗行为，而在合同履行阶段是因为主观原因不想履行合同。可能有以下三种情况：①行为人反悔或者由于自身原因等导致无法履行合同；②行为人在履行合同阶段产生了非法占有目的，因此采用种种诈骗手段不履行合同；③行为人在履行合同阶段产生了非法占有目的，在对方要求返还财物时，拒不返还。对于第一种情况，行为人的行为构成民事违约，属于合同纠纷，用民事手段解决即可。对于第二种情况，行为人的行为构成诈骗罪而非合同诈骗罪。对于第三种情况，可能构成侵占罪，由于货币是种类物，只有在行为人拒不返还的情况下，才能构成侵占罪，而不能简单地以行为人"挥霍"或者其他类似的处置财物行为认定侵占。第二，如果行为人在合同签订阶段没有欺骗行为，在合同履行阶段是因为客观原因造成无法履行合同，那么行为人不具有非法占有目的，仅构成民事合同纠纷。第三，如果行为人在合同签订阶段有欺骗行为，在合同履行阶段积极履行合同。可能有以下三种情况：①按照约定积极履行完毕合同；②因客观原因导致无法履行；③积极履行后产生非法占有目的，欺骗或者拒不返还财物。前两种情况是典型的合同欺诈行为，其合同属于可撤销合同，按照民事法律规定处理。

---

① 《第二届民营经济法治建设峰会检察机关服务民营经济典型案例之案例一》，https://www.spp.gov.cn/spp/xwfbh/wsfbh/202010/t20201030_483425.shtml，最后访问时间：2022年8月15日。

比如，实践中出现的"借鸡生蛋"[①]现象，行为人为了利用他人资金解决自己的问题，在合同签订阶段采用欺骗手段，但在短时间内又偿还财物，就是一种典型的合同欺诈行为而非合同诈骗。对于第三种情况，构成诈骗罪或者侵占罪，而非合同诈骗罪。

综上，本文认为合同诈骗罪中的"非法占有目的"产生于行为前或者行为时，其推定思路分为两个阶段——"签订合同""履行合同"，两个阶段必须全部考察，全部具备，某个阶段的异常都将是罪与非罪、此罪与彼罪的判断。

（四）本案行为人不具有非法占有目的

回归本案，在合同签订阶段，宋某无欺骗行为。宋某虽然在签订合同时并未取得使合同履行的先决条件——延迟乙煤矿关闭，但是对方当事人李某是在看过被告人宋某向其出示的相关政府文件、下井实地查看后，与被告人宋某签订了《工程承包协议》。也就是说，李某对于宋某履行合同需要以延迟关闭乙煤矿为条件是明知的，因此宋某并无虚构事实隐瞒真相的行为。

在合同履行阶段，宋某履行合同的态度积极，合同不能真正履行是客观原因所致而非宋某主观意愿。合同签订后，宋某积极主动地向相关部门层报申请延期关闭乙煤矿，但是最终没有获得相关部门的批准，以致合同不能履行。因此在合同履行阶段，宋某是由于客观原因不能履行合同而非主观意图。

根据前文所述，以宋某两个阶段的行为推定，宋某不具有合同诈骗罪的"非法占有目的"，不构成合同诈骗罪，本案仅属于一般的民事合同纠纷，应当依照相应的民事法律规范进行处理。

三、结论

合同诈骗罪中"非法占有目的"的认定是司法实践中的一个重大问题，

---

① 范磊：《"借鸡生蛋"类诈骗案件非法占有目的的判断》，载《中国检察官》2017年第4期，第21页。

关系到罪与非罪、此罪与彼罪的界限问题。在"非法占有目的"的认定上，法律规定并不够完善，实践中所采用的推定思路又存在明显的漏洞，有违背罪刑法定原则之嫌。本文认为，鉴于区分罪与非罪之必要，需要重新审视"非法占有目的"的推定思路。因此，从合同诈骗罪的定义和所保护的法益出发，以实质解释论为基础，将"非法占有目的"的推定思路分为"签订合同""履行合同"两个阶段，坚持主客观相统一原则、行为与责任同时存在原则，划清刑民案件的界限，以期实现司法公正与司法效率。

消费者购房权与抵押权的冲突及裁判进路研究

赵永刚[*]

摘　要：根据物权优于债权的原则，执行程序中物权期待权不得排除抵押权的执行。但买受人出于居住需求购买商品房而产生的物权期待权，属于价值顺位更高的生存权的范畴，如该权利与在先设立的抵押权发生冲突，两种权利孰优孰劣，当前法律并未作出明确回应。保护消费者购房权的政策倾向突破了物权优于债权的法律教义框架，但必须审慎对待，严格把握。司法实践中，主流裁判观点认为《最高人民法院关于人民法院办理执行异议和复议案件若干问题的规定》第29条系案外人不得排除抵押权执行的例外情形，关于该规定的三个要件在具体适用中出现了大量问题争议。为协调消费者购房权与抵押权之间的现实冲突，本文拟结合法理和现行法律规定对消费者购房权的性质进行分析，在实证研究的基础上梳理出法律适用问题，并有针对性地提出裁判建议。

关键字：消费者购房权；抵押权；排除强制执行；生存权

一、概述：消费者购房权与抵押权冲突的产生

随着我国房地产市场的不断发展，房产的流转变得越来越复杂，同一房产上可能存在多种权利，包括所有权、抵押权、物权期待权等。当房地产开发企业将已抵押的房产销售给买受人却又无法及时清偿抵押债务时，便产生

---

* 赵永刚，中国政法大学法律硕士，伊宁法院工作人员。

了物权期待权与抵押权的冲突———一种非此即彼的零和博弈。按照物权优于债权的原则，无论债权和物权成立时间先后，抵押权均应优于物权期待权。如果此时房地产开发企业别无资产又负债累累，而抵押物变现后由抵押权人优先受偿，则买受人只得寻求金钱赔偿等其他救济途径，与其他债权人平等受偿。若此，物权期待权转化为金钱债权，当然背离了买受人获得房产用以居住的初衷。《最高人民法院关于建设工程价款优先受偿权问题的批复》（以下简称《批复》）发布后，基于生存权的考虑，消费者买受人作为特殊主体从一般买受人中分离出来，被赋予优于建设工程价款优先权及抵押权的特殊地位，司法裁判观点随之悄然转变。抵押权优先理论似乎因此滑向"权利倒退"的处境，甚至被质疑丧失原始作用和存在价值。

尽管最高人民法院《全国法院民商事审判工作会议纪要》（以下简称《九民纪要》）对消费者购房权的有关问题作了专门规定，但该规定难言翔实，且由于其仅为司法政策性文件，不能作为裁判的依据。关于消费者购房权与抵押权在发生冲突时孰优孰劣、司法实践中的具体法律适用，以及对有关法律要件的把控等问题难以在现有法律规定中找到明确的答案。而房地产市场的发展引发此类案件数量急剧增加，新问题、新情况不断涌现，争议难点愈加复杂多样。多方因素叠加导致大量司法者在面对两种权利的冲突时难以把握司法尺度，饱受踟蹰选择之苦，因而呼吁统一裁判规则。

二、争论：消费者购房权与抵押权冲突的理论分析

一方面，抵押权优先理念发展至今已深入人心，古今中外关于抵押权的法律规定已较为完善，加之商品房开发过程中抵押权人多为银行金融机构，其庞大的法律团队深谙诉讼维权之道。另一方面，现行法律中关于消费者购房权的规定尚不够健全，买受人的法律意识淡薄。当二者产生权利博弈时，消费者购房权能否排除抵押权的执行，首先在法理上取决于消费者购房权的性质。

（一）消费者购房权的性质

消费者购房权在法律中的明确规定最早见于《批复》。根据该规定，建筑工程承包人的优先受偿权优于抵押权和其他债权；消费者交付购买商品房的全部或者大部分款项后，承包人就该商品房享有的工程价款优先受偿权不得对抗买受人。据此可得消费者购房权优先于抵押权。关于消费者购房权的法律性质，学界有以下三种观点。

1. 债权说

债权系基于合同或侵权等法律原因得以请求对方为或不为一定行为或请求对方给付一定数额金钱的权利。尽管消费者购房权可以对抗抵押权，但其根本诉求仍逃不出请求继续履行合同即房地产开发企业协助过户的范畴，系一种期待未来发生不动产物权变动的请求权，始终保持着债权性，故消费者购房权属于债权。[①]

2. 准物权说

"准物权"又称为"特别物权"，是指大陆法系国家民法中除物权外具有一定对世性的权利。物权人对物享有支配性、排他性和绝对性权利，就标的物享有占有、使用、收益、处分的权利，可分为所有权、用益物权和定限物权。[②]在我国，不动产以登记确定物权权属，未经登记不得对抗第三人。消费者购房权未经物权登记，尚不具备不动产物权的关键特征，但因被赋予有别于普通债权或其他优先权的特殊地位，对讼争房产具有一定的支配权，对其他不特定债权人具有排他性。故其虽非物权但胜似物权，符合物权的部分特征，可归类为"准物权"。

3. 优先权说

按照通说，优先权指某权利人在某一特殊债权债务关系中依照法律规定

---

① 梁淑荣：《执行异议之诉中案外人排除对不动产强制执行的审查标准》，吉林大学2022年硕士学位论文，第7页。

② 王泽鉴：《民法学说与判例研究（第三册、第四册）》，中国政法大学出版社2005年版，第49页。

对债务人的特定财产所享有的优先于其他权利人提出申请的权利。优先权既具有债的相对性，因合同或侵权关系向相对方提出声请；又具有物的对世性，对特定物直接支配或控制以对抗不特定主体的权利声索。[①]设立优先权的目的是基于特殊政策性考虑而赋予某种权利以特殊效力，或者赋予某些民事主体以优先交易机会，维护弱者的生存权利和社会秩序，实现实质公平正义。因权利对象差异，优先权可分为一般优先权与特殊优先权。一般优先权是指以债务人的全部财产作为债权实现的担保，如破产中的工人工资、劳动保险、税款等；特别优先权则是指就特定财产享有的优先受偿或优先交易的权利，如船舶优先权、建设工程优先权，如《民法典》中按份共有人或房屋承租人的优先购买权、《公司法》中股东的购买股权优先权等。[②]优先权不经有权机关登记，具有非公示性。目前我国尚未形成体系化的优先权制度，已知的优先权散见于法律或司法解释中。

笔者赞同优先权说。消费者购房权基于对特定房产的消费关系享有声请优先交易的机会权利，可以对抗债权、抵押权及建设工程优先权等其他权利声索。其主体特定化，只能是商品房消费者；客体特定化，只能是特定房产本身而不能及于商品房开发企业的其他财产甚至讼争房产的变价款。消费者购房权系基于保护买受人生存权的特殊政策性考虑而设定，既可对抗其他不特定主体的不特定权利，具有对世性；又针对特定房产声请优先交易的机会，具有请求权属性，故其杂糅了物权和债权的双重特征，却又非完整的物权或债权，将其归类为特殊优先权较为妥当。

（二）消费者购房权与抵押权的冲突

由于理论界对消费者购房权性质存在不同理解，当两项权利发生冲突时孰优孰劣，也存在三种观点：第一种观点认为，抵押权优先于消费者购房权；

---

① 崔建远：《合同法》，法律出版社2007年版，第79页。

② 王毓莹、史智军：《案外人权利救济制度之相关疑难问题辨析——以全国法院第九次民商事审判工作会议纪要为视角》，载《法律适用》2020年第7期，第85页。

第二种观点恰相反；第三种观点较为折中，认为取决于两种权利成立的先后顺序。

1.抵押权优先

首先，必须严格遵守物权优于债权的理论基础。抵押权属于定限物权，而消费者购房权属于债权，无论如何不能突破物权优于债权的原则。不能因为消费者的主体身份特殊，便给予其凌驾于物权之上的超级特权，否则势必会动摇抵押权的根基。[①]

其次，目前消费者购房权并无充分法律依据。根据《最高人民法院关于人民法院办理执行异议和复议案件若干问题的规定》（以下简称《执异规定》）第27条的规定，申请执行人对执行标的依法享有对抗案外人的担保物权等优先受偿权，人民法院对案外人提出的排除执行异议不予支持，但法律、司法解释另有规定的除外。原本《批复》尚可作为第27条规定的但书情形，构成消费者购房权的唯一法源，但因该批复有超出法律规定之嫌而于2020年年底被废止，这无疑是对消费者购房权优先观点的釜底抽薪。《执异规定》第29条[②]只是规定消费者购房权有对抗执行的权利，但并未明确可以对抗抵押权。至于《九民纪要》虽提到了消费者购房权排除抵押权执行的观点，由于其只是司法政策性文件，不属于法律规定，不具有普适性，不能提升至定案规则的高度。反观抵押权，我国《担保法》早在1995年即作了明确规定，至《民法典》沿袭该规定已超过25年，拥有深厚的理论、实践和群众基础。司法实践中作出消费者购房权优先于抵押权的裁判，属于对法律和司法解释的不当扩大解释。

[①] 周家开：《执行异议之诉中抵押权实现的相关问题探析——以《民法典》第419条为视角》，载《法律适用》2021年第5期，第103页。

[②] 《最高人民法院关于人民法院办理执行异议和复议案件若干问题的规定》第29条规定："金钱债权执行中，买受人对登记在被执行的房地产开发企业名下的商品房提出异议，符合下列情形且其权利能够排除执行的，人民法院应予支持：（一）在人民法院查封之前已签订合法有效的书面买卖合同；（二）所购商品房系用于居住且买受人名下无其他用于居住的房屋；（三）已支付的价款超过合同约定总价款的百分之五十。"

再次，抵押权具有公示性，消费者购买已设定抵押的房产具有主观恶意。正如已被法院查封的财产禁止买卖一样，房产抵押登记信息已在不动产登记中心公开，消费者在购房前理应查询知悉风险，而其执意购买存在主观恶意，不受法律保护。[①]

最后，抵押权优先是维护房地产及金融市场稳定的需要。房地产开发建设资金来源包括房地产开发企业自有资本、施工方及材料商垫资及购房款等，但这些在开发总成本中所占比例比较小，开发资金主要来源于银行抵押贷款。同样，房地产抵押贷款在银行贷款规模中占比也最大。如不能保证抵押权优先受偿，房地产交易将会变得混乱和不规范，不利于房地产和金融市场的健康、有序发展。

综上，抵押权优于物权期待权的铁律不可撼动，至于买受人因无法办理过户手续所造成的损失，其可起诉追究房地产开发企业的违约责任。

2.消费者购房权优先

该观点认为，从保护消费者生存权至上的价值理念和政策导向出发，必须赋予消费者购房权优先于抵押权的特殊权利。抵押权归根结底保护的只是抵押权人的金钱债权，属于经营收益，收益多少可能关乎生活质量，但并不影响基本生存，而消费者购房权则关乎生存问题。[②]如果消费者购房权不能对抗抵押权，即意味着生存权在价值顺位上劣后于经营收益权，这显然违背了人类普适的价值观。尽管债权不得对抗物权的原则性规定不得擅自突破，但当抵押权遭遇消费者购房权时，应当优先保护生存权。

3.根据权利设立的时间确定优先顺序

该观点认为，消费者购房权与抵押权同属优先受保护的权利，而在法律未明确规定优先顺位的情况下，任何一种权利都没有绝对优先地位，为公平起见，应根据二者设定的时间先后判定优先顺位。[③]如先买后抵，买受人无法

---

① 王毓莹：《案外人执行异议之诉的裁判要点》，载《人民司法（案例）》2020年第14期，第16页。
② 贾清林、黄哲雅：《不动产买受人权益排除强制执行的认定》，载《人民司法（案例）》2020年第11期，第103页。
③ 梁慧星、陈华彬：《物权法（第六版）》，法律出版社2016年版，第143页。

预知讼争房产后被抵押，主观上没有过错，而抵押权人未能尽职调查，未尽到合理注意义务以避免权利冲突，此时消费者购房权可以对抗抵押权。先抵后买则相反，表明买受人未尽到合理注意义务，未到不动产登记中心查询有无设立抵押登记，从避免权利冲突等多个角度来看，其应当放弃购买讼争房产，若执意购买应承担不利的法律后果，此时消费者购房权不能对抗抵押权。

笔者赞同消费者购房权优先于抵押权的观点。理由有以下四点：

一是生存权至上原则。生存权，"是指在一定社会关系和历史条件下，人们应当享有的维持正常生活所必需的基本条件得到满足的权利"①。公民为生活消费而购买住房满足其基本居住需求，属于公民基本人权中的生存权，受宪法保护。我国《宪法》第33条规定，国家尊重和保障人权。《世界人权宣言》第25条第1款规定，每个人都有权享有维持他本人和家属福利所需要的生活水平的权利。《经济、社会和文化权利国际公约》明确指出公民的生存权包括有住房、食物和衣着等内容。生存权是人权之首，是取得其他权利的基础和前提，对生存权的保护力度体现了一国法治水平。消费者为实现居者有其屋，交付了全部或者大部分购房款，有的家庭为此倾其所有甚至几代人的心血。而抵押债权属于经营利益，两相比较，生存利益、基本人权是更高价值，优先于经营利益。如果允许抵押权优先于消费者购房权受偿，无异于以消费者的购房款清偿房地产开发企业的抵押债务，等于房地产开发企业将自己的债务转嫁给购房消费者。

二是法律政策精神倾向于优先保护消费者购房权。最高人民法院于2002年发布《批复》，确立了消费者购房权优于抵押权的原则，尽管其已于2020年年底被废止，但《九民纪要》作为民商事条线的审理指南承继并背书了这一规定精神，同时明确了《执异规定》第29条正是这一规定精神在司法实践中所对应的适用法条。上述司法政策精神无缝对接且一脉相承，强化了消费者购房权优先于抵押权的价值理念。

三是优先保护弱者权利的价值观。从交易成本角度看，抵押权人尤其是金

---

① 黄薇主编：《中华人民共和国民法典物权编释义》，法律出版社2020年版，第475页。

融机构比买受人更有能力防范和控制交易风险以保护自己。而消费者无法通过有效方式公示权利，其在获知物权变更信息和维权方面处于劣势地位，更易受损害，属于一种尚未高度明确化的优先权。从保护弱者以实现实质公正的原则出发，应优先保护弱势一方的消费者买受人。

四是维护交易安全秩序。在房地产开发企业取得预售许可证的情况下，买受人完全有理由相信其所购买的房屋不存在任何权利瑕疵，在支付全部或大部分购房款的情况下，如果不能取得标的物，必将严重损害消费者对于交易安全的信赖，进而导致信用交易严重萎缩，阻碍经济和社会发展。

以设定时间先后判断两种权利优先顺位的观点亦不可取。房地产开发企业在兴建工程过程中，为获取最大、最优融资，常将在建工程或初始登记的商品房设立抵押权，因此多数情况下抵押权设立时间远早于商品房买卖合同签订时间。若以权利发生的时间先后判断权利优劣，则消费者购房权毫无胜算，几乎等同于抵押权优于消费者购房权的观点。[1]而消费者购房权优先权观点正是在抵押早于购房的基础上探讨的，因此，以设定时间先后判断两种权利优先顺位的观点并无实际意义。

三、识别：消费者购房权在司法实践中的主要问题梳理

《九民纪要》指出《执异规定》第29条是针对商品房预售不规范现象为保护消费者生存权而作出的例外规定，必须严格把握，避免扩大范围，以免动摇抵押权的根基。为梳理消费者购房权在司法实践中的主要问题，笔者以"抵押权""消费者购房权""排除强制执行"为关键词，在中国裁判文书网共调取了人民法院2019—2021年作出的228篇裁判文书。从裁判结果来看，不同地方、不同层级法院的裁判规则不统一，对法条适用中的要件分析存在分歧。

---

① 史智军：《抵押权与消费者购房人权利冲突的裁判规则》，载《人民司法（案例）》2020年第14期，第7页。

（一）关于"在人民法院查封之前签订合法有效的商品房买卖合同"适用中存在的问题

"在人民法院查封之前签订合法有效的商品房买卖合同"是消费者购房权成立的第一要件，司法实践中存在的争议问题主要表现在"网签备案""预售许可证""抵押权人意志""限购令"及"以房抵债"等5个方面。

1.合同是否须经网签备案

一种观点认为，商品房买卖合同不必过分苛求合同的具体形式，经过备案登记并非必要，只需符合买卖合同基本条件即可。如某判决载明，当前并无法律规定购买商品房必须经过网签备案，对于书面合同形式不符合当地政府部门所规定的形式要求的，只要没有违反效力性强制性规定，均不影响合同效力。①

另一种观点则主张按当地政府规范要求订立制式合同且经过网签备案登记。如某判决载明，房地产转让作为要式法律行为，应当签订房产管理部门制发的制式合同且经过网签备案，私自订立的商品房买卖合同效力存疑。②

2.签订预售合同是否以取得预售许可证为前提

一种观点认为，根据《最高人民法院关于审理商品房买卖合同纠纷案件适用法律若干问题的解释》（以下简称《商品房买卖合同解释》）第2条的规定："出卖人未取得商品房预售许可证明，与买受人订立的商品房预售合同，应当认定无效，但是在起诉前取得商品房预售许可证明的，可以认定有效。"的规定，未依照上述时间要求取得商品房预售许可证而订立的商品房买卖合同无效。如某判决载明，由于被执行人至本案开庭时仍未取得商品房预售许可证，故该合同仅对双方有约束力，对外不具公示和排他效力，不得对抗抵押权人。③

另一种观点认为，预售许可只是一种行政审批行为，并非法律、行政法

① 参见最高人民法院（2021）最高法民终1563号民事判决书。
② 参见广东省佛山市中级人民法院（2021）粤06民终18315号民事判决书。
③ 参见最高人民法院（2021）最高法民终626号民事判决书。

规的强制性规定，并不影响合同效力。如某判决载明，虽然案涉楼房至今未取得预售许可证，但预售许可只是一种行政管理制度，是管理性规定而非效力性强制性规定，故案涉房屋买卖合同不违反法律规定，应当认定为合法有效。[①]

3.签订商品房买卖合同是否以征得抵押权人同意为前提

一种观点认为，抵押发生在购房之前的，买受人应在不动产登记中心查询有无抵押等权利负担。从保护抵押权安全实现的角度，抵押人转让抵押房产应征得抵押权人同意或受让人代为清偿债务消灭抵押权，否则商品房买卖合同不生效。如某判决载明，买受人签订商品房买卖合同的时间显然晚于抵押设定时间，买受人应当知晓案涉不动产上存在抵押，从避免权利冲突多角度，案涉开发公司擅自将抵押房屋出售给张某，未经抵押权人同意，受让人张某也没有代为清偿债务消灭抵押权，此时买受人张某应选择放弃购买案涉房产，但其执意购买属于未尽到必要的注意义务，侵害了抵押权人的优先受偿权，其房产买卖合同是无效的。[②]

另一种观点认为，未经抵押权人同意并不违反法律、行政法规的强制性规定，并不因此影响合同效力。根据《民法典》第406条规定，抵押期间，抵押人可以转让抵押财产。抵押财产转让的，抵押权不受影响。抵押人转让抵押财产的，应当及时通知抵押权人。可见，抵押权人同意并非抵押物转让的前提条件。即便在《民法典》施行前，抵押权人同意也只是买受人据以对抗抵押权的前提条件，而非买卖合同生效的条件。合同是否生效与抵押权人是否同意无关。如某裁定载明，《担保法》第49条第1款、《物权法》第191条虽然规定未经抵押权人同意不得转让抵押财产，但是根据合同效力和物权效力区分原则，未经抵押权人同意仅不产生物权变动的法律效果，并不影响合同效力[③]。

[①] 参见黑龙江省鸡西市中级人民法院（2022）黑03民终84号民事判决书。
[②] 参见海南省高级人民法院（2017）琼民终4号民事判决书。
[③] 参见最高人民法院（2021）最高法民申4906号民事裁定书。

4.违反限购政策是否影响合同效力

近年来，为落实"房住不炒"的政策，遏制房价快速上涨势头，各地纷纷出台了限购政策，如北京、上海对于"无法提供连续5年及以上在本市缴纳社会保险或个人所得税缴纳证明的非本市户籍居民家庭"限制购房资格；厦门对于"无法提供购房之日前3年内在本市逐月连续缴纳2年以上个人所得税或社会保险证明的非本市户籍居民家庭"限制购房资格等。那么，无购房资格的人所签订的商品房买卖合同是否有效？对此存在两种观点：一种观点认为，违反城市限购政策实质就是违反了行政强制性规定，应当认定为无效。如某判决载明，黄某在签订合同时并不符合东莞市商品房限购政策，不具备购房资格，买卖合同无效，案涉购房行为不能产生物权变动的效果，不能办理产权过户手续。①

另一种观点认为，违反限购政策虽然违反政府规定，但并非属于法律、行政法规的强制性规定，符合合同其他条件的，应当认定为有效。如某判决载明，市场经济条件下，为各类市场主体设定准入资格和条件，须具有明确的法律依据，除国家规定的限购政策外，我国现行法律、行政法规没有对购买商品房的主体设定限制性条件，即使王某购买涉案房屋不符合当地限购政策，也仅是涉及涉案认购协议能否实际履行的问题，目前没有明确依据违反限购政策会导致商品房买卖合同无效。②

5.名为买卖，实为以房抵债所签订商品房买卖合同是否有效

房地产开发企业由于资金短缺，无力偿还如工程款、材料款等款项，而将房产抵给材料商或实际施工人的情况屡见不鲜。不少材料商或施工人与房地产开发企业签订商品房买卖合同，但并不实际支付购房款，而是以购房款抵顶房地产开发企业所欠工程款或材料款。买受人（实为抵债权利人）请求适用《执异规定》第29条排除抵押权的执行，司法实务中见解不一。

一种观点认为，该种情况属于合法有效的商品房买卖合同。如某判决载

---

① 参见广东省东莞市第三人民法院（2020）粤1973民初16775号民事判决书。
② 参见山东省高级人民法院（2021）鲁民再231号民事判决书。

明，李某与盛某公司在人民法院查封前签订了商品房买卖合同，系双方的真实意思表示，该协议所载内容载明了抵顶工程款商品房所涉工程内容、工程价款、审批结算信息及双方以房抵顶工程款的合意，盛某公司亦为李某开具《哈尔滨市商品房销售预收款专用票据》予以确认，可以认定双方签订了合法有效的商品房买卖合同。①

另一种观点认为，该种情况不属于合法有效的商品房买卖合同。以购房款抵顶房地产开发企业欠款的实质目的并非居住，而是消灭债权，且商品房买卖合同可能存在买受人与房地产开发企业恶意串通倒签时间以排除其他债权执行的情形，难以排除可能存在的道德风险。因此不应将"名为买卖，实为抵债"情形纳入消费者购房权保护范围。②如某判决载明，石某与恒某公司签订的商品房买卖合同中约定的购房款系以石某对恒某公司享有的债权予以抵扣，该合同系基于双方之间的债权债务关系，性质实质上是以物抵债协议，该协议的目的在于消灭石某对恒某公司的债权而非单纯的房屋买卖，不能体现双方买卖房屋的真实意思表示，只是债务人履行债务的变通方式。以物抵债是以消灭金钱债务为目的的债的履行方式，赋予其保护生存权的特殊地位将破坏债权平等受偿的原则，损害其他债权人的合法权利，石某基于消灭其债权而主张消费者购房权地位并不具有对抗抵押权的效力，该商品房买卖合同应认定为无效。③

（二）关于"所购商品房系用于居住且买受人名下无其他用于居住的房屋"适用中存在的问题

该要件锁定了买受人消费者的身份，是消费者购房权制度的精髓。笔者经过检索总结案例，梳理出"购房地理范围""买受人名下有住房""买受人配偶及未成年子女名下有住房""所购房产性质""农村自建房与无证房""买

---

① 参见最高人民法院（2022）最高法民终17号民事判决书。

② 余长智：《一般买受人物权期待权与抵押权的困境及路径分析——基于最高人民法院441份裁判文书》，载《中国不动产法研究》2020年第2辑，第206页。

③ 参见湖北省武汉市中级人民法院（2022）鄂01民终4641号民事判决书。

受人主体"等6个方面的问题。

1.购房地理范围

经常居住地与讼争房产所在地系同一地理范围的，只需查询买受人在该地理范围有无其他住房可满足居住需求即可。而若经常居住地与讼争房产不在同一地，如何查证买受人购房是否用于居住？一种观点认为，经常居住地与讼争房产不在同一地理范围的，应直接认定购房出于经营目的，而非满足居住需求。如某判决载明，案涉房屋位于海南省三亚市，而解某的经常居住地与案涉房屋所在地并不一致，其提供的证据不足以证明其购买案涉房屋是为了满足基本居住需求，故其对案涉房屋的主张不涉及基本生存权。在平衡申请执行人和买受人的利益保护时，不应再基于基本生存权的保护而对解某的权益予以特殊保护。①

另一种观点则认为，买受人经常居住地与讼争房产所在地是否为同一地理范围并不重要，只要其在讼争房产所在地无房可供居住，即应认定购房为满足居住需求。如某判决载明，案涉房屋所在地为新郑市，刘某只需证明其在新郑市范围内名下没有用于居住的房屋即可。根据刘某提交的新郑市个人房屋产权信息表显示，刘某夫妻名下在新郑市均无用于居住的房屋，申请执行人关于买受人刘某经常居住地在洛阳、其在新郑购房系出于投资目的的抗辩理由缺乏法律依据。②

2.买受人名下已有住房

一种观点认为，买受人名下已有住房再购买新住房的，超出"满足居住需要"的条件。《执异规定》第29条系基于生存利益至上的考虑对消费者购房权作出的特殊保护规定，"买受人名下无其他住房"的规定明确，意味着无任何其他可以居住的房屋。如某判决载明，根据本案查明事实，即便买受人出具的关于家庭住房紧张的《情况说明》属实，但由于其名下已有一套住房，现又购买新的住房，超出正常生活所需，不符合《执异规定》第29条的

---

① 参见最高人民法院（2021）最高法民申4460号民事判决书。
② 参见河南省高级人民法院（2022）豫民终46号民事判决书。

规定。①

另一种观点认为，对于"买受人名下无其他用于居住的房屋"，不应机械局限于套数的理解。如原有住房不能满足现有家庭成员的居住要求，再购买房屋是为了对居住环境进行必要的改善，仍属于满足生存权的合理消费范畴。如某裁定载明，胡某名下虽有一套房屋，但面积仅为58.79平方米，因不能满足基本居住需要，其从亨某公司购买了面积为18.32平方米的住房一间以改善居住条件，实际由其父母居住符合常理。胡某家庭人均住房面积仍未超过当地平均水平，并不违反"所购商品房系用于居住且买受人名下无其他用于居住的房屋"的规定精神。②

3.配偶或子女名下的房屋是否纳入核查范围

从字面理解，买受人名下无其他用于居住的房屋，指的是买受人本人名下，而不包括父母、妻儿等近亲属。但司法实践中，对于配偶或子女名下房屋是否纳入核查范围存在不同观点。一种观点认为，买受人与配偶、未成年子女在日常生活中具有人身不可分割性，即便买受人本人名下无其他住房，但只要配偶或未成年子女名下有其他住房，也应认定买受人名下有其他住房，不符合"买受人名下无其他用于居住的房屋"的条件。如某判决载明，买受人本人名下虽无其他住房，但其配偶名下另有一套住房，应当算作夫妻共同财产，不符合买受人名下无其他住房的要件。③

另一种观点认为，只要买受人本人名下无其他住房，即应当认定"买受人名下无其他用于居住的房屋"，而配偶或子女名下是否有其他住房不属于核查范围。如某判决载明，申请执行人信某资产公司辩称买受人王某配偶或子女等家庭成员名下有住房故不能排除执行的理由，系对"买受人名下无其他用于居住的房屋"的扩大解释，缺乏法律依据，本院不予支持。④

4.农村自建房或其他无证房是否纳入核查范围

农村自建房和无证房是否属于《执异规定》第29条规定中"其他用于居

---

① 参见最高人民法院（2021）最高法民终1245号民事判决书。
② 参见最高人民法院（2021）最高法民申1341号民事裁定书。
③ 参见北京市高级人民法院（2022）京民终266号民事判决书。
④ 参见甘肃省高级人民法院（2020）甘民初44号民事判决书。

住的房屋"？一种观点认为，买受人名下有农村自建房和其他无证房可供居住，证明其还存在其他用于居住的房屋，不符合"无其他用于居住的房屋"的规定。如某裁定载明，张某及其配偶名下已有面积为153.74平方米的自建房一套，其家庭成员共4人，该自建房足以满足4人居住需求，买受人购买案涉住房并非出于生存权的需要。①

另一种观点则认为，虽然农村自建房和无证房也具备居住功能，但不属于法律意义上的商品房，不属于有其他住房的情形。如某判决载明，买受人在成都郊区乡镇上确有农村自建房，但农村自建房未经有权机关合法登记，且距离成都市城区较远，不能满足其在成都市日常居住生活需要，故抵押权人认为买受人名下有农村自建房属于有其他住房的理由不能成立。②

5. 车库、车位是否适用于消费者购房权

房地产开发企业在开发房产时一般会配建一定比例的车库或车位，车库、车位是否适用于消费者购房权，存在不同认识。一种观点认为，建筑区划内的车位、车库依附于住宅而存在，属于商品房居住功能的必要延伸和拓展。因此，车位、车库适用于消费者购房权。如某判决载明，城市商品房建设单位应设计、修建车位、车库以满足业主需求系其强制性义务。③刘某系案涉小区业主，为满足自身基本居住的需要，便利日常生活而一并购买了房屋和车位，可以认定其并非因从事经营活动购买车位，符合"满足居住需求"的属性。④

另一种观点认为，车库、车位不是为了居住而规划设计，超出了基本居住需求，不应受到特殊保护。若将消费者购房权的范围扩大至车库、车位，势必会"挤压"抵押权的生存空间，侵害申请执行人的利益。⑤如某判决载明，

---

① 参见最高人民法院（2021）最高法民申6103号民事裁定书。
② 参见最高人民法院（2020）最高法民终316号民事判决书。
③ 《中华人民共和国物权法》第74条第1款规定："建筑区划内，规划用于停放汽车的车位、车库应当首先满足业主的需要。"国家住房和城乡建设部发布的《城市居住区规划设计规范》8.0.6规定："居住区内必须配套设置居民汽车（含通勤车）停车场、库……"
④ 参见最高人民法院（2022）最高法民终86号民事判决书。
⑤ 张丽杰：《论物权期待权与抵押权的适用规则——从未经变更登记的房产强制执行的角度》，载《甘肃政法学院学报》2019年第2期，第126页。

车位并非住宅，不涉及生存居住性权益保护的问题，买受人对案涉车位的权利，不属于《执异规定》第29条的保护范围，不能排除抵押权的执行。①

6.买受人是否只局限于自然人

一种观点认为，《执异规定》第29条中的买受人只能是自然人，不包括法人和其他组织，因为其不具有居住需求。如某判决载明，消费者买受人应为自然人，公司法人代表着经营利益，并不属于生存权保护的对象，武昌城某公司是法人而非自然人，不属于消费者，其购买案涉房屋并非用于自己居住，不符合消费者买受人的主体要件。②

另一种观点则认为，即便单位没有居住需求，但如单位购房是为了满足员工居住需求，仍属于"所购商品房系用于居住"的情形。如某判决载明，一般理解，消费者买受人仅限于自然人，法人或其他组织不存在生活消费的问题，不在消费者之列。但若法人或其他组织以单位名义购买，而所购房屋已经分配给职工个人居住的，可以认定为消费者。③

（三）关于"已支付购房款超过合同总价款的百分之五十"适用中存在的问题

价款支付是消费者购房权成立的核心要件。根据《执异规定》第29条的规定，买受人须支付合同总价款的50%以上。司法实践中关于支付比例及支付方式的认定，存在不同的理解。

1.支付购房款不足合同总价款的50%

一种观点认为，买受人支付总价款的50%是明确规定，不存在回旋的余地，未达到50%付款比例的应判定不符合付款条件。如某判决载明，关于吴某要求确认其享有消费者购房权的诉讼请求，按照《执异规定》第29条第3项的规定，已支付价款超过合同总价款的50%，才可以对抗抵押权的执行。

① 参见最高人民法院（2021）最高法民申7355号民事裁定书。
② 参见最高人民法院（2020）最高法民终934号民事判决书。
③ 参见上海市虹口区人民法院（2017）沪0109民初8059号民事判决书。

就本案而言，吴某购房总价款为366673元，现查明吴某仅支付了购房首付款174954元，占总价款比例为47.71%（174954/366673），未达到合同总价款的50%，故吴某依据消费者购房权排除抵押权执行的诉讼请求不予支持。[①]

另一种观点认为，虽买受人支付购房款不足合同总价款的50%，但已经按照合同约定支付了部分价款且能按合同约定继续履行付款义务或按照人民法院的要求交付执行的，仍应视为符合付款条件。上一案例的裁判结果在最高人民法院二审阶段发生了变化：吴某已交付的房屋价款接近50%，原审未经询问吴某是否愿意按照商品房买卖合同继续履行付款义务，执行法院亦未要求吴某将剩余购房款交付执行，仅根据吴某交付的购房款未达到合同总价款的50%为由，便认定其不符合消费者购房权的付款条件明显不当。[②]

2.无转账凭证对认定支付购房款数额的影响

司法实践中之所以出现付款问题的争议，最大的问题是缺乏转账支付凭证，仅有售房人出具的收条。一种观点认为，仅提供房地产开发企业出具的收据或发票，尚不足以认定买受人已支付相应数额的购房款，人民法院应重点审查买受人的付款方式、款项来源等事实。银行转账的，需核实其转款记录；现金支付的，需核实其现金来源。如某判决载明，买受人表示其已通过现金支付的方式付清剩余的50万元购房款，但其支付3万元和5万元购房款尚且通过微信支付，而支付如此大额的购房款却通过现金的方式，明显有悖常理。而且，对其支付的50万元现金来源，买受人未能提供证据印证其陈述的真实性，亦不能提供银行取款凭证，依法应由买受人承担举证不能的责任。[③]

另一种观点认为，如果买受人能够提供房地产开发企业出具的收据或发票，或者房地产开发企业对付款事实表示认可，且无其他证据证明双方恶意串通，即可认定该买受人已支付相应购房款。如某判决载明，顾某提交了利某房产公司出具的收款收据，证明顾某已向利某房产公司支付了购房款443840

---

① 参见河南省商丘市中级人民法院（2021）豫14民终1509号民事判决书。
② 参见河南省高级人民法院（2021）豫民申5736号民事裁定书。
③ 参见甘肃省天水市秦州区人民法院（2021）甘0502民初2020号民事判决书。

元。在没有相反证据的情况下，应当认定买受人所主张的付款事实成立。[①]

四、进路：消费者购房权案件统一裁判规则的建议

司法实践是千奇百怪、千变万化的，司法者无法完全按照法律规定要件对应解决具体案件中出现的所有问题。此时，应从其立法本意出发，方能准确把握适用规则。就消费者购房权案件而言，无疑应当始终秉持保障买受人生存权的原则。

（一）关于"在人民法院查封之前已签订合法有效的书面买卖合同"的理解

买受人享有的足以排除强制执行的民事权益必须建立在合法有效的基础法律关系之上，即以物权变动为内容的买卖合同成立且有效是依据《执异规定》第29条启动审查的首要条件。如果第一个要件尚且不能达到，则无审查其他条件之必要。

1.未经过网签备案不影响商品房买卖合同的效力

《中华人民共和国城市房地产管理法》及《不动产登记暂行条例》等对签订合同的具体形式进行了规定，明确了商品房买卖合同应当包括买卖双方、房屋坐落位置、价款及支付时间等关键要素。现全国各地房管局均在尝试制定格式化的商品房买卖合同且经不动产登记中心备案，如上海市住建局根据统一模板制作了房地产买卖合同，已基本成为上海所有房地产买卖网签备案的范本。诚然，要素齐全且经过网签备案的合同更能增强法官的内心确信，但不应因此拘泥于合同的具体形式和内容。只要合同载明房产买卖的主要内容或者经过与付款凭证、往来信函或短信等其他载体核对一致，能够相互印证的，即应当认定合同合法有效。[②]目前并无法律规定要求买受人与房地产开

[①] 参见吉林省榆树市人民法院（2022）吉0182执异54号执行裁定书。
[②] 孙久荣：《抵押物转让中买受人的权益保护》，西南政法大学2015年硕士学位论文，第27页。

发企业签订房屋买卖合同必须网签备案或必须签订制式合同。

2.未取得预售许可证签订的商品房预售合同无效

商品房销售包括商品房现售和预售。商品房现售是指房地产开发企业将竣工验收合格的商品房出售给买受人的行为。商品房预售是指房地产开发企业将正在建设中的商品房预先出售给买受人的行为。预售许可具有公信力，表示房产销售获得国家主管机关的审查批准。预售许可制度的设立，一方面是为了维护房地产交易秩序，防止土地上国有资产受到非法侵害；另一方面是为了维护买受人利益，假设没有商品房预售制度而准许房地产开发企业在任何时间、任何条件下销售房产，预售合同签订以后，可能会出现因某种原因导致商品房无法建成或交付，或建成后的商品房存在各种质量瑕疵，因而买房人无法实际获得商品房的所有权，那么极有可能损害广大业主的合法权益。为此《商品房买卖合同解释》第2条规定，出卖人在首次开庭前未取得预售许可证而与买受人签订预售合同的，合同无效。但是在大量的司法实践中，仍然有许多房地产开发企业与买受人在无预售许可证情况下签订预售合同。[①]签订商品房预售合同的原因是双向的，对于房地产开发企业而言，可以周转建筑资金，缓解资金压力；对于消费者而言可以减轻房价上涨的压力。

如将未取得预售许可证而签订的预售合同也认定有效，那么《商品房买卖合同解释》第2条就失去了存在的意义，背离了预售制度的初衷。王利明教授指出，如果法律、法规明确规定了违反该规定的合同无效，该规定当然应认定为效力性强制性规范，该合同当然无效。[②]基于引致规范，未能按照规定取得预售许可证的，商品房买卖合同无效，从而倒逼消费者在购买商品房时首先要看房地产开发企业是否已取得预售许可证，执意在未经预售许可的情况下签订预售合同的，买受人主观上存在过错，应当承担相应法律后果。

---

① 黄雅苹：《对购房消费者生存权和银行抵押权之间的法律冲突研究》，中国政法大学2007年硕士学位论文，第16页。

② 叶名怡：《我国违法合同无效制度的实证研究》，载《法律科学（西北政法大学学报）》，2015年第6期，第127页。

3. 抵押权人意志不影响商品房买卖合同效力

为实现抵押房产物尽其用的价值目标，抵押房产流转可实现抵押财产的保值增值，进而保证抵押权人利益最大化。一般在房地产开发企业销售房产前，除取得预售许可外，还包括抵押权人的同意预售函。而如果未能取得抵押权人的同意预售函，是否影响商品房买卖合同的效力？原《物权法》第191条第2款规定，抵押期间，抵押人未经抵押权人同意，不得转让抵押财产，但受让人代为清偿债务消灭抵押权的除外。《民法典》第406条规定，抵押期间，抵押人可以转让抵押财产；抵押财产转让的，抵押权不受影响；抵押人转让抵押财产的，应当及时通知抵押权人。这是抵押财产处分制度的重大改变，即由之前的同意原则变为通知原则，降低了抵押物流转的门槛。

其实，无论是之前的同意主义原则，还是现行的通知注意原则，转让合同效力均不受抵押权人意志的影响，未经抵押权人同意并不致使合同无效。[1]《民法典》第215条（原《物权法》第15条）规定，当事人之间订立有关设立、变更、转让和消灭不动产物权的合同，除法律另有规定或者合同另有约定外，自合同成立时生效；未办理物权登记的，不影响合同的效力。该规定确立了物权变动的原因和结果相区分的原则，取得抵押权人的同意、受让人行使涤除权或通知抵押权人均非转让合同生效的要件。《民法典》第406条及原《物权法》第191条均为管理性强制性规范，而非效力性强制性规范，在法律未明确规定合同无效的情况下，转让抵押财产的合同效力应予肯定。当然，因其属于不被倡导的行为，可能影响办理过户登记手续进而影响物权变动。

4. 违反限购政策不影响合同效力

根据《民法典》第153条的规定，违反法律、行政法规的强制性规定的行为无效。不少城市为了限制房价的快速上涨、维护房地产市场的稳定而对房售价采取限价、户籍限制等措施。从国家层面来讲，目前尚无法律或行政法规关于限购的具体规定，所有的限购政策均为地方政府出台。从严格意义上

---

[1] 龚红兵：《房地产企业破产清算中购房者的法律地位分析》，载《法学论丛》2019年第4期，第69页。

讲，限购政策在性质上仅为地方性法规甚至地方性政策，而非法律、行政法规，因此违反限购政策所制定的合同并未违反法律、行政法规的强制性规定，不因此构成合同无效。当然，此种情况也可能造成事实上的过户困难而无法实现物权变动。

5.名为商品房买卖实为以房抵债而签订的合同无效

真实的买卖关系才能受到法律保护，打着买卖关系之名行以房抵债之实的情形，不适用消费者购房权优先权制度。理由如下：（1）消费者买受人优先权的出发点是要保护买受人生存权之一的居住需求，而非其他投资经营目的。一般而言，以房抵债中接受房产的一方原系金钱债权的权利人，由于房地产开发企业无力还款而转化为实物抵债，但其本质仍为金钱债权，以房抵债的出发点不是为了居住，不符合消费者购房权的本意，而是为了消灭原始债权，故以房抵债不适用消费者购房权制度。[1]（2）如准许以购房款抵顶房地产开发企业欠债，意味着买受人通过隐秘手段优先于其他金钱债权人包括抵押权人优先受偿，损害其他债权人合法权益。根据《民法典》第146条的规定，行为人与相对人以虚假的意思表示实施的民事法律行为无效。房地产开发企业与买受人签订商品房买卖合同的本意并非买卖，而是以房抵债，因此以虚假的商品房买卖的意思表示所签订的买卖合同无效。

（二）关于"所购商品房系用于居住且买受人名下无其他用于居住的房屋"的理解

"所购商品房系用于居住且买受人名下无其他用于居住的房屋"是消费者购房权制度的精髓。准确理解这一要件，应遵循目的解释方法，以能否满足买受人生活居住之需，保障其生存权益为评判依据。秉持"生存权高于经营权"原则应区分为自住而购房与为投资而购房，否则会带来新的不公平。

---

[1] 唯晓鹏：《房屋买受人与抵押权人权利冲突及其法律救济》，载《中国房地产》2011年第12期，第70页。

1.关于购房地理范围的审查

如果买受人的经常住所地并非讼争房产所在地，两个地址跨地级市甚至跨省，那么其购买讼争房产极有可能系出于投资而非居住，尤其买受人在经常居住地有住房的情况下更是如此。例如，海南近年来不断掀起购房热潮，购房者80%是外地人，以东北、华北人居多，有些人购买了系用于冬天养老过冬，夏天再返回原住址，即根据不同的季节到不同的房屋轮流居住，感受不同的居住环境，这就是所谓的"度假屋"。[①]有些则是纯属用于出租获取收益。这类房屋显然和购房者的生存权没有关联，因为购房者还有其他的房屋居住。故若要衡量讼争房产是否对买受人的生存权构成影响，必须首先判定其经常居住地与讼争房产所在地是否同一，如果并非同一地理范围，则不适用消费者购房权。2010年4月17日，国务院为了坚决遏制部分城市房价过快上涨，发布了《国务院关于坚决遏制部分城市房价过快上涨的通知》，简称"新国十条"。根据该规定，要严格限制各种名目的炒房和投机性购房，对不能提供1年以上当地纳税证明或社会保险缴纳证明的非本地居民暂停发放购买住房贷款。地方人民政府可根据实际情况，采取临时性措施，在一定时期内限定购房套数。[②]据此，在认定买受人经常居住地时，应将其是否在讼争房产所在地纳税或缴纳社会保险达1年以上作为重要评判标准。

如果是经常居住地与房产所在地系同一地理范围，则应查询买受人在该地是否有其他住房。至于核查范围是以同一区县还是同一设区市为限，应当根据讼争房产所在地的城市规模及经济发展程度而定，不能一概而论。例如，西部的某些县域面积比东部某些地级市甚至省的面积还要大，不同县市之间动辄数百千米的距离，此种情况下宜以讼争房产所在县作为查询范围。又如，海南三亚，其虽然属于设区市，但因城市规模较小，仅有吉阳区、崖州区、天涯区、海棠区四个区，且各区之间距离较近，此种情况宜以讼争房产所在

---

① 刘文辉：《购房消费者与抵押权人权益冲突与协调》，兰州大学2010年硕士学位论文，第21页。

② 林雪：《论"保护特定主体利益"的法律含义———以建设工程价款优先受偿权与抵押权的顺位为例》，载《兰州教育学院学报》，2018年第1期，第162页。

地的设区市作为查询范围。

2.关于买受人名下已有住房的审查

有的案例将讼争房屋系其名下唯一住房作为消费者购房权成立的必要条件。该种观点混淆了生存权与房屋所有权之间的关系，是片面的。目前很多家庭会购买一套以上的房屋，不能因为买受人名下已有一套住房，就自然认定讼争房产超出了买受人的基本居住需求，而应当根据具体情况而定。例如，买受人名下原有一套住房，但面积较小，而买受人同住家属人数较多，已有住房明显不能满足基本居住要求，再购买住宅仍未超过当地人均住房标准，属于改善生活需要，故仍符合购房消费者身份，这是对基本居住需求作出的合理扩大解释。当然，如果讼争房产系豪宅，超过基本居住需求的，不构成消费者购房权。

3.关于配偶及未成年子女名下房屋的审查

与西方国家注重个体独立不同，我国强调家庭观念，中华民族数千年的文明要求我们发扬家庭团结和睦的优良传统。因此，几代同堂、同吃同住的情形非常普遍。从中国国情和家庭现实出发，以家庭为单位认定买受人名下的房产状况比较合理，而且符合我国夫妻财产共有的法律规定，但查询"家庭"的范围不宜过大亦不宜过小。年满18周岁属于成年人，故如果孩子是已满18岁的成年人，那么孩子本人可以单独看成一户。"新国十条"规定，首套房与二套房应以家庭为单位予以认定，家庭的组成包括本人、配偶及未成年子女。鉴于"新国十条"正是防止我国房价上涨过快、规范房产交易秩序而由国务院制定的调控政策，其关于"家庭"概念的认定具有权威性和合理性。[1]据此，查询买受人名下有无其他用于居住的房屋不应只查询买受人本人名下，还要查询其配偶及未成年人子女名下有无住房。事实上，确实有不少买受人出于政策或投资策略的考虑，将以夫妻共同财产所购买的住房登记在配偶或未成年人子女名下。

4.关于农村自建房和其他无证房的审查

农村自建房固然具有居住功用，但与城市商品房相比，在舒适度、便利

---

[1] 高印立：《论建设工程价款优先受偿权的清偿顺位》，载《北京仲裁》2021年第1期，第53页。

性等方面逊色很多，且由于农村自建房距离市区较远，配套设施远不如城市商品房，买受人购买商品房更多出于改善生活质量的考虑。因此，买受人即便在农村有自建房亦不影响其关于"满足基本居住需求"的判定。而对于买受人名下的无证房，即便暂时符合居住要求，因违建或不符合审批文件达不到办证要求，可能随时面临拆违等行政处罚的风险，故此类住房不应视为其他可供居住的房产。因此，在查询买受人名下是否有其他住房时，农村自建房和其他无证房不应纳入查询范围。

5.关于房产性质的审查

居住权属于最基本的物质生活保障性权利，是生存权内涵的应有之义。有观点认为，消费者购房是否具有居住功能，与房屋系商业房还是住宅的属性并无直接对应关系，商业房被用于自住，而住宅被用于投资炒卖的现象在现实中均不鲜见。[①]但即便如此，从一般思维和大概率事件的角度，我们在考量所购房产是否用于居住时仍应将房产的涉及规划用途作为重要评判要素。

如果所购房产的性质为商住性质，表明房产除了商业用途，还有居住用途，该类房产符合满足居住需求的情形，可以适用消费者购房权制度。至于车库，尽管有观点认为车库或车位同样是住房的配套设施，属于居住权益的重要组成部分，且有些车库甚至可用于居住，但与住房本身相比，车库或车位设计通常系用于停放车辆而非用于居住，缺少生存必要性，消费者优先权必须局限于基本居住权益的范围，不得肆意扩大，否则将压缩抵押权的适用空间。

6.关于买受人主体的审查

一般理解，宪法保护公民享有的居住需求等生存权，因此买受人主体应限于自然人，但少数情况下法人或其他组织也可能构成例外。例如，单位为满足其员工的居住需求而购买住房，所购买房屋全部用于员工居住，而非转卖或出租以获取收益，那么就是以居住而非经营为目的，即表面上买受人是单位，但真正的消费者是职工个人。此种情形符合购房消费者的主体要件，与最高法保

---

① 胡松松、赵意奋：《论商品房预售后土地抵押权人的困境及出路》，载《政法学刊》2020年第4期，第22页。

护消费者生存权的意旨是一致的。^①但应注意的是，单位为了生产经营而购房，房产便不再是关乎生存权的生活用品，而是生产资料，不属于消费者购房权保护的范畴。因此，消费者购房权的主体必须从常规理解出发，以自然人为原则，不能将极端情形纳入一般规则，以防止购房消费者身份的泛滥。

（三）关于"已支付的价款超过合同约定总价款的百分之五十"的理解

案外人是否按照合同约定实际支付购房款是评判买卖关系真实性的重要标准，合同具有权利义务一致性，买受人主张享有诉争房产的所有权，亦应当履行合同约定的付款义务。司法实践中，为防止案外人与被执行人虚构买卖关系逃避执行，可以从是否超过50%付款比例、付款过程是否合乎常理等方面判断。

1.关于百分之五十付款比例的审查

《九民纪要》第125条第3款指出，对于"已支付的价款超过合同约定总价款的百分之五十"如何理解，审判实践中掌握的标准不一致。如果商品房消费者支付的价款接近于50%，且已按照合同约定将剩余价款支付给申请执行人或者按照人民法院的要求交付执行的，可以理解为符合该规定的精神。该解释却为50%付款比例的认定标准打开了浮动窗口，何谓接近50%，其中有较大的弹性空间。^②笔者认为，应根据具体案情进行判定，不应拘泥于50%的绝对比例。如将不足总价款50%比例的情况一概认定未达到付款条件，会偏离消费者购房权制度的精神。

无论消费者是否支付超过50%的购房款，都无法改变消费者的本质，应予以其平等的保护。从司法实践看，不动产价格较高，当事人之间往往不是一次性付款。例如，根据合同约定首付款支付购房款的30%，余款按合同约

---

① 张丽洁：《论物权期待权与抵押权的适用规则——从未经变更登记的房产强制执行的角度》，载《甘肃政法学院学报》2019年第2期，第121页。

② 卢平：《买受人物权期待权与抵押权冲突的分析——以三个案件为视角》，贵州民族大学2021年硕士学位论文，第19页。

定以银行按揭方式支付，该首付比例符合本地行情、行业惯例和银行贷款制度，未发现串通情形，应当认定其符合《执异规定》第29条第3款的付款条件，如果强行要求买受人将付款比例提高至50%以上，无疑增大了买受人的负担，有失公允。

2.关于付款方式的审查

对于购房款这种大额款项，付款方式以转账支付辅以收据为最佳，尤其强调支付凭证，包括银行、微信、支付宝等各类电子支付凭证，重客观证据而轻人为制作或自认。一般而言，根据资金监管要求，商品房买卖合同中会约定监管账户作为收取购房款的专用账户，并通过开户行对购房款进行监控，确保款项依法依规使用，房地产开发企业不得擅自动用该账户中的购房款。[①]因此，房地产开发企业鲜有以现金甚至以资金监管账户以外的其他账户收取购房款。

当然，有的房地产开发企业在与购房者签订商品房买卖合同时利用其主导地位，在合同中约定部分甚至全部购房款以现金或监管账户以外的账户收取。此时，不能仅凭房地产开发企业出具的收据，还需要就买受人的经济能力、大额现金支付的合理性等事实予以查实。尤其要审查其是否存在恶意串通转移房产的情形，因此务必从严把握。对于银行卡交易或现金支付发生在法院查封后的，不排除为妨碍执行而伪造已付款证据的可能性。

五、结语

消费者购房权制度对于保护弱势购房者的生存权至关重要，但该制度的法律规定尚处于半真空状态，这也是消费者购房权对抗抵押权的软肋之所在。虽然生存权是一种自然权利，但是必须设立相应的法律制度，通过法律规定使生存权成为一种法定的权利，才能使权利真正落到实处，生存权才能有所

[①] 姬新江、张建武：《商品房买卖中买受人与抵押权人的权利冲突研究》，载《政法学刊》2006年第3期，第32页。

保障。①因此，立法机关应该加紧立法，以批复或者司法解释的形式明确规定应该如何处理消费者购房权与抵押权之间的冲突。无论抵押权与消费者购房权之间的对抗结论如何，权利人均需采取进一步的措施以实现后续利益。如买受人得以依据消费者购房权排除抵押权的执行，则买受人有权要求抵押权人涂销抵押权，并要求房地产开发企业继续履行合同以完成产权过户；而抵押权人只能寻求执行房地产开发企业的其他财产以实现其不再具有优先性的"抵押"债权。如买受人不能依据消费者购房权排除抵押权的执行，则抵押权人得有权申请继续执行讼争房产；而买受人只能起诉要求解除商品房买卖合同、追究房地产开发企业的违约责任。

---

① 牛未默：《无过错不动产买受人物权期待权排除抵押权执行的适用问题》，载《中国律师》2019年第10期，第65页。

食品安全案件中专家意见的性质与共犯数额的认定

——以郁某光注水猪肉案为例

白紫璇*

摘　要: 郁某光注水猪肉案中有两个争议焦点和裁判难点,一者是如何认定专家意见的效力,另一者是如何认定各从犯对应的犯罪数额。这也是食品安全犯罪中常见的实务难点。专家意见不属于我国程序法规定的证据类型,仅具有参考价值,其认定与否高度依赖于法官心证。在共同犯罪的犯罪数额认定方面,侦查机关客观上不具有对各从犯数额进行严丝合缝地查明的能力,相关证据往往匮乏。这一情境中被告人将陷于不利状态,辩护人必须充分发挥主观能动性,以更具说服力的专家意见、更有利于被告人的犯罪数额认定学说进行辩论,与不利心证进行对抗。

关键字: 食品安全犯罪;销售有毒、有害食品罪;专家意见;犯罪数额;证据认定

一、案情简介

(一)基本案情

2016年11月至2017年5月,郁某光在恒某食品公司承包屠宰线期间,雇

---

* 白紫璇,北京师范大学硕士研究生,研究方向为刑法学。

用刘某全、魏某龙、尹某健等人对待宰生猪注射肾上腺素和阿托品等混合物后强制注水，再进行屠宰加工成白条肉销售。

2017年4月，郁某光承包经营鑫某肉类公司。2017年5月，李某协助郁某光管理该公司，负责生猪收购、发货、记账等。郁某光和李某为提高生猪的出肉率和提升猪肉成色，从栗某处购买给生猪注射使用的药水，在鑫某肉类公司先后雇用刘某全、魏某龙、尹某健、许某才、刘某强、张某亮、韩某君、代某明、李某新、樊某亮、刘某、王某平多人对待宰生猪注射肾上腺素和阿托品等混合物后强制注水，再进行屠宰加工成白条肉销售。其间，共生产、销售猪肉6484521公斤，价值105694710元。

一审法院认为，被告人郁某光、李某雇用他人给待宰生猪注射含有肾上腺素、阿托品等成分的药物，然后对注射过的生猪强制灌水，涉案金额达一亿余元，情节特别严重，其行为均已构成生产、销售有毒、有害食品罪；被告人张某亮、魏某龙、刘某、王某平、韩某君、尹某健、代某明、许某才、刘某强、李某新受郁某光雇用注射药物、强制灌水，被告人栗某为其提供药物，被告人吕某、岳某协助其实施犯罪，系共同犯罪。

被告人皆不服，提起上诉。上诉意见有：1.不能认定肾上腺素和阿托品为有毒有害物质；2.对犯罪数额的测量不准确；3.部分从犯不知犯罪行为之违法性，无犯罪故意；4.对部分从犯量刑过重。

二审法院认为，根据中国动物疫病预防控制中心出具的专家意见，肾上腺素和阿托品系有毒有害非食品原料，于法于理有据，犯罪数额有动物检疫合格证明总表、颍上县物价局价格认定结论书与被告人陈述予以证明，从犯虽不知行为违法性却对行为本身认识清楚，一审原判已经尽可能考虑减轻从轻情节，并无不当。维持原判。①

（二）争议焦点

本案中，二审法院对于一审的大多数争议已经在充分说理的基础上，对

① 参见安徽省高级人民法院（2020）皖刑终120号刑事裁定书。

上诉意见进行了回应。但本案中的争议焦点仍然有值得分析的重点与难点。

首先，就"专家意见"问题上，上诉人对专家意见的效力以及法官采信专家意见的标准表达了质疑，认为不能依据"专家意见"轻率认定阿托品与肾上腺素具有毒性。而二审法院虽然说明了采信专家意见的法律依据，却并未就法官的采信标准进行进一步解释。

其次，二审法院对于有关犯罪数额认定的争议并未给出充分合理的解释与说明。涉案有毒有害猪肉等物证大多已经灭失，无法准确测量各被告人所涉数额，动物检疫合格证明总表、物价局价格认定结论书虽然能够反映当时流入市场的注水猪肉的犯罪总额，却无法反映本案中各从犯的参与注水的猪肉数量。本案中各从犯对自身所注水的猪肉数量多少各执一词，但其陈述中只能给出自身参与犯罪活动的起止时间以及所涉肉猪的头数，且难有证据相互印证。各从犯各自直接涉及的犯罪数额不一，其涉案数额应当如何推测和认定？对于这一问题，二审法院仅仅指出，虽未实际查获案发以来所有注水猪肉，但主犯郁某光与李某的陈述与动物检疫合格证明总表和物价局价格认定结论书已相互印证，能够基本证实犯罪总额，并令从犯对其被雇用时间内所有的犯罪数额总体负责。对于从犯各自所注水数额的争议，二审法院并未说明。二审法院放弃查明从犯个人所涉犯罪数额的相关证据，也就放弃了衡量这一情节对量刑的影响。此种处理方式是否科学妥当亦是值得讨论的。

二、专家意见的采信

《刑法》第144条规定："在生产、销售的食品中掺入有毒、有害的非食品原料的，或者销售明知掺有有毒、有害的非食品原料的食品的，处五年以下有期徒刑，并处罚金；对人体健康造成严重危害或者有其他严重情节的，处五年以上十年以下有期徒刑，并处罚金；致人死亡或者有其他特别严重情节的，依照本法第一百四十一条的规定处罚。"因此，要构成本罪，必须确认注射的阿托品与肾上腺素属于"有毒、有害的非食品原料。"本案裁定于2020年作出，当时仍适用2013年出台的《最高人民法院、最高人民检察院关于办理危害食品安全刑事案件适用法律若干问题的解释》，该解释第20条规定："下列物质应当认定为"有毒、有害的非食品原料：（一）法律、法规禁止在食品生产经营活动中添加、使用的物质；（二）国务院有关部门公布的《食品中可能违法添加的非食用物质名单》《保健食品中可能非法添加的物质名单》上的物质；（三）国务院有关部门公告禁止使用的农药、兽药以及其他有毒、有害物质；（四）其他危害人体健康的物质。"阿托品和肾上腺素并不属于前3项所列，而对于其是否符合第4项，则需要专家进行专业性说明。除此以外，二审法院还援引了《关于办理危害食品安全刑事案件适用法律若干问题的解释》，"'有毒、有害非食品原料'难以确定的，司法机关可以根据检验报告并结合专家意见等相关材料进行认定"。在本案中，鉴定意见只能对注水猪肉中的成分进行确认，但无法回答阿托品和肾上腺素等物质对于人类而言是否属于有毒有害非食品原料的问题。因此，在本案中，的确属于需要专家意见进行参考的情况。采用专家意见的法律依据充分。在明确这一前提的情况下，争议的主要核心在于法官对专家意见的采信标准问题。

（一）专家意见的诉讼地位

明确专家意见在诉讼过程中的地位，才能明确法庭在采信专家意见的程序上是否有不当之处。我国《刑事诉讼法》并未将"专家意见"包括为一种专门的证据。诚如上文所言，专家意见在案件中所发挥的主要作用是为法庭提供参照，而这种意见在法律法规中的文字体现为"有专门知识的人"的参与。值得注意的是，正因在法律文字上没有赋予"专家意见"以严谨独立的概念，各类法律法规中所提及的"专家意见"之内涵与性质并不完全相同。本案中所涉及法规所提及的"专家意见"与专家辅助人的意见、专家证人的意见有着明显的区别。因此并不能当然适用后两者的法定程序。

1. 与专家辅助人意见之区别

"专家辅助人"是一个典型的非法定概念，但这一名词得到了学界的认可与充分运用。一般而言，专家辅助人制度在刑诉法上主要指向由《刑事诉讼法》第128条、第197条构建的制度。在这种语境下，专家辅助人主要扮演两种角色，一者是在侦查过程中辅助侦查人员进行勘验、检查工作；另一者是在庭审中由公诉人、当事人和辩护人、诉讼代理人申请法庭通知有专门知识的人出庭，就鉴定人作出的鉴定意见提出意见。需要与本案的"专家意见"进行区分的主要是后者。

刑诉法条文中的"专家辅助人"，从立法目的和制度价值上来看，是为了实现被告人以及辩护人对鉴定意见的质证权而建立的。[①] 司法实践中，鉴定意见的内容涉及较多技术性专业内容，不仅法官难以判断鉴定意见的鉴定质量，辩护人和被告人也难以对其提出反驳意见。公权机关可以根据办案需要，排他性地运用与其诉讼职能相适应的专家职能，当事人对公检法机关构不成实质性制约。[②] 即《刑事诉讼法》第146条所规定的鉴定意见在实践中获得了垄断性的话语权和权威性，公权力对其的过分倚重实际上已经减损了鉴定意见之中立性。而专家辅助人制度就是要求打破这种垄断，在技术上为被告人和辩护人的对质权提供保障。与此制度价值相适应，专家辅助人制度聚焦于鉴定意见的科学性问题，在专家辅助人出具意见的内容上，与鉴定意见探讨的问题具有同一性，甚至可能在观点上直接形成对抗。此外，从专家辅助人发表意见的形式上来看，专家辅助人需要在公诉方或辩护方申请后出庭发表意见，其出庭适用鉴定人的相关规定。总的来说，我国学术界所探讨的专家辅助人制度定位于鉴定意见的补充制度。

与本案中的"专家意见"进行比较，主要有以下几个方面的不同：

（1）诉讼立场上，专家辅助人受到当事人委托，凭借自身在科学、技术和其他专业方面具有的特殊专门知识或经验，为己方当事人涉及专门性问题的事实主张和诉讼请求提供专业性的解释和说明，辅助当事人履行举证责任，专家辅助人与当事人的诉讼代理人或辩护人的诉讼地位并无二致。因此可以说，专家辅助人的倾向性是支撑该职业得以存在并发展的基本特征之一。[③] 简

---

① 胡铭：《鉴定人出庭与专家辅助人角色定位之实证研究》，载《法学研究》2014年第36卷，第190页。

② 陈如超：《专家参与刑事司法的多元功能及其体系化》，载《法学研究》2020年第42卷，第89页。

③ 李学军、朱梦妮：《专家辅助人制度研析》，载《法学家》2015年第1期，第147页。

言之, 专家辅助人的立场取决于委托人的立场。而本案中的"专家意见"则是司法机关认定某一问题的参考工具, 其利用主体明显有别于专家辅助人的服务主体。鉴于司法实践中最终认定某一问题的通常是审判机关, 此处的"专家意见"就在工具色彩之外添了一分中立性。

(2) 具体内容上, 专家辅助人的意见内容与鉴定意见内容所探讨的问题往往具有一定重合性。而本案中的专家意见却并不是就鉴定意见的科学性进行讨论, 而是在鉴定意见确认的"确实存在阿托品和肾上腺素"的事实基础上, 对这两类物质的毒性和可能危害性进行说明。该意见的主要内容已经不是单纯的事实认定问题, 而是医学专业问题。其内容的主观性要比普通鉴定意见或专家辅助人的意见更强。

(3) 发表形式上, 专家辅助人需要经由当事人申请出庭, 而本案中的专家意见只以书面形式出现在审判过程中, 并不需要由出具意见的人或机构出庭质证。

如果说专家辅助人的意见是辩护方质证的工具, 那么本案中专家意见的诉讼地位就刚好处于专家辅助人意见的对立面: 由于本身不是证据等种种原因, 并不存在被质证的环节。

2. 与专家证人证言之区别

专家证人制度起源于英美法系, 并在其本土有悠久的发展历史, 其制度架构的完善性和逻辑的一贯性胜于我国目前的专家辅助人制度, 或者也可以说, 我国的专家辅助人制度脱胎于英美专家证人制度的部分枝叶。[1]其作为普通证人的对立概念, 特点在于: 普通证人只能就自己的感知就所知案件事实进行陈述, 专家却可以根据自己的专业知识发表意见, 诸如, 专家可以向事实认定者提供推论和结论, 而这种推论和结论往往很容易被事实认定者服从和采纳, 专家还可以教导事实认定者得出证据性事实的推论所需要的专业或

---

[1] 邵劲:《论专家证人制度的构建——以专家证人制度与鉴定制度的交叉共存为视角》, 载《法商研究》2011年第28卷, 第89页。

者科学信息；专家甚至可以直接生成证据性的事实本身。①值得注意的是，在这一点上本案中的专家意见的内容与英美法系专家证人的证言内容具有一定的相似性。

专家证人证言与本案专家意见最大的区别在于，专家证人证言在英美法系中具有证据效力，且具有一套完整的质证程序。然而我国并未建立相应的制度。专家辅助人制度和本案中的专家意见，就像是专家证人制度这棵大树上不同的两个枝干，虽然发端于同种逻辑体系，但由于缺乏大树的主干与根系，失去了联结为一套制度框架的脉络，因此在程序上反而不再相通。这固然是立法上的不足，但在实务当中，也只能暂且服从于此种法律上的缺陷，从司法上寻求解决方案。

3.小结

综上所述，本案中的专家意见性质有别于我国诉讼法学中通常提及的"专家辅助人"制度和英美法系的"专家证人制度"。专家意见本身对于诉讼过程而言只有参考价值，其诉讼过程中的正式性较专家辅助人的意见更低，并不存在专门适用于审查专家意见的法定程序。本案中，无论是公诉方还是辩护方都未对法院采信专家意见的程序提出质疑，实际上也无法依据现行法律找出二审法院在这方面可能存在的程序瑕疵。因为在这种制度设计下，专家意见的采信完全已经归属于审判机关的自由心证之下。

（二）专家意见的要件

法院采信专家意见的前提是首先该份意见至少在外观上符合专家意见之要件。一般而言，着重注意的是以下两点：

1.专家或专业机构的资质

根据上文所引法律规范可知，专家在条文的表述中通常为"有专门知识的人"或者"专家"。不同于法律法规对鉴定人和鉴定机构资质的严格限定，法律法规并未对出具专家意见的人的资质设定门槛。只是在《最高人民检察

---

① 蔡颖慧：《对抗制危机中的专家证人制度》，载《河北法学》2014年第32卷第9期，第74页。

院关于指派、聘请有专门知识的人参与办案若干问题的规定（试行）》第3条第1款规定了不得作为有专门知识的人参与办案的情况："人民检察院可以指派、聘请有鉴定资格的人员，或者经本院审查具备专业能力的其他人员，作为有专门知识的人参与办案。"而对于"有专门知识"这一条件，该解释在第2条指出，是指运用专门知识参与人民检察院的办案活动，协助解决专门性问题或者提出意见的人，但不包括以鉴定人身份参与办案的人。而"专门知识"，是指特定领域内的人员理解和掌握的、具有专业技术性的认识和经验等。

由这一解释可知，我国司法机关对"有专门知识的人"或者"专家"的资质确认较为灵活。另外，我国也没有对于专家资质审查的专门程序。这与专家意见的诉讼地位是相适应的。

由于缺乏明确的程序和标准，在实务中，专家资质的认定主导权又被划入审判机关之下。在法官的自由心证中，专家本身的教育背景、权威性就成为形式上重要的参考条件。本案中，专家意见来源于中国动物疫病预防控制中心，是农业农村部直属事业单位。其不仅具有较强的权威性，也具有很强的官方背景。本案上诉人亦未质疑其专家资质。

2.论证内容的专业性

专家意见在论证内容上需要具有专业性，一方面是指专家要利用自己所有的专业知识为法庭补充必要的知识；另一方面是指专家的专业知识要与需要解决的专业问题相吻合。本案需要解决的问题是注水猪肉中的阿托品与肾上腺素对人类是否有毒性，中国动物疫病预防中心在动物疫病之外也负责动物产品安全的监测，因此可以胜任这一专业问题的解答。

（三）采信专家意见的心证形成

如前所述，本案中的专家意见发挥的是参考价值，实际上主要就是通过影响法官的心证而发挥作用从而产生效力。施鹏鹏认为，自由心证是探索事实真相的直觉感知模式，是指法官通过证据自由评价实现从客观确信至判决责任伦理的跨越。法官应当详细载明心证形成的过程和依据。刑事判决理由不应仅是罗列控辩双方的意见，并简单地陈述"合议庭认为"，而更应阐明合议庭"为何"如此认为。[①]窦淑霞将法官采信专家意见的心证形成过程分为四个阶段：第一，专家资质、经验、专业素质、个人品性等会给法官一个初步印象，影响到法官对专家意见科学性的判断；第二，分析专家意见作出的依据以及过程，需要从双方对抗中进行分析和归纳，判断其科学性；第三，分析专家意见能否解决案件所涉的专业问题，该专业问题对待证事实的影响力大小；第四，专家意见与待证事实之间关联性大小，判断其证明力大小。[②]由于本案中的专家意见难以进入质证环节，因此法官难以从对抗中分析归纳形成心证，那么法官采信过程中的心证就主要有赖于专家的资质。如前文所述，本案中出具意见的专家权威性极强，能够有力地加强法官采信这份专家意见的动机。

二审法院对其采信过程作了简要的说明，除了说明专家资质以外，二审法院还指出阿托品属于国务院《医疗用毒性药品管理办法》里包含的西药毒药品种，系毒性剧烈、治疗剂量与中毒剂量相近，使用不当会致人中毒或死亡的药品。该办法虽然不能直接证明阿托品属于有毒有害非食品原料，却与专家意见的观点相互印证，强化了法官采信的心证，也使得专家意见的采信更具说服力。

总体来说，本案中专家意见的采信并无不妥。

（四）被告人的救济

尽管本案的专家意见无法进入质证程序，其是否采信有赖于法官心证。但也并不意味着被告人就无法就此专家意见提出反对意见。被告人也可以提供具有不同意见的、有相当权威性的专家意见给法庭，也可以在辩论环节阐明反对理由。然而在本案中，上诉人郁某光虽然在上诉意见中表达了对专家意见认为阿托品与肾上腺素属于有毒有害非食品原料观点的反对，但却没有提出相关的佐证材料。因此不能推翻法庭对于本案专家意见的采信。

---

① 施鹏鹏：《刑事裁判中的自由心证——论中国刑事证明体系的变革》，载《政法论坛》2018年第36卷第4期，第16页。
② 窦淑霞：《法官对专家辅助人意见的采信与心证形成的路径分析》，载《法学杂志》2018年第39卷第2期，第108页。

三、犯罪数额的认定

对于生产、销售有毒、有害食品罪而言，犯罪数额是其定罪量刑所依据的重要情节。《最高人民法院、最高人民检察院关于办理危害食品安全刑事案件适用法律若干问题的解释》第6条、第7条对于该罪的"其他严重情节"和"其他特别严重情节"的生产、销售金额作了明确的规定。本案的数额认定的特殊之处在于，本案是一个共同犯罪案件。因此法院在认定犯罪数额的过程中不可避免地受到了实体法共犯理论的影响。本案中，从犯个人参与注水的猪肉数量并未查清，即所涉犯罪数额相关证据在侦查环节并未查清，从犯的个人参与数额只有其个人陈述为证，司法机关面临唯被告人陈述能否作为量刑证据的难点。与这一现实难点相呼应，法院选择了依据犯罪总额进行责任分配的实体法学说，从而规避了此处的证据盲点。然而，程序法素来有独立于实体法的价值，以实体法为前提而展开程序法上的工作定然有一定缺陷。下文将主要分析本案中二审法院的数额认定思路及其得失。

（一）共犯责任分配理论对实务中数额认定的影响

我国数额犯涉及共犯责任分配的主要学说有以下几种：犯罪总额说、参与数额说、分赃数额说、平均数额说。犯罪总额说只能解决共犯的客观归责问题，而主观归责则必须结合各共犯人的主观认识和其他责任要素个别化判断。数额等罪量构成要素是客观违法的表征，应当成为故意的认识内容。[①]平均数额也不能体现共同犯罪中各被告人的主客观责任，因此少有支持论者。在量刑环节，我国基本已经摒弃以全部犯罪总额作为所有从犯量刑数额的做法，譬如本案，也只是以从犯参与时段的犯罪数额进行量刑。一般而言，对于从犯的量刑会结合犯罪总额、参与数额与分赃数额进行考虑。

---

① 王彦强：《共同犯罪中的罪量要素认识错误》，载《法律科学（西北政法大学学报）》2015年第33卷第6期，第82页。

但在本案中，二审法院对量刑参考的数额采取了实际上的犯罪总额说，二审法院并未以从犯每人实际注水猪肉数额为参考，也未考虑分赃数额，而是以从犯受雇佣时段内的犯罪总数额作为参考，尽管多名从犯在上诉意见中对这一参考数额提出了反对。

这种裁判思路的优势非常明显，就是可以在证据不足以证明各从犯实际的参与数额的情况下，规避定罪证据充分但量刑证据不足的难题。本案中，虽然各从犯纷纷在陈述中提出对参与数额的反对意见并回忆了自己参与注水的实际数额，但一方面回忆数额并不精确；另一方面也无其他证据印证。另外本案从犯人员众多，参与犯罪时段也并不统一，更加大了查证的难度。如果二审法院采取了犯罪总额说，精确的个人参与数额便不再需要纳入量刑的考虑范围，也不必再受制于查明相关证据的难题。对于各从犯上诉意见中的针对各自参与数额的反对意见，二审法院并未给出回应，只是给出了参与时段犯罪总额的计算作为解释。

本案中数额认定思路在理论上并无逻辑缺陷，但其弊端也是明显的，二审法院大约也有所自知，这一点体现在其说理的答非所问上。二审法院并未解释为何采用此种责任分配方式。这种思路的弊端具体而言，一方面，未能实现程序法的工具价值，放弃证明具体数额不利于实体法量刑精细化与个别化。另一方面，未能实现程序法的独立价值，本案处理思路是先预设了实体法的处理思路，从而规避了证据法上的难题，令程序成为实体的附庸，将折中的数额作为从犯的参与数额，有失程序正义。

（二）唯被告人陈述情况下的量刑

我国实务中一度出现口供中心主义的入罪案例，尤其是唯口供的入罪。然而本案的问题则是唯被害人陈述情况下能否认定量刑从轻、减轻情节。此种情况下只有被告人陈述是否能为从轻裁量提供足够的证明力？

需要说明的是，通常意义上的口供与本案中提及的被告人陈述的性质相当不同。口供类陈述一般是认罪的陈述，从功利主义角度而言，是不利于自身利益的；而本案中可能影响量刑从轻、减轻的陈述则是利己的陈述。这可能影响法官的取信标准。

针对量刑证据，由于其比定罪证据更具细节性，因此进行充分的高度证明的难度就更大，要求司法机关仍然对此进行高度正名无疑是种苛求。此外，有学者认为："完成了定罪裁决的法官或合议庭就不可能在量刑环节上继续遵守无罪推定原则，否则，对法官、合议庭而言，就是一种不切实际的苛求。……被告人已经不能像在定罪程序中那样不承担证明自己无罪的责任，而要对其所提出的量刑意见承担一定的举证责任，对于那些可用来从轻或者减轻刑罚的量刑情节，被告人一旦主动提出，就有义务提出证据加以证明"。①这种观点虽然未必是实践中的通说，却也多少说明，在实务中要求司法机关主动对于量刑证据进行面面俱到的调查和质证多少有点算是奢求。本案中，众从犯的上诉意见以及陈述，更像是其减轻量刑之主张，在没有其他证据补强的情况下，本身并无太多信服力。

因此，本案中二审法院的裁判思路在现有证据下，虽有诸多不足，但已经算是处理得当。

（三）上诉人的救济思路

上诉人若坚持参考其真实参与数额、减轻量刑，应当积极为法院提供相关的补强证据，如该公司的账簿、工作人员绩效情况等，为自己争取更多从轻情节。然而在二审中，上诉人并未提供相关证据。此外，坚持以参与数额为参考，坚持量刑证据不足也可以作为一种救济思路，为量刑寻求转圜之地。只是从结果来看，本案中此救济思路并未见效。

四、总结

目前，在生产有毒有害食品罪的证据法方面的立法还有待完善，在此情

---

① 陈瑞华：《论量刑程序的独立性——一种以量刑控制为中心的程序理论》，载《中国法学》2009年第1期，第163页。

况下，司法实务界须充分发挥主观能动性，就相关证据和法理进行充分辩论。对于专家意见，应当审慎认定。辩护人在相关方面应该发挥更大的作用。在从犯数额认定方面，本案中受到实体法共犯责任分配中犯罪总额说的影响，以从犯受雇时段该公司犯罪总额对从犯进行责任追究，并未对从犯个人具体所直接涉及的犯罪数额进行充分的查证，这直接造成了对本案从犯量刑较重的裁判结果。对这一情节证据的忽视，一方面阻滞了实体法责任分配精细化的进一步追求，没能充分实现程序法的工具价值；另一方面也令实务中查证、证明的工作思路过分受实体法工作思路引导，减损了程序法本身的独立价值。在辩护方面，一方面要主动为法院提高证明力的印证情节；另一方面可以将实体法与程序法相结合，采用共犯责任分配的参与数额说，坚持量刑环节犯罪数额认定证据的不足，从而为从犯的量刑从轻寻求转圜之地。

低龄未成年人刑事责任年龄下调的合理性分析

——以湖南沅江案为例

葛梦玮[*]

摘 要： 由于经济社会的快速发展，低龄未成年进行犯罪活动的案例与日俱增，在此类刑事案件中，低龄未成年作案大多手法凶残粗暴，作案实施手法多变。但随着《刑法修正案（十一）》的施行，对低龄未成年人犯罪年龄作出了限制，将最低龄的未成年刑事责任年龄降至12周岁具有了一定合理性，它一方面吸收了弹性说；另一方面借用了英美法系的恶意补足年龄规定，更加符合未成年双向保护原则，更好地保障未成年人的合法权益，更能够推进社会和法律的发展以及进步，增加刑法的公众公信力。

关键词： 低龄未成年人犯罪；刑事责任年龄下调；未成年人双向保护原则

一、基本案情

2018年12月3日，湖南沅江发生了一起恶性杀人事件，据警方调查，被害人陈某是一位34岁的女性，身中数刀死在家中卧室，然而犯罪嫌疑人吴某康是一名年仅12岁的在校学生。警方事后调查得知吴某康杀害母亲的动机为长期被母亲管教，并时常被母亲打骂，心生不满。故在12月2日的晚上，陈

---

* 葛梦玮，安徽师范大学刑法学硕士研究生，研究方向为刑法学。

本文为最高人民法院2020年度案例研究课题（2020SFAL022）阶段性成果。

某再一次打骂吴某康时，吴某康心中愤怒达到极点，从而拿起身边的水果刀将陈某刺死。

该案于同年12月6日结案，犯罪嫌疑人吴某康被警方释放，理由是吴某康并未超过《刑法》所规定的最低刑事法律责任年龄14周岁，因而可以不承担任何刑事责任。

二、主要争议

犯罪嫌疑人吴某康的释放引发了社会上对于低龄未成年人犯罪是否应当负刑事责任的激烈争论，并且学者们对于刑事责任年龄是否应当下调也展开了激烈的讨论。关于低龄未成年人刑事责任年龄是否应该下调这一问题，学界的争论从20世纪就一直存在，而湖南沅江12岁男孩弑母案的发生再一次引起了学界的热议，学界观点大致可以分为以下三种。

第一种观点是"降低说"，即应当降低低龄未成年人刑事责任年龄。首先，坚持这一看法的专家学者们指出，中国刑罚制度需要向外国的刑法典借鉴学习，如1929年颁布的《西班牙刑法典》把对低龄学生行政刑事责任年龄下限规定为7周岁，即不满7周岁的人对实施任何危险行为都不负刑事法律责任；已满7周岁或不满15周岁的人，只能在犯该法明确规定科处刑的行为时才负有刑事责任。其次，由于社会的快速发展，未成年人的生理和心理相较于过去也更加早熟，导致低龄未成年人的犯罪多具备暴力化和成人化的特点，这对社会的危害程度不容小觑。最后，由于低龄未成年人犯罪行为所侵害的对象主要是未成年，所以我们必须贯彻未成年双向保障原则，不能单纯地只注重于保障施害方的未成年人利益，而不对其犯罪行为给予处罚，这对于受害方的未成年人也是不公平的，我们应当去平衡这两者之间权益的关系，不能一味地放纵低龄未成年人犯罪。①

---

① 吴佳林：《应当降低刑事责任年龄》，载《宁德师专学报（哲学社会科学版）》2006年第4期，第28—34页。

第二种观点是"维持说"，即部分学者认为不应当下调低龄未成年人的刑事责任年龄。理由如下：首先，国家将低龄未成年人刑事责任年龄调整至更低，并不能完全降低低龄未成年人的犯罪率，导致未成年人犯罪的影响因素有许多种。这些学者认为，低龄未成年人犯罪归根到底是教育的问题，某些未成年人在人格发育以及成长方面是不健全的、扭曲的，因此导致其实施犯罪的行为。其次，2020年《未成年人检察工作白皮书》指出，未成年人犯罪的总体趋势向好并且维持的数量比较稳定，低龄未成年人的犯罪率并未发生急速增长，低龄未成年人也并未成为犯罪的主要群体。[1]最后，持此观点的学者们认为，刑法中规定的刑事处罚对于未成年人而言过于严厉，尽管未成年人的心理和生理成熟年龄都有所提前，但是刑罚适用在低龄未成年人身上时，也会对其身心健康造成相当的伤害，并且犯罪预防的作用也会大打折扣。

第三种观点是"弹性说"，即认为可以适当地调整低龄未成年人的刑事责任年龄，划定合理的弹性区间。[2]理由如下：首先，持这一观点的学者们认为，"降低说"和"维持说"这两种片面的观点是不合理的，针对问题的讨论不应该过于极端，不应该采取"一刀切"的做法，应当从理论以及社会发展的角度出发，对低龄未成年人犯罪的根本原因进行深度剖析。其次，我们也可以适当参考英美法系的恶意补足年龄规则。[3]其具体含义是，低龄未成年人如果可以辨别是非善恶，则能够推翻原无罪推定，从而补足该未成年人的刑事责任年龄，并要求其承担刑事责任。"弹性说"这一观点借鉴了恶意补足年龄制度中的个案认定机制，从而避免"一刀切"的认定方式。

三、理论分析

通过对以上三种观点的简要介绍，并根据《刑法修正案（十一）》（以下

---

[1] 最高人民检察院《未成年人检察工作白皮书（2020）》。

[2] 杨璇：《再论刑事责任年龄下限的调整问题—以刑法修正案（十一）为背景》，载《太原城市职业学院学报》2021年第9期，第197页。

[3] 杨垚：《论未成年人刑事责任年龄降低的正当性》，载《克拉玛依学刊》2021年第3期，第68页。

简称《修十一》）中关于将低龄未成年人刑事责任年龄下调的最新规定，可以得知我国对于低龄未成年人犯罪采取的是"弹性说"这一观点，即主张调整刑事责任年龄制度时应当更加注重犯罪人自身的刑事责任能力的差别，避免对于犯罪人判处刑罚"一刀切"的做法。[①] 然而导致低龄未成年刑事案件的原因，我们还必须进一步深入地分析。

（一）影响未成年人犯罪的因素

1.沟通不当

首先，未成年人在12周岁至14周岁正处于心理和生理的快速成长阶段，在与他人或者家长的交流中，低龄未成年人也处于吸收外界信息的阶段。如果他人或者家长给予未成年人的影响是负面的，则这样的环境会对低龄未成年人的人格和身心造成不利影响，导致低龄未成年人实施犯罪，影响严重的，可能会导致低龄未成年人进行情节更加恶劣的犯罪，如故意杀人、抢劫等。

其次，低龄未成年人与他人或者家人长期交流困难，会让低龄未成年人对交流产生抵触情绪，从而影响其心理健康，甚至导致其产生人格障碍，许多低龄未成年人出现暴力性犯罪正是由于与他人的沟通不当所导致的。不论是低龄未成年人不服家长的管教，还是与同学之间产生误解，都有可能会引起低龄未成年人实施暴力性犯罪。

2.移情能力缺失

移情能力是指当一个人感受到他人的情绪时，自己也能体会到相应的情绪，并且能够与他人产生情绪上的共鸣。在低龄未成年人成长的重要阶段，最初的移情能力是家长、老师所培养的"换位思考"的能力。如果在低龄未成年人成长阶段，家长或老师并没有及时去加以引导，则会导致低龄未成年人缺乏移情能力，从而难以做到换位思考，无法体谅他人。

在现实社会中许多低龄未成年人犯罪的案件，都是由于无法与他人共情，

---

① 张明楷：《刑法学》，法律出版社2016年版，第65页。

无法体谅别人造成的。事实证明，低龄未成年人移情能力越差，犯罪的可能性就会越高，产生侵犯他人行为的概率就会越高。

3.网络舆论

现如今，随着社会的不断进步，互联网世界的快速发展，低龄未成年人接触的信息也更加多样。一方面，低龄未成年人能够通过互联网去学习知识，也会通过互联网去了解一些犯罪案件，这些案件可能会让在成长阶段认知不清晰的低龄未成年人产生好奇心理，甚至做出模仿行为。另一方面，低龄未成年人经常会在网络上交流时习惯伪装自己，混淆了现实与网络之间的界限，从而让自己的心理状态发生扭曲，最终走上犯罪的道路。未成年人尤其是低龄未成年人在互联网上常常会因为一些琐事而充满暴戾的情绪，这种情绪不仅会导致网络霸凌的事件发生，情节严重的也会导致线下的约架等暴力行为，从而引发一些犯罪事件的发生。

综上所述，在未成年人的犯罪因素中存在三个较为重要的影响因素：沟通不当、移情能力的缺失以及网络舆论的影响。为此，我们可以认为低龄未成年人的犯罪可能性是存在的，并且犯罪率有可能会日益增加，因此关于低龄未成年人刑事责任年龄的下调，是具有一定合理性的，并且有三种学说予以辅证：符合国际刑事立法惯例说、惩罚犯罪说和保障人权说。

（二）低龄未成年人刑事责任年龄下调合理性的理论分析

1.符合国际刑事立法惯例说

针对自身的国情，各个国家对其刑事法律责任年龄都进行了或基本或具体的规范。例如，在英国的部分区域的法规规定，[①]未到10周岁的儿童有违法犯罪行为的，不承担法律责任，但可以对其实施公共干预措施。10周岁至14周岁被确定为没有刑事犯罪能力的未成年人，按照"恶意补足年龄规定"追究其犯罪的刑事责任即可。对于14周岁以上的未成年人应当承担全部刑事责

---

① 邓喜莲：《未成年人刑事责任治理与制度完善的法理思考》，载《社会科学家（法学与法制建设）》2021年第4期，第118页。

任，并对触犯国家刑法的一切有害犯罪行为负责。

日本少年法规定，不足16周岁的未成年人不会受到刑事处罚。18周岁以下的儿童，即使其触犯了应当判处死刑的罪名，也只能判处无期徒刑。美国规定未成年人的刑事责任年龄为7周岁，[①]7周岁以下的未成年人不承担刑事法律责任；推定7周岁至12周岁的不具备刑事能力的未成年人不承担刑事法律责任，但如果控方能证实被告人符合恶意补足年龄规定，则可使其承担刑事法律责任。

在大陆法系国家，承担刑事责任年龄的下限均划分为14周岁。我国属大陆法系国家，有关于刑事责任年龄的立法考虑更应当结合本国的需要，而不是僵硬仿照。因此中国可适当参考英美法系国家的有关规定和相关国际条约，拓宽眼界，进行科学立法。

2.惩罚犯罪说

现阶段，《修十一》把低龄未成年人的追究刑事责任年龄段降至12周岁，一方面有利于我国对低龄未成年人的一些情节较恶劣的行为作出正确且合理的否定性精神评判，同时也具有提醒、矫正未成年人言行的重要意义；另一方面可以弥补当前过度保护低龄未成年人权利的立法体系，能够严惩一些所谓的"恶童"，从而更好地保障被害人的合法权益。具体分析如下：

对低龄未成年人的行为如何予以否定性评价，需要根据行为人的主观恶性程度、其犯罪行为对社会的危害程度和行为人的人身风险这三个方面来加以分析。第一，按照《修十一》的规定，对12周岁至14周岁的未成年人必须承担全部刑事责任的规定，要求犯罪人主观恶性程度极大。低龄未成年人往往具有巨大的主观恶性进行犯罪行为，如果不适时进行纠正与惩罚，在其长大成人以后就可能会进行更为恶性的犯罪行为。部分学者研究后指出："初次犯罪时人的年纪越小，以后其重新犯罪的可行性便更大。"例如，"13岁男孩韦某杀害同村4岁男童案"，这个案件的犯罪人韦某犯罪动机不明，实施犯罪时的年龄仅有13岁，并且该案件结案时，我国低龄未成年人刑事责任年龄

---

① 冯皓：《日本少年法研究》，山东大学2013年法律硕士学位论文，第11页。

并未进行下调，韦某并没有承担刑事法律责任。然而韦某在14岁时又实施了犯罪，用刀捅了6岁的女孩并试图将其淹死，成年后的韦某也实施过多次犯罪。这一案例在一定程度上证明了低龄未成年人犯罪时的主观恶意若不及时纠正并给予适当的处罚，则低龄未成年人在成年之后的犯罪概率便会大大增加。第二，未成年人被判处的刑罚应与其犯罪行为的社会危害性相适应。《修十一》中规定了两种恶性罪名，分别是故意杀人罪和故意伤害罪，并且同时要求该行为致人死亡或以特别残忍手段致人重伤造成残疾，情节恶劣。这两种恶性犯罪对于社会的危害程度极大，不仅受害人会受到极其恶劣的影响，社会秩序也会遭到严重危害。例如，"四川达州男孩弑母案"也曾经引起过社会公众的广泛讨论，但是根据当时我国刑法的明文规定，并没有追究其刑事法律责任，此案的草草收场不仅使被害人的生命健康权遭到了伤害，也让社会公众对刑法的权威性产生了质疑，因而我国对于低龄未成年人刑事责任年龄调整问题非常重视。第三，根据当前的社会现状，低龄未成年人犯罪的严重程度和人身危险性与日俱增。未成年人的心理健康状况在社会教育和互联网催发下产生的早熟性，以及仅仅是因为保护未成年而一味对其轻缓惩罚的机制，将会使部分主观上恶性较强而并无悔改之心的未成年人有机可乘，去试图钻法律的漏洞。[①]故《修十一》对于低龄未成年人刑事责任年龄的下限进行了最新的界定，这也证明了该立法制定的合理性。

3.保障人权说

在《修十一》增加的新条款中，低龄未成年人刑事责任年龄降低的措施补充了国家针对未成年刑事案件的追责体系，纠正了我国刑法中偏向保护施害方未成年人被告的一种模式，更好地维护了被告人和被害人各自的合法权益。[②]我国的很多立法都规定对未成年犯的情况可以从轻惩罚，如刑法规定对未成年犯一般不适用刑罚、对其处以的刑罚也必须从轻和减少等从宽条款，

[①] 何挺、刘颖琪：《低龄未成年人犯罪核准追诉"情节恶劣"要件的思考》，载《预防青少年犯罪研究》，2021年第2期，第20页。

[②] 周光权：《刑法各论》，中国人民大学出版社2021年版，第419页。

但是这种规定却无法避免我国对未成年罪犯的过度保护这一漏洞，并由此产生了巨大的社会舆论影响。因为未成年人身份的特殊性，其所采取的犯罪行为的对象通常都是比较弱小的未成年人，而这种弱小的未成年人也同样需要司法的重点保护。从司法实践情况出发，这种过分保护施害方的未成年人司法规范，不仅违反了保护未成年人的原有立法意图，也使部分犯罪的未成年人逃过了刑事处罚。例如，紫金陈所写的小说《坏小孩》中主角朱朝阳曾经说过这样一段话："我们未满14周岁，犯了什么罪都不会被追责的。"小说中编撰的话在现实中也上演了。北京市石景山区也曾经出现过未成年人因巨款绑架勒索和残害人质的案例，未成年犯罪人事前合谋时，也有提到过几句话："我们要做就做个大的，反正咱们都是个孩子，还没到18周岁，法律会从轻判我们的责任，不处以死刑。"这样的案件让人细思极恐。社会上发生的未成年人犯罪屡见不鲜，《修十一》中关于低龄未成年人刑事责任年龄的下调，看似对于未成年人的处罚变得严格，但实际上也是为了更好地保护受害的未成年人，以及去纠正犯罪的未成年人的行为。

综上所述，我国低龄未成年人刑事责任年龄调整至12周岁是具备其立法的合理性的，该法条的制定是符合国际刑事立法惯例说、惩罚犯罪说以及保障人权说的理论依据的。《修十一》中对低龄未成年人刑事责任年龄下限的最新界定，在立法上看针对未成年人犯罪的惩罚更加严厉，但事实上是为了更好地维护未成年人的合法权利，因为不仅犯罪的是未成年人，受害者或被害人往往也是未成年人，法律不但要保障被告未成年人的权利，也需要对受害者或者被害人的未成年人权利进行合理保障。

四、本案案情分析

（一）本案具体事实分析

从湖南省沅江12周岁男童弑母这个案例中来分析，犯罪者吴某康虽然年仅12周岁，根据刑法的规定可以不承担杀死其母陈某的刑事责任，但按照四要素的观点，吴某康的犯罪客观主要方面、行为客体要件主要方面和行为的主体基本方面，都是可以满足故意杀人罪的基本构成条件的，而且吴某康对于自己的行为是具有清晰的认知，并且当时他在杀害母亲之后清理现场的行为也可以证明，即使他并未达到14周岁，实际上吴某康是具备刑事责任能力的，因此可以借鉴英美法系的恶意补足年龄制度，通过证据证明吴某康在实施杀害母亲陈某的犯罪行为时，是具有明辨是非善恶的能力的，并且自身是具有足够的恶意去杀害母亲陈某的。

有些专家认为吴某康作为未成年人的心智尚不健全，其作出犯罪行为是由于不理智，法律应该为这类犯罪的未成年人提供更多纠正自己错误的机会，但是冲动和心智不健全并非未成年人犯罪的借口。能谋划作案、实施犯罪行为的未成年人事实上心智已经可以判断为相当的健全，一般的未成年人不会进行故意谋杀、故意伤害等较恶性的犯罪。低龄未成年人所采取的行为，其犯罪成本近乎为零，而刑法对低龄未成年人的刑事约束力也近乎为零。[①] 刑法不是一个和稀泥的刑法，而是惩处犯罪行为的法律，是保障被告人权利的法律，因此我国《修十一》将对低龄的未成年人刑事法律责任年龄进行了下调，不仅是为了惩罚犯罪，也是为了更好地保障那些受害的未成年人。

（二）本案的理论分析

本案是在《修十一》出台之前判决生效的，所以吴某康被无罪释放，不负任何刑事责任。这个判决结果引发了许多社会上的争议，但是有争议才能够推动法律的发展，正因如此，我国《修十一》对于较低龄未成年人的刑事责任年龄有了进一步的规范，即已满12周岁不满14周岁的人，犯故意杀人罪、故意伤害罪，致人身亡或者以特别残忍手段致人重伤造成严重残疾，情节恶劣的，经最高人民检察院核准追诉的，应负刑事法律责任。

---

① 李丹阳、马健全：《对〈刑法修正案（十一）〉降低刑事责任年龄的合理性分析》，载《西部学刊》2021年第145期，第79页。

年龄与刑事责任年龄并非一一对应的关系，在低龄未成年人恶性的犯罪中引入个案判断的思维，是有利于保障在个案中对于低龄未成年人刑事责任能力认定的合理性的，从而能够避免"一刀切"带来的弊端。因此在合适的年龄范围将弹性机制作为刑事责任年龄的推定规则引入，确实有所优势。我们在判断低龄未成年犯罪人是否具有刑事责任能力时，不能忽视低龄未成年人的犯罪目的、主观恶意程度、犯罪动机以及可能存在的被害人过错等因素。例如，广西13岁少女分尸同窗好友案，犯罪人覃某的犯罪动机竟是同学都爱和周某玩耍，曾一起议论自己长得胖，不如周某漂亮，从而出于对周某的嫉妒心而犯罪。在这个案件中，我们就该考虑到犯罪人的犯罪动机以及其主观恶意程度，犯罪人覃某她对自身的犯罪行为具有清晰的认识，但仍决定实施犯罪行为，并且在事后为了防止犯罪行为被发现，采取了肢解尸体的行为，主观恶意是极大的，因此我们可以推定其已经具备了刑事责任能力。

五、结语

低龄未成年人犯罪已经成为一个不容忽视的社会问题，因未达到刑事责任年龄而逃脱刑事处罚的低龄未成年人案件的频发也在挑战社会大众的道德底线，不断引发社会上的激烈争论。《修十一》有关低龄未成年人刑事责任年龄的下调，运用了"弹性说"并借鉴了英美法系的恶意补足年龄规定，从侧面来看体现了立法人员对于社会大众的争论是有所回应的，同时对立法也进行了适当的调整，以便于更好地处理低龄未成年人的刑事问题。该文以湖南省沅江县12岁男孩弑母案为例，介绍了学界中有关对低龄未成年人的刑事责任年龄的三种观点，并且通过对于影响未成年人犯罪的因素和具体案件事实的分析来进一步说明《修十一》对于低龄未成年人刑事责任年龄下调的合理性。刑罚是最后且最严厉的手段，往往对于犯罪不能起到最好的预防作用，因此我们应当建立更加健全的未成年人工作机构，[1]让该机构来承担解

---

[1] 高颖：《破解未成年人犯罪低龄化困局的思考》，载《重庆行政》2020年第3期，第79页。

决未成年人问题的职责，并且我们也要发挥家庭教育的作用，加强在学校中老师的教育作用。在今后的立法以及司法工作中，我们要做到的是"以教育为主，以惩戒为辅"①的未成年人刑事政策，避免刑事责任年龄下调成为报应理论的结果。

①　黄俊平：《未成年人犯罪低龄化问题及其对策研究》，河北大学2020年硕士论文。

图书在版编目(CIP)数据

案例法学研究.2023年.秋季卷：总第3辑 / 周振杰主编.— 北京：中国法制出版社，2023.12

ISBN 978-7-5216-3896-7

Ⅰ.①案…　Ⅱ.①周…　Ⅲ.①案例-法学-研究-中国　Ⅳ.①D920.5

中国国家版本馆CIP数据核字（2023）第177097号

策划编辑：赵　宏

责任编辑：王　悦　　　　　　　　　　　　　　　　封面设计：杨鑫宇

案例法学研究.2023年.秋季卷：总第3辑
ANLI FAXUE YANJIU. 2023 NIAN. QIUJIJUAN：ZONG DI 3 JI

主编 / 周振杰

经销 / 新华书店

印刷 / 北京虎彩文化传播有限公司

开本 / 710毫米×1000毫米　16开　　　　　　印张 / 22.25　字数 / 329千

版次 / 2023年12月第1版　　　　　　　　　　2023年12月第1次印刷

中国法制出版社出版

书号ISBN 978-7-5216-3896-7　　　　　　　　　定价：79.00元

北京市西城区西便门西里甲16号西便门办公区

邮政编码：100053　　　　　　　　　　　　　传真：010-63141600

网址：**http://www.zgfzs.com**　　　　　　　**编辑部电话：010-63141831**

市场营销部电话：010-63141612　　　　　　**印务部电话：010-63141606**

（如有印装质量问题，请与本社印务部联系。）